영어튜닝

**성공한 글로벌 리더의
고급 영어 솔루션**

항상 묵묵히 응원해 주시는
제 부모님 권이공, 정인숙님께 이 책을 바칩니다.

영어튜닝

성공한
글로벌 리더의
고급 영어
솔루션

이 책이 꼭 필요한 중급 영어 학습자분께

한국에서 외국어로 영어를 배우면서 영어와 애증 관계 한번 안 가져 본 한국인이 있을까요? 아마 이 책을 집어 드신 분들은 영어 공부를 좋아하거나, 혹은 필요에 의해 영어 공부를 해야 하는 분이실 겁니다. 대학생 이상의 성인이라면 나름 지금까지 시도해본, 본인만의 영어 공부 노하우 한두 개쯤은 있습니다.

영어 시험의 경우 문제 유형과 요령을 익히면 단기간에도 어느 정도 고득점이 가능합니다. 하지만, 여러분도 경험해봤듯이, TOEIC과 TOEFL 같은 영어 시험에서 좋은 성적을 얻었다고 해서 영어 커뮤니케이션이 원활할까요? 당연히 맞는 말인 것 같지만 영어로 대화할 수 있는 언어적 능력과, 영어로 외국인을 상대하는 커뮤니케이션 능력은 다릅니다. 한국인은 모두가 한국어를 잘하지만, 모두가 의사소통을 잘하는 건 아닙니다. 한국어 구사 능력과 사람을 상대하는 리더십과 커뮤니케이션 능력은 별개입니다.

고급 영어 수준에 오르기 위해서는 단순히 영어로 정보를 전달하는 이상의 커뮤니케이션 능력과 문화적 이해가 필요합니다. 고급 영어가 쓰이는 자리는 공적이고 격식 있는 상황이고, 이때 만나는 상대는 자기 전문 영역을 가진 리더이거나 교육 수준이 높은 사람이기 때문입니다. 한국인이 외국어인 영어로 말하면서 외국인에게 커뮤니케이션 능력이 높다고 평가받기 위해서는 다음의 조건이 필요합니다.

고급 영어 커뮤니케이션
= 고급 언어 능력 + 수준 높은 콘텐츠 + 때와 장소에 맞는 매너

세계 시장이 하나로 움직이면서 국내외 글로벌 조직에서 일하는 한국인이 늘고 있습니다. 외국인과 일하면서 단순히 영어로 의사 전달을 잘 해야 하는 필요에 더해 이직과 해고가 빈번한 외국 조직에서 입지를 개척하고, 적극적으로 나의 권리를 지키는 건 직장인으로서 생존과 성장에 필수적입니다. 따라서, 지금 영어 수준보다 더 상위 단계의 언어적 & 문화적 디테일이 필요한 것 같다는 갈증을 느낍니다. 고급 영어를 구사하고 싶은데 기존 공부 방법을 계속 반복해도 실력이 는다는 느낌이 들지 않습니다.

그리고 사실 뭐가 고급 영어인지도 모르겠습니다. 지금 영어 수준보다 더 많은 표현을 외워서 써야 하나요? 아니면 발음이 좋은 건가요? 그리고 사실 언어 문제뿐일까란 생각도 듭니다. 한국인으로서 외국인을 상대하거나, 외국에서 생활하면서 느끼는 문화적 이물감이나 부족한 자신감 때문에 나의 영어가 어색하다고 느끼는 건지 모르겠습니다. 또한, 겸손을 미덕으로 배우고 자란 한국 사람들은 미국 사람들처럼 남들 앞에 잘 나서고(self-promotion), 스몰 토크(small talk)도 잘해야 할 것 같은 압박감도 느낍니다. 발음이나 동작 그리고 얼굴 표정을 더 크게 원어민처럼 해야 하나, 혹은 어떤 태도를 보여야 영어를 고급스럽거나 자연스럽게 구사하듯 보이는지 모르겠습니다. 딱히 '내 영어의 문제가 뭐다'하고 콕 찍어서 말하기 어렵습니다. 자신감이 점점 없어집니다.

안타깝게도 영어 공부에 빠른 요령은 없습니다. 하지만 시간/노력 대비 효율이 높은 가시비(價時比: 시간 대비 효과) 있는 방법은 있습니다. 고급 영어 수준으로 업그레이드를 위해 가장 먼저 해야 할 일은 본인 뇌의 장기 메모리 속 곳곳에 잠겨 있어 그동안 사용하지 못한 표현들을 바로 써먹을 수 있는 상태로 활성화해 정리하는 겁니다. 그래야 뇌의 출력 버튼을 누르자마자 고급 영어가 입에서 빠르게 나옵니다.

매일 꾸준한 스스로 학습을 통해 이미 알지만 못 쓰던 표현들을 당장 쓸 수 있게 세밀하게 다듬는 튜닝에 초점을 맞춘, 기존과 완전히 다른 고급 영어 학습법을 체득해서 적용해야 합니다. 이렇듯 고급 영어를 정밀 조준하는 가시비가 빠지는 혁신적인 고급 영어 공부 방법을 이 책에서는 '영어 튜닝 학습법'이라고 부릅니다.

이 책은 북미, 유럽 및 아시아 지역에서 공부하시는 석박사과정의 학생과 해외에서 일하시는 직장인과 전문가 300명 이상을 1:1로 코칭한 결과를 정리한 책입니다. 이 책에서 제시하는 영어 문제점 체크리스트와 내 영어 커뮤니케이션 이슈를 비교해보면서 그동안 정확히 짚어 낼 수 없어서 답답했던 현재 내 영어의 문제점들을 진단하고, 본인의 실력을 객관화해볼 수 있습니다. 영어 정체기는 학습 발전 단계에서 자연스럽게 겪는 패턴입니다. 왜 정체가 일어났는지 이해하면 영어 공부에 대한 동기 유발도 되고 문제를 정밀 조준해 해결하는 전략을 스스로 마련할 수 있습니다.

이후 무엇을 어떻게 읽어야 고급 영어 표현을 수집하고 뇌에 정리해 입에서 말로 빨리 나올 수 있을지 리딩(reading)을 통한 영어 튜닝 학습법을 알려

드립니다. 이러한 고급 영어 학습 방법을 통해 매일 10분의 리딩으로도 3개월에서 6개월 사이에 영어가 획기적으로 업그레이드(quantum leap)되는 경험을 할 수 있습니다.

또한, 고급 영어를 말하고 싶은 욕구 뒤에 숨겨진 궁극적인 커뮤니케이션의 목적에 대해서도 생각해봅시다. 고급 영어가 사용되는 상황에서는 말의 언어학적인 완성도도 중요하지만 그 말에 담긴 콘텐츠도 전문적이고 구체적인 내용을 요구하는 경우가 많습니다. 고급 영어를 말하는 맥락에서는 대화 참여자의 교육 수준과 사회적 수준이 높습니다. 따라서, 이들을 설득하고 영향력을 발휘하는 고급 영어를 구사하기 위해서는 문화적인 차이점을 이해하고 사람을 대하는 세련된 글로벌 커뮤니케이션과 리더십 스킬도 익혀야 합니다.

이 책은 영어를 가르쳐주지 않습니다. 대신 고급 영어로 업그레이드할 수 있는 영어 공부법을 가르쳐 드립니다. 또한, 영어로 외국인을 대하는 커뮤니케이션 전략과 문화적 태도를 말씀드립니다. 이 책이 가장 도움될 분은 현재 중급 영어 수준에서 영어 실력이 정체되어 있는 분입니다. 현재 내 영어 상태의 획기적 변화를 위해 어디서부터 어떻게 다시 시작해야 하는지 답답하신 분께 이 책은 답을 드립니다.

뉴욕에서

… 권혜미

CONTENTS

제1장

고급 영어의 정의

성장 지향적인 사람이
더 갈망하는 고급 영어

한국어도 '아' 다르고 '어' 다릅니다. 영어로 말할 때도 만나는 사람이 직장 상사인지, 동료인지, 동네 이웃인지, 교수님인지, 고객사 사장님인지, 투자자인지, 대중을 상대로 프레젠테이션을 해야 하는지에 따라 스타일이나 표현이 다 달라야 합니다. 듣는 사람이 누구인지 그리고 만나는 장소가 어디인지에 따라 영어로 예의 바르고 센스 있게 말하고 싶습니다. 그리고 더 나아가 유머, 친근감이나 신뢰감 같은 매력이 드러나게 말하고 싶습니다.

어릴 때부터 외국에서 살지 않았던 토종 한국 사람은 인간적인 매력을 드러내면서 고급스럽게 영어로 표현하는 건 불가능할까요? 정보만 전달하는 중급 영어가 아니라 더 나아가 때와 장소와 사람에 따라, 스타일과 톤을 조절해서 표현을 골라 쓰는 고급 영어를 말하긴 무리일까요? 이 질문에 대해 어디서부터 어떻게 시작해야 할지 전혀 모르겠다는 분들이 많습니다.

지난 3년 동안 이와 같은 고민을 하시는 300여 분께 1:1로 고급 영어 커뮤니케이션 코칭을 해드렸습니다. 코칭 대상은 미국, 캐나다, 유럽, 아시아 국가에서 유학하시고 일하시는 분 그리고 한국에서 유학을 준비하시거나, 외국계 회사에서 외국인과 일을 하거나, 외국인 투자자를 상대해야 하는 스타트업 CEO와 글로벌 기업 임원이었습니다.

고급 영어 커뮤니케이션 코칭은 우연히 시작됐습니다. 뉴욕에 거주하던 2021년 코로나 락다운(lock down)으로 집 밖을 나갈 수 없어 순식간에 모든 활동이 온라인으로 옮겨가는 걸 지켜보며 세상을 움직이는 패러다임이 바뀌는 걸 목격했습니다. 그러던 중 우연히 미국에서 일하고 공부하는 사람들이 모인 온라인 커뮤니티인 '마일모아'에 하루 만에 영어를 '잘하게 보이는 테크닉'에 대해서 글을 썼습니다. 어떻게 하루 만에 영어를 잘할 수 있겠습니까? 다만 마음 가짐과 외국인을 대하는 관점을 바꿔서 이미 가진 영어로 자신감을 가져보자는 동기 유발 글이었습니다.

평상시 말과 글에도 에너지가 담긴다는 생각을 하는데, 나름 노하우가 농축된 글이라고 느껴졌는지, 아님 제 아이디어가 설득력이 있다고 생각하신 건지 독자 중에 영어 상담을 해달라고 연락을 주시는 분들이 생겼습니다.

처음엔 제 코칭이 타인의 시간과 돈 값을 할 수 있을까 조심스러운 마음도 들었습니다. 하지만 마일모아 게시글 아래 긍정적인 상담 후기가 올라오고 하루에 수십 명이 상담을 신청해 저도 깜짝 놀랐습니다. 이를 통해 고급 영어 공부법과, 프로페셔널하게 보이는 영어 커뮤니케이션 스킬을 배우고 싶다는 수요가 상당히 존재한다는 알게 됐습니다. 저는 토종 국내파로 한국에서 영어를 공부해 동시통역을 하고, 한국과 미국 양쪽에서 각각 한영 통역과 HR/리더십 코칭으로 두 번의 대학원 공부를 하고, 직장생활을 했습니다. 세계적으로 다양성이 제일 높은 도시인 뉴욕에 살면서 쉽지 않던 문화적 적응 과정을 겪은 제 경험이 국, 내외에서 비슷한 도전을 하고 있는 한국인들에게 도움이 될 수 있겠다는 확인을 했습니다.

　상담자의 대다수가 영미권 유학생이거나, 한국에서 바로 해외 취업을 했거나, 유학 후 취업 비자나 영주권을 받고 자리 잡은 분들이었습니다. 비자가 필요한 외국에 취업하려면 전문 스킬과 지식이 있어야 현지 채용에 유리한 현실적인 제약을 고려해봤을 때, 상담자의 70% 이상이 학사 학위 이상의 고등 교육을 받으신 20~50대의 주재원, 회계사, 디자이너, 예술가, 의사, 간호사, 수의사, 치과의사, 건축가, 엔지니어, 과학자, 연구원, 교수님이었습니다. 이분들은 이미 해외에서 자리를 잡았기에 때문에 대부분의 한국 사람 입장에서는 '그 정도면 영어를 잘하는 거 아냐?'라고 평가할 수 있습니다. 실제로도 코칭이 필요하다고 오신 분들도 대부분 중급이나 상급 이상 영어 실력을 가지신 분들이 많았습니다.

　하지만 이분들의 고민은 영어로 말이 안 통하는 게 아니었습니다. 본인의 영어가 프로페셔널하게 들리지 않아 불만족스러운 마음에 자신감이 떨어진다고 말했습니다. 영어 공부를 안 해본 건 아니고, 그동안 나름 자신만의 노하우를 가지고 노력해서 중급 이상으로 실력이 올라왔습니다. 하지만 어느 시점부터는 과거에 유효했던 공부 방법을 반복해도 더 이상 예전만큼 영어 실력이 늘지 않았다고 합니다. 이 정체기를 어떻게 해야 할지 모르겠다는 고민이 듭니다.

　이미 전문 스킬과 자격으로 취업도 하고 업무 자체는 잘 수행하고 있기 때문에, 동료 원어민에게 물어봐도 자신의 영어가 어떤 점에서 부족하고 어떤 부분을 보완해야 되는지 꼭 집어서 정확히 진단해줄 수 있는 사람을 찾기 어려웠다고 합니다. 이에 더해 부족한 영어 공부를 해야겠다는 생각은 늘 있었지만, 삶이 바쁘다 보니 영어 공부는 우선순위에서 밀리게 됩니다. 그래서 누군가가 등을 떠밀어 주고, 새로운 공부 방법도 가르쳐주면 다시 시작할 수 있을 것 같아서 동기 유발 차상담을 신청했다고 말씀해 주셨습니다.

300명 이상의 실제 상담 사례를 접하면서, 중급 이상 한국인 영어 학습자가 공통적으로 맞닥뜨리는 패턴과 문제점을 확인했습니다. 먼저 고급 영어 공부 방법에 대한 수요는 존재하지만 이를 해소해줄 콘텐츠는 한국에 별로 없다는 것입니다. 그 이유는 다음과 같습니다.

1) 기존 영어 교육 콘텐츠의 대부분은 영어 시험 준비 혹은 초급에서 입이 트이는 중급까지 끌어 올리는 데 집중되어 있다.
2) 온라인에 가장 많은 교육 콘텐츠는 새로운 표현과 문장을 알려 주고 외우게 하는 방식이다. 따라서 이미 가진 단어 양이 상당한 중급 이상 영어 스피커 입장에서는 더 외운다고 영어 실력이 비례해 늘어나지 않는 한계 효용에 맞닥뜨린다.

중급에서 고급 영어로 업그레이드를 원하는 사람보다는, 초급에서 중급으로 올리기 위해 영어 공부를 하는 사람 수가 절대적으로 많기 때문에 고급 영어 학습 콘텐츠는 적습니다. 동시에 고급 영어를 말할 수 있고, 고급 영어가 사용되는 문화, 사회, 비지니스 맥락과 내용을 경험해 이해하고, 고급 영어 커뮤니케이션 스킬을 가르칠 수 있는 능력이 있는 선생님이 드물기도 합니다.

따라서 고급 영어를 말하기 위해서는 새로운 영어 표현을 계속 외워 뇌의 메모리에 추가하는 기존의 학습법보다는, 완전히 새로운 고급 영어 공부법을 습득해야 합니다. 영어의 언어적 특성을 이해하고 문화적으로 적합하며, 인간관계 맥락마다 어떤 메시지를 담을지, 어떤 표현을 쓸지 머릿속에서 표현을 재빨리 골라 쓸 수 있는 커뮤니케이션 능력을 가져야 합니다.

이런 맥락에서 고급 영어를 말할 수 있기 위해서는 영어 표현을 하나씩 추가해 외우기보다는 전반적인 영어 공부 원리를 배워야 합니다. 중급 영어 수준이 가진 문제점을 정밀 조준해서 고급 영어로 업그레이드할 수 있는 고급 영어 공부 전략을 이해한 후 공부를 시작해야 시간 대비 학습 효율성이 높아집니다.

동시에 성인 학습에서 작업 기억력(working memory)[1]이 어떻게 작동하는지 이해해야 합니다. 이미 장기 메모리 속에 저장돼 있지만 활용하지 못하는 영어 표현을 평상시에 지속적으로 단기 메모리에 활성화시켜 놓을 필요가 있습니다. 이래야 필요시 상황 판단을 통해 뇌에서 빠르게 불러와 말과 글로 쓸 수 있습니다. 이 책은 고급 영어가 입과 글로 나오기 위해 그 전 단계인 우리 머릿속에서 어떻게 입력(reading & listening)하고 정리해 둬야 출력(speaking & writing)을 빠르게 할 수 있는지 그 과정을 설명합니다.

---

1) Daneman, M., & Merikle, P. M. (1996). "Working memory and language comprehension: A meta-analysis," Psychonomic Bulletin & Review 3(4), 422-433.

특히 중급 영어 수준에서는 남이 가르쳐주는 '단기간 수업'이라는 수동 학습으로는 한계가 있습니다. 생업과 가족 등 수많은 삶의 우선 순위가 있는 성인의 경우 매주 수업을 들을 시간도 없는 것은 차치하고서라도, 타인이 가르쳐주는 걸 소화하는 방식의 공부는 더 이상 지속 가능하지 않기 때문입니다. 대신 영어 학습의 근본 원리를 이해하고 본인에게 맞는 공부 자료를 찾아 매일 스스로 꾸준히 공부하는 수밖에 없습니다.

고급 영어 업그레이드는
색다른 전략이 필요하다

:: **영어 시험 점수가 높다고 영어를 잘할까?**

영어 실력을 업그레이드하면서 맞닥뜨리는 이슈

초급에서 중급까지 영어를 학습할 때 목표는 상대의 말을 이해하고 내가 하고 싶은 말을 전달하는, 즉 '정보 전달(conveying messages)' 자체에 초점을 맞춥니다. 한국인의 영어 공부 패턴을 살펴봅시다. 뇌가 성장하는 10대와, 한창 체력과 공부 효율이 좋은 20대는 절대적인 영어 단어와 표현을 늘리기 위해 외웁니다. 수능 영어와 토플과 토익, IELTS 같은 영어 시험 그리고 유학 준비를 위한 GRE이나 GMAT, 그리고 에세이 시험을 준비하면서 한국인은 수천에서 수만 개의 영어 단어를 외웁니다.

초급에서 중급 수준의 영어 실력으로 성장할 때는 암기가 가장 효과적입니다. 어느 정도 절대적인 단어 양이 쌓이지 않으면 영어가 들리지 않고, 말할 수 없습니다. 처음 영어 공부를 할 때는 내가 외운 영어 표현의 절대적 양이 영어 청취(리스닝) 실력과 말하는(스피킹) 수준에 정비례합니다. 즉, 초급에서 중급까지는 아는 만큼 들리고 아는 만큼 말합니다. 하지만, 수능 Voca 20,000, 토플 필수 영단어 공략 책을 달달 외우고 유학을 위한 토플 GRE 점수를 잘 맞았다고 영어 회화가 잘 되는 건 아닙니다.

스피킹은 직접 입을 열고 말을 해보는 경험 없이는 flow(말의 흐름과 리듬)가 생겨나지 않습니다. 직접 입으로 말하면서 영어의 리듬과 발음에 익숙해지고, 머릿속에서 한국어로 된 생각을 영어 문장으로 번역하는 동시에 내뱉는 연습을 해야 합니다. 이때 많이 쓰는 공부 방법이 소리내서 영어 지문 읽기, 문장 패턴 연습, 미드 쉐도잉, 원어민 전화 영어, 잘 쓰여진 연설문 외우기, 내 영어를 녹음해서 들어보기 등입니다. 하루에 최소 1시간 이상 6개월에서 1년은 꾸준히 해야 입이 트이고 하고 싶은 말을 하는 중급 수준으로 올라섭니다.

중급까지는 시중에 나온 그 어떤 공부 방법을 써도 다 옳습니다. 공부 방법은 문제가 아닙니다. 투입하는 시간이 문제입니다. 초급에서 중급 수준까지 올라가는 데 공부의 효율성을 따지지 마시고, 무엇이 됐든 나에게 맞는 편안한 방법을 찾아서 하루에 최소 30분 이상은 혼자든, 듣는 사람이 있든 영어로 말을 해봐야 합니다.

혹시 본인이 초급 수준에서 6개월 이상 공부했는데도 입에서 영어 문장이 떠듬떠듬 나온다는 분들은 반드시 하루에 꾸준히 매일 30분~1시간가량 직접 내 입에서 영어를 뱉으며 스피치 연습을 했는지 생각해보십시오. 눈으로 보고 귀를 듣는 공부만 해서는 말이 나오지 않습니다. 반드시 입을 열고 소리를 내야 영어로 말할 수 있습니다. 눈으로만 공부하고 듣기만 해서는 영어가 말로 나오지 않습니다.

영어로 의사 전달이 가능해진 이후의 이슈

드디어 시험 점수가 잘 나오고 어느 정도 말은 하고 들리는 fluency 가 달성된 중급 이상 수준에 도달했다고 해봅시다. 축하합니다. 지금 까지 자기를 채찍질하며 여기까지 오셨습니다. 하지만 여기가 결승점은 아닙니다. 중급 영어에 도달하고 나면 또 다른 도전 과제(challenge)에 맞 닥뜨립니다. 코칭할 때 많은 분이 단어는 분명 예전보다 많이 아는 것 같은데, 말할 때마다 같은 표현만 반복해서 쓴다든지, 어느 때는 귀가 뻥 트인 것처럼 잘 들리는데 어쩔 땐 잘 안 들릴 때도 있다고 합니다. 리스닝 능력이 특정 표현을 아는지 모르는지 여부에 달린 건지 그 이 유를 모르겠다고 하셨습니다.

또한 읽고 이해하는 것 대비, 이메일이나 에세이를 쓸 때는 영어가 너무 수준 낮게 나와서 작문에는 자신이 없고 부끄러워진다고 합니다. 반대로 이메일로 쓸 때는 시간을 가지고 생각을 정리해서 차분하게 쓸 수 있는데, 미팅에서 말로 설명해야 할 때는 생각이 뒤죽박죽이라 말 이 분명(clear)하고 간결(concise)하게 나오지 않고, 의식의 흐름대로 중언 부언 늘어지게 나와서 고민이라는 분도 계십니다.

한편 언어 외적으로 성인 학습의 고질적인 문제도 등장합니다. 중급 수준의 가장 큰 문제는 심리적으로 공부의 동기 유발(motivation)이 떨어 진다는 점입니다. 처음엔 영어를 아예 못하니까 잘해보려고 결심하고 노력을 경주해서 이제 영어를 어느 정도 듣고 말할 수 있는 상태가 됐 습니다. 하지만 어느 정도 말이 통하자, 좀 만족스럽지 않더라도 사는 데 큰 지장은 없어지니 예전처럼 절박하게 열심히 공부할 동기가 없어 집니다.

그리고 원래 학습 효과도 중급 구간에서는 크게 떨어집니다. 초급에서 중급 영어 수준으로 향상되는 데 들어간 노력과 시간 대비, 중급에서 고급 영어로 한 단계 더 업그레이드되는 속도와 품은 훨씬 많이 듭니다. 예를 들어 토플 만점은 120점, 토익 만점은 990점입니다. 취업과 유학에 쓰이는 시험에서 고득점이 필요한 절박함에 하루에 3~5시간씩 공부해 6개월 정도 성실하게 노력하면, 토플과 토익 점수를 각각 100점과 800점까지 어떻게든 끌어올려 취업과 유학 커트라인을 맞춘 경험을 해보셨을 겁니다.

하지만 그 후 최고득점인 토익 110점과 토플 900점 이상을 받기 위해 지난 6개월 동안 해오던 대로 공부를 계속한다 해도 점수 상향 속도가 예전 같지 않습니다. 이상하게 예전보다 더욱더 노력하는 것 같은데 마지막 최고점으로 끌어 올리는 건 너무 어렵습니다. 이러한 마의 구간을 돌파하는 경험을 해보셨나요? 골프도 100에서 90타까지 줄이는 건 어느 정도 꾸준한 시간 투자와 노력으로 되지만, 80, 70타로 줄이려면 완전히 다른 접근법이 필요합니다. 기존의 스윙 폼을 분석하고, 스윙의 원리와 근육의 움직임까지 이해해야 합니다. 혼자 연습하기보다는 프로 코치의 원포인트 레슨으로 계속 폼을 수정해 가면서 절차탁마하고, 날씨와 심리까지도 읽을 수 있어야 골프 최고수 레벨로 오릅니다.

마찬가지로 중급 영어에서 고급 영어 실력으로 올라가려고 노력하는 과정은 시간이 더 많이 들고, 공부한 만큼 티도 확확 나지 않고 고통스럽습니다. 그러니 그 방법도 달라야 합니다. 아울러 혼자 공부하기보다는 영어 초고수의 원포인트 팁을 받으며 꾸준히 수정해 나가야 합니다. 현실적으로 주변에서 초고수를 찾기도 힘들고 매주 수업을 듣는 것도 힘듭니다. 따라서, 고급 영어로 업그레이드를 위해서는 스스로 공부 방법을 익히고 자신의 문제점을 진단할 수 있어야 합니다. 이 책은 혼자서 고급 영어로 업그레이드할 수 있는 셀프 코칭 방법을 드립니다.

:: 해외에 오래 산다고 영어를 잘할까?

글로벌 시대가 되면서 해외 유학과 취업이 증가하고 있습니다. 한국에서도 외국계와 글로벌 기업에서 일하시는 많은 분이 온라인으로 직접 외국인 파트너들과 일하면서 영어로 이메일을 쓰고 회의를 진행합니다. 과거엔 유학 후 해외 취업으로 이어지는 것이 대다수였습니다. 하지만 세계 시장에서 한국의 위상이 높아져 유학없이 바로 한국 학위와 업무 경력을 바탕으로 아시아, 유럽, 북미, 호주 기업에 바로 취업하는 분도 늘고 있습니다.

제 코칭 클라이언트 중에는 외국에서 수 년간 살고, 석박사학위도 받으시고 이름만 들으면 아는 글로벌 탑 티어(top tier) 테크 기업에서 일하시는 분들과, 특히 교수님과 과학자 연구원, 엔지니어가 많습니다. 취업도 취업이지만, 어렵다는 비자/영주권 문제도 해결하고, 가족을 부양하면서 미국, 캐나다, 호주, 싱가포르, 영국, 유럽에서 성공적으로 정착하고 수 년간 이민자로 살아가시는 능력자분들은 고급 영어를 구사할 것이라는 생각이 듭니다. 과연 그럴까요? 해외에서 오래 산다고 그 시간만큼 비례해서 영어가 늘까요?

제가 사는 뉴욕은 LA와 애틀랜타와 더불어 한인 교포 사회 규모가 상당합니다. 뉴욕과 뉴저지 교민 수가 30만 명이라 하니 웬만한 한국

지방 소도시 규모입니다. 이 정도 인구 규모면 영어를 한 마디를 안 해도 사는 데 지장 없는 한인 경제가 구축되어 있습니다. 오래전에 이민 오신 나이 드신 교포분들은 열외로 쳐도, 퀸즈와 뉴저지 교포 커뮤니티의 1.5세대인 80년대, 90년대생도 학교에 한국 친구가 많고 한국 사람하고만 지내는 게 더 재미있고 편해서 영어보다 한국어가 더 편하다는 분들이 많습니다. 이분들은 비즈니스나 학습의 언어는 영어지만 정서의 언어는 한국어인 경우가 흔합니다.

성인으로 외국에 온 유학과 이민 초창기에는 영어 공부에 신경을 씁니다. 하지만 인간은 적응의 동물이라고, 어느 정도 아는 사람과 이동 동선이 정해지고 생활이 편해지면 언어보다는 요령으로 돌파하는 경우가 많습니다. 영어를 많이 쓰지 않고도 생활이 됩니다. 그래서 생각보다 미국에서 오래 산다고 그 기간만큼 영어가 비례해 늘지 않습니다. 되레 언어적인 측면은 정체되고, 비언어적인 생활의 지혜와 대처 능력이 늡니다.

제가 주로 미국에 계시는 한국인 프로페셔널들을 코칭하면서 꼭 처음 물어보는 질문이 '하루에 영어를 몇 시간 말하는지?'입니다. 놀랍게도 미국에서 미국인만 있는 회사에서 일하는 분 중 하루에 영어를 평균 1시간 미만으로 쓰시는 분도 많습니다. 코로나 팬데믹 이후로는 재택근무나 하이브리드 근무가 늘고, 주로 채팅이나 이메일로 커뮤니케이션을 합니다. Zoom 회의에서도 특별한 안건이 없으면 남이 하는 말을 그냥 듣는 경우가 많아, 하루에 실제로 입을 열고 영어로 말하는 시간이 다 합해봐야 30분 미만이라는 분도 생각보다 많았습니다.

또한 회사 내에서도 만나는 사람은 뻔하고, 말하는 주제가 반복되고, 누가 무슨 입장에서 뭘 이야기할지 짐작이 됩니다. 이런 상태가 지속되면 내가 쓰는 표현만 반복해서 사용합니다. 새로운 표현을 외우거나, 문장을 만드는 구조나 글의 논리가 업그레이드되지 못합니다. 한 가지 의미를 한 가지 표현으로만 반복해 말하는 패턴이 고착화됩니다. 이직 인터뷰를 준비하거나, 팀원을 관리하는 리더십 포지션으로 승진을 목표로 하시거나, 동네 아이 친구들 부모님과 적극적인 친교를 맺어야 하거나, 업무상 프레젠테이션 같은 급박한 외부 자극과 내적 인센티브가 있지 않고서는 고착된 영어 습관이나 정체기를 극복하기는 어렵습니다.

한편, 외국인 배우자를 두신 분들의 경우도 매일 영어를 쓰니 영어를 잘할 거라고 생각합니다. '외국어를 배우는 가장 좋은 방법은 원어민을 사귀는 거다'라고 농담할 정도로 실제로 매일 영어를 억지로 쓰는 환경에 노출되면 fluency가 늘긴 늡니다.

하지만 가까운 사이일수록 서로 이해하고 있는 배경(context)이 많아서 척하면 착하고 알아듣습니다. 부부끼리 매번 정치 경제 이야기를 하는 것도 아니고 일상 주제와 집에서 쓰는 단어는 한정되어 있습니다. 그래서 외국에 살거나 외국인과 살면 매일 영어에 노출되긴 하지만 상호 이해란 커뮤니케이션 효과가 좋아지는 것이지, 언어 자체가 느는 데는 어느 정도 한계가 있습니다. 이래서 원어민과 전화 영어 회화 연습도 초기 3~6개월까지는 실력이 확 느는 게 체감되다가, 선생님에 익숙해지면 예전만큼 늘지 않는 것처럼 느껴지는 겁니다.

이처럼, 영어를 사용하는 환경에 장기간 노출되어 있다고 영어가 자동으로 느는 건 아닙니다. 영어가 늘기 위해서는 반드시 의식적으로 집중해서 특별한 노력을 기울여야 합니다. 급박한 내적, 외적 동기 (motivation)를 만들고, 의식적이고 전략적인 공부 방법을 매일 조금씩 꾸준히 적용해 나가야 고급 수준으로 영어를 업그레이드할 수 있습니다.

　이렇게 써 놓고 보니 아주 급박한 동기 유발이 되지 않고서는 성인의 행동 변화는 매우 어렵다고 할 수 있네요. 동기 유발은 개인 생활의 필요에 의해 사람마다 다릅니다. 성인 학습의 성공은 방법론보다는 동기 유발과 절박함 유지가 전체의 90% 같습니다. 저에게 돈과 시간을 들여 코칭을 신청하시는 분들은 일과 생활에서 이대로는 안 되겠다는 급한 마음이 들어서 외부 전문가의 도움을 받아야겠다고 판단하신 겁니다. 이 책을 읽으며 나름의 동기로 더 영어를 잘해보고자 마음먹은 분들을 위해, 영어 공부라는 새로운 행동 변화가 지속될 수 있도록 뒷장에 흥미 있는 저만의 학습 콘텐츠를 제공하고 있습니다.

고급 영어 업그레이드를 위한
목표 세우기

:: 한국어를 잘해야 영어도 잘한다

이 책을 읽기 시작하시는 분은 중급에서 고급 수준으로, 고급에서 최고급 수준으로 영어 실력을 한 단계 더 업그레이드하고자 하는 목표가 있습니다. 그렇다면 우리가 목표로 지향하는 고급 영어는 어떻게 정의할 수 있을까요? 목표를 정확하게 인지해야 효율적으로 달성할 수 있는 전략을 짜고, 성공한 상태가 어떤지 비교해 나의 현재 수준을 평가할 수 있습니다.

우선, 모국어인 한국어부터 시작해봅시다. 모든 한국 사람이 고급 한국어를 구사하고 있나요? 아나운서처럼 똑 부러지고 정확한 발음으로 내용을 전달하면 마냥 호감이 가요? 어려운 한자어를 사용하고 고급스러운 표현을 자주 쓰는 사람이 말을 잘한다는 느낌을 주나요? 아니면 농담도 잘하고 정서적으로 호감이 들도록 말을 예쁘게 하는 게 고급 한국어를 구사하는 건가요?

현실적으로 외국어인 영어의 경우 한국에서 태어난 우리가 영어를 아무리 잘하더라도 네이티브 스피커 수준으로 도달하는 것은 불가능합니다. 토종 영어 학습자인 저는 외국 경험 없이 학교와 학원에서 공부해서 통역대학원을 졸업하고 동시통역사로 일했습니다. 이후 30대에 뉴욕에 와 유학하고 일하면서 수 년째 매일 영어를 쓰고 있습니다. 보통 한국 사람보다는 영어를 잘하고 쓸 기회도 많은 편입니다. 그래도 냉정하게 저는 제 영어가 원어민의 70~80% 수준이라고 생각하고 있습니다.

제2외국어로 배우는 이상 아무리 노력해도 원어민 수준의 언어 민감성과 섬세함을 갖출 수 없다고 생각합니다. 정보를 정확하고 예의 바르게 영어로 전달할 수 있지만, 글의 아름다움으로 승부를 보는 문학 작품이나 정서적 효과를 불러 일으키는 광고에 쓰이는 마케팅 글을 작성하기에는 ESL[2]로는 한계가 있습니다.

같은 유럽어인 독어와 프랑스를 공용으로 사용하는 스위스와, 이탈리아어와 독일어를 공용으로 사용하는 이탈리아 티롤 지역, 그리고 영어와 불어를 사용하는 캐나다 퀘벡 지역 주민의 경우 일상 생활이 가능한 이중 언어 사용자입니다. 이들의 모국어는 두 개일까요? 하지만 소수를 제외하고는 한 가지 언어를 모국어로 꼽지, 두 개 다 모국어인 사람은 매우 드물다는 언어학적 연구 결과가 많습니다. 실제로 공용어

---

[2] English as Second Language: 한국 사람은 원어민으로 부르지만 미국인들은 일상에서 차별적으로 들리는 native speaker라는 말을 잘 안 씁니다. 대신 모국어가 영어가 아닌 사람들을 ESL로 부릅니다. 요즘 영어 교육학에서는 비영어권 국가에서 영어를 배우는 사람들을 EFL(English as Foreign Language)로 부르지만 이 책에서는 미국에서 더 보편적으로 널리 쓰이는 ESL로 통칭하겠습니다.

지역에서 자란 친구들에게 물어봐도 본인의 모국어는 1개를 꼽습니다. 다양한 국가에 자라고 살면서 3~5개 이상의 외국어를 한다는 사람들도 꽤 있지만, 이런 사람들도 언어학적으로 기준으로 평가해보면 대부분 모국어는 하나입니다. 모국어에 가장 근접한 제2외국어를 구사하고, 나머지는 일상 대화가 가능한 수준입니다.

세계적으로 bilingual(이중 언어)의 수는 꽤 많습니다. 중동, 홍콩, 싱가폴이나 인도처럼 원래 모국어를 쓰면서 학교에서 영어로 교육을 받으면 이중 언어가 가능합니다. 하지만 언어학적 감각이 뛰어나거나 부모가 특별히 신경 써서 이중 언어 교육을 시킨 소수를 제외하고는 본인이 업무나 관계에 더 자주 쓰고 편히 느껴지는 언어는 정해져 있습니다. 따라서 모국어는 하나로 보는 게 맞습니다.

심지어 외교관이나 주재원 자녀로 자란 분들 중에 특히 대륙을 바꿔 서구와 아시아로 왔다 갔다 하시면서 완전히 다른 언어와 문화권에서 성장하신 분들 중 모국어가 0개인 분들도 꽤 만났습니다. 어떻게 모국어가 0일 수가 있나 의아해하실 수 있습니다. 하지만 초, 중, 고등학교 시절 언어와 지식 형성기에 한 가지 언어로 깊이 있는 학습이 되어야 하는데, 뭐 하나도 깊이 들어가지 못하고 이것저것 너무 상이한 언어를 넘나들며 배우는 경우 모국어라고 불리는 탄탄한 언어체계가 부재할 수 있습니다. 이분들은 성인이 되어서 일상 회화에서는 티가 안 나지만, 업무나 학습에서 어려운 정보를 집중해서 읽고 분석하고 해석해서 글로 쓰고 말로 설명하는 데 어려움이 있다고 합니다.

통역대학원에서는 한영 통역 시 한국어가 탄탄해야 오히려 통역을 더 잘한다 가르치고, 제가 실제 경험해봐도 그렇습니다. 모국어로 된

지식 체계와 복잡한 정보를 분석하는 능력(수학능력, 修學能力)이 탄탄해야, 한국어 세계와 데칼코마니 병렬 구조인 외국어의 세계에서도 정보 분석과 전달 능력이 좋기 때문입니다. 이런 이유로 한국어로 된 모국어 언어체계가 자리잡지 않았고, 세상과 사람 간 관계를 아직 이해하지 못하는 영유아를 영어 유치원에 1, 2년 보낸다고 해서 장기적으로 영어 학습에 도움이 되는 건 아니라고 생각합니다(발음과 외국인을 자연스럽게 대하는 데는 도움이 됩니다).

아무튼 언어 능력도 재능인지라, 영어를 '원어민의 70~80% 수준으로 도달한다'라는 목표는 타고난 재능이 있지 않고서는 어렵습니다. 설사 가능하다 할지라도 시간과 노력이 너무 많이 듭니다. 당장 승진, 이직, 사업 기회를 앞두고 영어 실력을 빨리 향상시켜야 되는 급박한 니즈를 가지고 있거나, 영어 말고도 회사와 가족 등 해야 할 일이 많은 시간에 쫓기는 성인이 목표로 삼기에는 가시비(價時比: 투입 시간 대비 가치)가 빠지지 않습니다. 동시통역사처럼 영어 자체의 절대적 최고수가 되겠다는 목표는 외국에서 공부하고 일하며 생활하는 분들께 비효율적입니다. 설사 야심 차게 목표로 잡았다 하더라도 시간이 많이 걸리기 때문에 중간에 지쳐 나가 떨어질 가능성이 큽니다.

따라서 나의 영어 공부 목표는 영어로 외국인에게 내가 원하는 바를 정확히 예의 바르게 전달하고, 타인에 영향을 미치면서 내 의도대로 설득하고, 상황에 따라 표현, 스타일 그리고 뉘앙스를 빨리 골라 쓸 수 있는 섬세한 영어 수준으로 삼아야 합니다. 이러한 영어 커뮤니케이션 과정은 사실 타인에게 영향을 미치는 리더십을 확보하는 과정과 같습니다. 영어만 쓸 뿐이지 한국어로도 쉽지 않습니다. 이렇듯 글로벌 리더가 쓰는 고급 영어는 과연 어떤 상태이고, 이 상태에 도달하기 위해서 어떤 목표와 학습 방법을 설정해야 할까요? 서문에서 언급했듯이 리더가 쓰는 영어는 언어적(verbal)인 측면과 동시에 비언어적인(non-verbal) 커뮤니케이션 스킬의 업그레이드가 필요합니다.

:: 고급 영어 = 교육받은 국제 영어

미국에서 공부하고 일하면서 미국인과 외국인들이 제가 미국에서 자라지 않고 이민 온 지 얼마 안 되는 걸 알게 된 후 "너는 영어를 어디에서 배웠니?"라고 물어보는 경우가 종종 있었습니다. 제가 한국 학교에서 배웠다고 하자, 인상 깊다고 평가해줬습니다. 본인들이 만났던 미국으로 이주한 지 얼마 안 되는 사람들은 영어가 물 흐르듯이 fluent하지 않고 엑센트가 강한데, 제 영어는 미국이나 호주, 영국 등 특정 국가, 혹은 보스턴이나, 텍사스, 캘리포니아 등 특정 지역의 엑센트나 슬랭 같은 지역색이 확 드러나는 영어는 아닌 것 같다고 했습니다. 대신, 외국인이 쓰는 교육받은 국제 영어(Educated International English)라고 평가해줬습니다. 덕분에 이 '교육받은(교양 있는) 국제적인 영어'가 순수 국내파이거나 성인 이후에 영어 학습을 하는 한국인 영어 사용자가 도달해야 할 궁극적인 방향이 아닐까 생각해봤습니다.

한국인이 성인이 된 이후 미국, 캐나다, 호주나 영국 등 영어권 국가에서 공부와 일을 하면서 영어를 학습해도, 현지인의 발음과 표현은 영원히 따라잡을 수 없습니다. 영국이나 미국식 영어를 흉내 내는 것을 목표로 삼겠다는 분이 많습니다. 현지에서 같이 어울려 지내면 그 당시 유행하는 말이나 슬랭, 그 지역 친구들의 말투와 엑센트를 따라해볼 수도 있습니다. 하지만, 전반적인 영어는 한국 엑센트가 있는 영어 발음인데 지역민이 사용하는 슬랭 표현 한두 개를 쓰면 그 표현만 튑니다. 전반적인 내 영어가 원어민처럼 들리기는 어렵습니다. 어차피 우리는 문학 작품을 영어로 쓰거나, 스탠드업 코미디를 하기 위해서 영어를 공부하지 않습니다. 우리는 비(非)네이티브 스피커로 공적인 비즈니스 관계나 사적인 관계에서 내가 하고 싶은 말을 정확하고 간결하게 전달하면서, 상대에 따라 톤(tone)을 조절해 예의 바르고 배운 사람처럼 교양 있게 말하는 '교육받은 국제적인 영어'를 사용하기 위해 영어를 학습합니다.

그렇다면 '교육받은 국제적인 영어'가 입에서 나오기 위해서는 그 앞 단계인 뇌에서 내 영어가 어떤 상태로 준비되어 있어야 할까요? 어떤 공부 방법을 통해서 중급에서 고급으로 업그레이드가 될 수 있을 까요? 그동안 책과 신문을 읽고 유튜브를 보며 표현 외우기, Friends 같은 미드나 뉴스 쉐도잉도 해보기, 표현이나 문장을 통째로 외우기, 원어민 온라인 영어 튜터와 회화 연습하기 그리고 스터디 그룹을 만들어서 같이 공부도 해봤습니다. 과거에 시도한 공부법을 계속해봐도 진전된다는 생각이 들지 않아 정체기를 느낍니다. 공부 방법이 문제일까요? 뭐 새로운 특별한 공부법이 있을까요? 예전에 유학이나 취업 준비할 때처럼 절박하지 않고 열심히 안 하는 내 의지가 게으름의 문제일까요? 그러면 독한 마음을 먹고 노오오력을 해서 영어 공부 시간을 늘리면 되는 내 성실성의 문제일까요?

영어 공부 없이 내일 당장 잘해 보이는 초단기 영어 업그레이드 전략

:: 멘탈 준비

영어 실력을 늘리기 위해서 가장 중요한 건 생각의 전환입니다. 다시 한번 강조합니다. 이 방법은 공부 없이 내일 당장 영어 실력이 늘어 '보이게' 하는 방법입니다. 초단기 영어 업그레이드를 위해서 공부는 필요 없습니다.

BBC에 따르면 영어 원어민이 가진 총 어휘 수는 단어 기본형 (lemmas/word family)으로 15,000~20000개 정도라 합니다.[3] 옥스퍼드 사전에 실린 총 영어 단어 수는 171,146개입니다. 그럼 외국어를 유창하게 말하려면 어느 정도 어휘 양을 가지고 있어야 할까요?

언어학자들이 하루 대화를 녹취해서 분석한 발화(corpus) 연구에 따

---

3) Sagar-Fenton, B., & McNeill, L. (2018, June 23). "How many words do you need to speak a language?" More or Less, BBC Radio 4.

르면, 친밀한 관계일수록 하루에 사용하는 단어 수가 급격하게 준다고 합니다. 부모 자식과 부부 같은 가까운 가족 관계에는 이미 서로를 이해하는 배경지식(context)이 있기 때문에 하루 종일 쓰는 단어 수가 200~500개 미만으로 적습니다. 친구같이 가족 바깥으로 거리가 확대되면 어휘 양이 점점 늘어나고, 공적인 관계인 직장이나 일상 생활에서 쓰는 단어는 3,000개 정도입니다. 사실상 기자회견이나 학술 회의 같은 전문 지식을 논하는 공적인 자리가 아닌 이상, 원어민도 일상에서 쓰는 단어 기본형은 3,000개를 넘지 않는다고 합니다.

한국인은 수능과 취업 영어 시험 등 각종 영어 평가를 준비하면서 최소 10년 이상 외운 수천 개의 단어를 머릿속에 가지고 있습니다. 교육부가 지정한 국정 교과서에 쓰이는 필수 영단어는 초등 800개, 중등 2,000개, 그리고 고등 800개입니다. 수능 영어 1등급을 위해서는 5,500개 단어가 필요하다고 합니다. 그리고 토익 초고득점을 위해서는 7,000개 단어가 필요하다고 알려져 있습니다. 미국 대학원 시험인 GRE의 Verbal 섹션에서는 3,500개의 단어를 테스트합니다.

따라서, 한국 사람이 대학을 졸업하거나, 취업과 유학을 위해 토익과 토플 공부를 했다면 최소한 3,000개 이상의 단어는 알고 있는 셈입니다. 우리는 고등학교와 대학교를 졸업할 때까지 어쩔 수 없이 준비했던 수많은 영어 시험을 통해 ESL(English as a Second Language)로서 일상적인 영어 커뮤니케이션을 위해 필요한 단어는 이미 알고 있습니다. 이런 이유로 일상 회화에 필요한 영어 단어를 추가로 외울 필요가 없습니다. (단, 말하고 싶은 정보는 어떻게든 전달하는 중급 영어 이상 수준에서입니다. 만약 본인이 전공 분야나 업무 자료를 독해할 때 모르는 단어가 많아서 독해가 안되는 수준이면 당연히 새로운 단어를 외우는 데 공부 역량을 집중해야 합니다.)

한국 사람이 영어 실력을 업그레이드해야겠다는 필요가 들 때 **'영어 공부=새로운 표현 외우기'**라고 생각합니다. 하지만 다시 강조합니다. 여러분이 한국에서 중고등 시절 영어를 학습했다면 당장 영어를 잘하기 위해서 영어 단어를 외울 필요가 없습니다. 여러분의 영어 단어 양은 이미 충분합니다. 자신감을 가지세요. 수능 영어는 미국 원어민도 틀릴 만큼 어마어마하게 어렵습니다. 당신은 이미 최소 수 년간 어려운 수능 영어를 공부한 사람입니다.

내일 당장 영어를 잘해 보이기 위해서는 현실을 바꿀 순 없고, 생각을 전환해야 합니다. 내가 이미 가진 영어 표현 수는 충분하다고 맘을 먹으면 당장 공부해야 한다는 부담감은 줄어듭니다. 다만, 새로운 표현을 외우지 않고도 이미 가진 단어를 어떻게 하면 당장 빠르게 써먹을 수 있게 정리를 해두는 노력이 필요합니다. 추가로 단어를 외우지 않고 내 영어의 질을 높이려면 매일 쓰는 단어가 아니라, 이미 알고 있지만 못 쓰고 있는 표현(수동 영어)을 발견하고 끄집어내서 말을 해야 합니다 (능동 영어). 예전에 언젠가는 외워서 나의 뇌의 장기 메모리에 넣어 뒀지만 뇌의 어디 저 아래 잠겨 있는지 당최 써먹지를 못하고 있는 표현을 단기 메모리에 끌어와서 당장 쓰는 영어로 바꾸는 과정을 설명하겠습니다.

:: 내일 당장 영어 잘해 보이기: 동사 수집

추가 영어 공부 없이 내일 당장 영어를 잘해 보이기 위해서 첫 번째로 할 일은, 업무나 전공에서 내가 매일 보는 자료, 이메일, 미팅과 동료와의 대화에서 민감하게 **동사를 수집**하는 것입니다.

대화에서 가장 중요한 것은 동사입니다. 전문가 집단은 수업이나 업무 회의에 이미 주제(명사 = 지식)는 알고 들어갑니다. 문장 구조에서 명사는 주로 주어와 목적어 역할을 하며, 담화의 주제와 관련돼 있습니다. 전문 분야의 대화의 경우에는 명사(이름/명칭)만 들어도 한국어의 배경 지식을 활용해 내용을 추측할 수 있습니다. 같은 분야나 회사 사람끼리 영어로 커뮤니케이션을 할 때 내 업무 주제와 관련된 명사는 대부분 영어로도 알고 있습니다. 따라서 영어를 당장 잘하게 보이려면 명사는 추가로 안 외워도 됩니다.

대신 추가 영어 공부 없이 지금 가진 영어로 잘하는 척을 하기 위해 가장 민감하게 봐야 할 표현은 동사입니다. 한국인들이 영어를 배워 문장을 만들기 시작하면 주어 + 동사 + 목적어, 혹은 주어 + 동사 + 보어의 소위 성문 종합영어의 3형식과 5형식 문장을 만듭니다. 주절과 종속적이 있는 복합문은 지금 당장 다음주에 있을 프레젠테이션이나 인터뷰를 준비할 때는 생각하지 맙시다. 한 문장에 하나의 정보만 담는 단문을 빠르게 만들어 말이 끊어지지 않고 이어지기(flow가 있는 상태)만 해도 영어로 커뮤니케이션을 자연스럽게 하는 것처럼 보입니다. 한 문장에 2개 이상의 정보를 담는 복문을 만들면 좋겠지만, 이는 다음 장의 장기 영어 학습 전략에서 설명하겠습니다.

머릿속에서 한국어를 빨리 번역해서 주어(명사/명사구) + 동사 + 목적어(명사/명사구)의 단문으로 빨리 밀어내기 위해서는 입에서 동사가 빨리 나와야 합니다. 이미 내가 전공 분야의 영어 명사(지식)는 충분히 가지고 있기 때문에, **단기 메모리에 동사가 활성화**되어 있어야 합니다. 업무 자료와 업계 기사를 읽으면서 업무에 자주 쓰는 동사에 집중해서 수집해 빨리 활용할 수 있는 상태로 리스트를 정리하고 입으로 말하기 연습을 해 혀 끝에 붙여야 합니다.

동사 수집 방법

영어 미팅과 프레젠테이션을 준비하실 때 그동안 외국인 파트너와 영어로 주고받았던 이메일과 관련 영문 자료를 프린트해서 읽어보세요. 이 중 동사만 빨간 펜으로 동그라미를 치고 따로 노트에 정리한 후 아는 단어라도 다시 입으로 읽어보세요. 업계 자료라면 여러분이 뜻을 모르는 동사는 20% 미만일 것입니다. 하지만 내가 이미 알고 있지만, 실제 말을 하거나 이메일을 쓸 때 내가 못 쓰고 있는 동사가 꽤 된다는 걸 알게 됩니다. 그리고 동사만 민감하게 읽어 노트나 엑셀에 수집해보면 같은 주제에서는 빈번하게 쓰이는 동사가 존재한다는 것도 알게 됩니다.

예를 들어, 주식 시장이나 세일즈에 관한 회의를 한다면 그 전에 Wall Street Journal, CNBC, Market Watch의 주식 시장 관련 기사나 회사 보고서에서 동사만 동그라미 쳐 그룹화해서 정리해보세요. 그러면 상승/확대 하락/수축에 대한 동사를 카테고리별로 10개 이상 수집할 수 있습니다. 수치가 떨어진다는 표현은 decrease, drop, fall, decline 같은 중립적인 표현이 가장 자주 쓰입니다. 동시에 같은 기사에서 dive, tumble, plummet, plunge, slide, dip, abate, collapse, crash, topple 등 떨어지는 정도나 속도가 다르고 구체적인 시각적 & 청각적 효과를 주는 다양한 동의어 세트를 찾아볼 수 있습니다.
잘 쓰여진 영어 글은 한 기사에서 똑같은 표현을 반복하는 것을 싫어합니다. 영어 스타일 측면에서 같은 뜻도 다른 표현으로 바꿔 쓰는, 즉 동의어로 쓰는 것을 선호하기 때문입니다. 미국 교육 과정에 아이를 보내시거나 혹은 미국 대학에서 공부하신 분들은 라이팅 교정을 받을 때 반복된 표현을 쓰지 말라는 조언을 받고 다양한 동의어로 고쳐 본 경험이 있을 것입니다. 이를 의식하고 기사나 자료를 읽다 보면 같은 문단이나 전체 글에는 반드시 동사 동의어 세트가 있다는 점을 확인할 수 있습니다.

다른 예로, 석박사과정이나 연구원들이 논문이나 프레젠테이션에서 가장 자주 쓰는 표현 중 '이 연구/데이터에 따르면'이라고 주장의 근거를 밝히는 구절이 있습니다. 박사과정이나 연구원이 가장 자주 쓰는 동사 표현이기 때문에 논문이나 자료를 읽을 때 해당 동사를 노트에 계속 정리해야 합니다. This data/report/research suggests 같은 구문은 논문과 프레젠테이션에 자주 쓰입니다. 이때 바꿔 쓸 수 있는 빈도수가 가장 높은 동사 동의어인 tell, support, show, explain, describe, imply, refer, mean, discover, inform, highlight, illustrate, indicate, signal, point out 등을 정리해서 그룹으로 같이 외워 두시면 머릿속에서 영작하는 반응 속도가 빨라질 수 있습니다. 이 동사들은 이미 여러분이 다 외운 중학교 동사입니다. 하지만 프레젠테이션 시 이 모든 동사를 바꿔 가면서 자주 활용하고 계시나요?

표현을 눈으로 보거나 귀로 들으면 안다 ≠ 말하고 글로 쓸 수 있다

머릿속에서 번역 과정이 있는 한국 성인의 영어 공부에서 어느 정도 외운 단어 양이 차면, **안다 ≠ 말할 수 있다** 연결 고리가 깨지는 게 가장 큰 문제입니다. 따라서 중급 이상부터는 새로운 표현을 외워서 머릿속에 집어넣는 공부 방법이 투입한 시간 대비 효과가 떨어집니다.

다음 장은 장기적으로 고급 영어로 업그레이드하는 영어 공부법을 다루며 구체적인 해결책을 제시하겠습니다. 이 방법으로 영어가 느는 데는 최소 3-6개월 이상이 걸립니다. 하지만 임시방편으로 다음주에 인터뷰와 프레젠테이션이 있을 때 내가 쓰는 영어의 질을 빠르게 높이는 방법은 내 전공 분야에서 가장 자주 쓰이는 동사를 최우선으로 나와 가장 자주 대화를 나누는 동료나 상사에게서 받은 이메일, 업무 자료, 업계 신문 기사에서 찾아서 정리해보는 겁니다. 이 과정을 통해서 뇌의 장기 메모리에 언젠가 넣어 놨는데 안 쓴 지 오래돼서 저 아래 잠겨 있는 표현들을 단기 메모리로 끄집어 내 활성화 수 있습니다.

동사를 자료를 찾아 읽고 밑줄을 긋고 노트에 정리한 후 반드시 입으로 소리내서 발음해보고 미팅과 프레젠테이션 스크립트를 준비해보세요. 그동안 한 가지 정보는 한 가지 동사로만 표현하던 단조로움이 사라지고, 다양한 표현을 쓸 수 있습니다. 동시에 관련 자료 리딩을 통해 관련된 분야에서 자주 쓰는 동사를 많이 가지고 미팅에 들어가면 이미 알고 있는 영어 명사(지식)에 붙여 더 속도감 있게 문장(fluency)을 만들어 낼 수 있기에 Q&A에서도 빠르게 대처할 수 있습니다.

이전에 말씀드렸듯이 성인 학습의 성공 여부는 동기 유발을 유지하는 것에 달렸습니다. 누가 감시하는 것도 아니기 때문에 내가 나를 격려해야 합니다. 나를 달래 가며 포기하지 않고 영어 공부를 지속하기 위해서는 짧은 성공(quick win)을 맛봐야 합니다. 말로는 '내일 당장 영어를 잘하는 법'이라고 말씀드렸지만, 이미 있는 '영어를 더 잘하는 척'을 하려면 머릿속 번역 과정에서 머뭇거림 없이 flow가 쭉쭉 나오는 (fluent) 영어로 번역해서 말하는 속도를 높이자는 겁니다. 업무에서 자주 쓰는 동사만 그룹별로 잘 정리되어 있어도 영어로 출력되는 속도가 빨라집니다. 내 업무에서 가장 자주 쓰이는 동사부터 동의어 그룹별로 묶어서 정리해보세요.

사실 내가 회의 혹은 수업에 들어갈 때 내가 하고 싶은 말의 콘텐츠는 이미 정해져 있습니다. 취업 인터뷰의 경우 과거의 경험은 바꿀 수 없는 과거의 사실이고, 프레젠테이션이나 미팅도 회사에서 내 입장과 팀의 입장을 반영한 결과물입니다. 따라서 내용의 핵심을 표현할 명사들은 이미 내가 가지고 있기 때문에, 인과 관계, 찬성 반대 같은 의견, 묘사, 설명으로 내 의견을 펼치려면 해당 동사를 업무 이메일이나 자료에서 수집해 준비하는 게 좋습니다. 주어(명사) + 동사 + 목적어(명사) 혹은 보어(형용사)로 단문을 속도감 있게 쏟아 내야겠다고 생각을 전환해보세요. 이렇게 업무에 가장 많이 쓰이는 동사부터 정리정돈을 해두면 영어로 말하는 게 떨리지 않고 말하는 속도가 빨라질 수 있습니다.

:: 거울 효과(Mirroring)

모든 사람은 자신만의 말하는 습관이 있습니다. 이메일을 읽어보면 보내는 상대방에 따라서 이메일을 시작하는 문장과 끝맺는 문장이 매번 반복되는 경우가 많습니다. 그리고 정보와 논리를 구성하는 구조도 비슷하게 보입니다. 외국인 상사나 동료와 직접 일을 하는 경우라면 그 상사와 동료가 보내는 한 달 치 이메일을 쫙 뽑아서 확인해보세요. 빈번하게 쓰는 문장과 접속사, 동사, 형용사가 매번 반복되는 것을 알 수 있습니다. 이메일에서 그 사람이 지시할 때, 변명할 때, 면피할 때, 칭찬할 때, 부정적인 정보를 전할 때 쓰는 문장 표현(동사, 형용사, 부사)을 자세히 집중해서 읽으면 반복적입니다(사실 한국어도 그렇습니다). 말도 마찬가지입니다. 회의에서 개별적인 사람들이 토론하는 것을 언어적인 측면에서 민감하게 관찰해보면, 모든 사람이 자신만의 말습관과 논리 전개 방식이 있다는 걸 알게 될 겁니다.

✅ 앞에 언급한 내용을 요약 정리할 때

- What I am saying is,
- My point is,
- In a nutshell,
- At the end of the day
- To sum up, we've talked about…

✅ 회의 끝날 때 입버릇처럼 하는 말들

- It looks like we've run out of time, so I guess we'll finish here.
- I think we've covered everything on the list.
- I guess that will be all for today.

✅ 상대방이 반복하는 말 습관

- If my memory serves me well,

- I want to let you know,
- Correct me if I am wrong
- With all due respect,

내가 매일매일 상대해야 하는 사람들이 쓰는 말투와 문장을 민감하게 관찰하고 따로 메모해 정리한 후 이메일을 보내거나 대화할 때 써보세요. 외국인 직장 동료와 상사가 매일 쓰는 표현들이 사실 내 업무에서도 자주 쓰는 표현입니다. 따로 영어 공부용 자료를 읽는 것보다 동료의 이메일이나 화법을 mirroring하는 것이 가장 빠르게 내일 당장 쓸 표현을 수집할 수 있는 가장 효율적인 방법입니다.

심리학 용어인 미러링(mirroring: 거울/동조) 효과는 인간이 무의식적으로 자신이 호감을 갖는 사람의 언어, 동작을 거울에 비친 것처럼 따라하는 것을 일컫습니다. 사실 미러링 효과는 커뮤니케이션 스킬이나 연애 팁으로 다양한 책이나 유튜브 콘텐츠에 소개되고 있습니다. 소개팅이나 인터뷰에서 상대의 제스처나 말투를 의식적으로 따라하면 빠른 시간 내에 처음 보는 사람의 호감을 살 수 있다고 합니다. 이러한 맥락에서 듣는 원어민 입장에서는 내가 그가 자주 쓰는 익숙한 추임새를 쓰면서 빠르게 말하면, 갑자기 영어가 유창하게 늘었다는 인상을 줄 수 있습니다.

유학을 준비하시거나 매일 영어를 사용하는 동료가 없어서 미러링할 대상이 없다면, 유튜브에 본인의 전공이나 업계에 유명한 교수님이나 좋아하는 기업인의 강연과 인터뷰를 활용하세요. 지금까지 업계 리더의 동영상 자료를 보면 무슨 말을 하는지 주로 콘텐츠에 집중해서 보시는데, 영어 공부를 위해서 다음과 같은 기준으로 분석하고 표현을 노트에 표현을 정리한 후 외워 보세요.

미러링 방법

- 강연이나 인터뷰를 어떻게 시작하는지, 개최자나 참석자에 대한 감사 표현은 어떻게 하는지, 관객의 engagement(집중력이나 참여도)를 높이기 위해 어떤 말을 하는지
- 인용이나 데이터를 제시할 때 어떤 표현을 쓰는지
- 입버릇처럼 반복해서 쓰는 문장이나 표현이 있는지
- 화제를 전환할 때 어떤 표현을 쓰는지
- 반박할 때 어떤 표현을 쓰는지
- 강연을 끝낼 때 어떤 표현으로 마무리하는지
- 관객에게 던지는 농담을 어떤 식으로 하는지

서점에 나와 있는 비즈니스 영어 책은 '비즈니스 이메일', '프레젠테이션에 자주 쓰이는 표현' 등을 보기 편리하게 정리해 둔 책들이 대부분입니다. 업계의 유명 스피커나 직접 일하는 동료나 교수님의 말투나 표현들을 미러링하고 스스로 정리해 나만의 표현집을 만들어 보세요. 요즘은 대부분의 유튜브에 자막이 있고 TED 같은 유명한 강연의 경우는 대본(script)도 온라인에서 쉽게 찾을 수 있습니다. 좋아하는 강연자의 강연 대본을 프린트해서 동사와 형용사를 형광펜으로 긋고 노트에 손으로 써서 정리하는 등 눈과 손으로 표현을 수집해보는 걸 적극 추천합니다. 그리고 읽고 수집해 노트나 엑셀에 정리해 둔 표현은 주기적으로 다시 읽고 이메일과 대화에서 꼭 쓰려는 노력을 해보세요.

:: 목적을 분명히 하자

마지막으로 다시 멘탈에 관한 것입니다. 우리가 영어를 쓰는 이유는 영어가 모국어인 사람 혹은 한국어를 이해 못하는 사람과 커뮤니케이션을 하기 위함입니다. 커뮤니케이션의 목적은 상대방의 의도를 파악하고 나의 의도를 명확히 밝혀 서로 이해하는 겁니다. 따라서 문법 실수, 유려한 발음, 유창한 회화 능력이 나의 최종 목적이 아닙니다. "실수하면 창피한데 어떡하지." "원어민에게 프로페셔널하게 안 보이는 거 아냐?" 이런 자신 없는 생각일랑 버립시다.

사실 소통이 잘되는 외국어 커뮤니케이션의 핵심은 말하기가 아니라 듣기입니다. 만약 방글라데시 유학생이 서울에 와서 유창하지 않은 한국어로 나에게 길을 묻는다 해도 단어 몇 개만 정확하게 말하면 한국어 원어민인 우리와 커뮤니케이션에 문제가 없습니다. 영어도 마찬가지입니다. 한국 사람들은 스피킹과 라이팅이 약하다고 걱정하지만 사실 원어민의 의도를 리스닝을 통해 완벽하게 파악하고 그가 원하는 걸 내어 주면 말이 필요 없을 수도 있습니다. 내가 상대가 원하는 걸 그냥 말없이 건네도 커뮤니케이션 효과라는 목표에서는 만점이니까요.

따라서 영어로 커뮤니케이션을 할 때는 리스닝이 가장 중요합니다. 영어도 영어지만 상대방이 무슨 의도와 목적으로 나와 대화를 하는지 큰 그림을 파악하려고 해보세요. 영어에 스트레스가 있으신 분들은 내가 말하는 영어 표현 하나하나에 집중하느라 정작 커뮤니케이션의 가장 중요한 기능인 '의도 파악'을 놓칠 수 있습니다. 자의식이 커뮤니케이션 전달력을 방해하는 것입니다.

사실 한국인은 작정하고 집중하면 대화의 의도를 세계에서 가장 잘 파악할 수 있습니다. 우리가 지금까지 수능/토익/토플에서 가장 많이 푼 시험 문제가 무엇입니까? 바로 제목/주제/의도 찾기 문제 아닙니까? 중/고등/대학교 시절 상대 의도 찾기 연습을 위해 하드 트레이닝(?)을 받지 않았습니까? 외국인과의 업무 영어를 리스닝할 때 상대의 의도에 집중해서 듣고, 그가 듣고 싶은 말을 골라 해주면 됩니다. 말이 잘 통하기 위해서는 어쩌면 내가 스피킹을 잘하는 게 중요한 게 아닐 수도 있습니다.

또 한국인이 가진 세계적으로 인정받는 초능력(?)이 있는데, 여러분 아십니까? 바로 영어 사전에도 올라간 눈치noonchi(nunchi)입니다. 한국인은 유치원 때부터 타인의 마음을 읽고 배려하고 대세에 맞추는 훈련을 철저히 받았기 때문에 한국인이 작정하고 집중하면 세계에서 가장 눈치 없기로 유명한 미국인의 의도를 금방 읽을 수 있습니다. 인터뷰든 프레젠테이션이든 달성해야 하는 궁극적인 커뮤니케이션 목표와 상대의 의도를 파악해 이에 집중해보세요.

농담처럼 이야기했지만 지금 현재 내가 가진 영어로 내일 당장 영어를 더 잘하게 보이고 싶다면 영어 표현, 문법, 발음에 신경 쓰지 말고 좀 더 큰 숲을 바라보면서 커뮤니케이션 효과를 생각해보자는 마음에서 말씀드립니다. 우리가 영어를 더 잘하고자 하는 궁극적인 목적은 내 업무나 일상에서 외국인과 좋은 관계를 맺고 더 잘 다루기 위해서입니다. 당신의 영어는 지금도 충분합니다. 다만 관점을 바꿔 보면 내가 문제라고 생각했던 내 영어의 단점에 너무 집중하시지 말고, 좀더 자신감을 가지고 커뮤니케이션에 임할 수 있습니다. 현실을 당장 바꿀 수 없다면 생각의 각을 틀어서 자신감을 가져야 합니다.

중급 영어 레벨에서
공통으로 겪는 문제

고급 영어 업그레이드
셀프 코칭 프로젝트

　성인 학습의 성공과 지속에는 주도성이 제일 중요합니다. 따라서 우리는 주도적으로 스스로 영어를 공부하는 방법과 전략을 배워야 합니다. 현업과 가정사로 바쁜 성인의 입장에서는 시간, 돈, 기억력의 제약상 남이 떠먹여 주는 수동적인 영어 수업으로는 학습을 지속하는 데 한계가 있기 때문입니다. 영어 공부를 해보겠다고 결심하고 사 놓은 책도 집에 이미 많습니다. 온, 오프라인 영어 강의 수강권도 끊어 놓고 결석 없이 꾸준히 다니는 것도 쉽지 않다는 걸 이미 경험으로 알고 계십니다. 영어 공부 콘텐츠를 제공하는 선생님이나 교육 플랫폼, 유튜브 콘텐츠도 수없이 많지만 혼자 꾸준히 보면서 표현을 외우기가 쉽지 않습니다.

　동기 유발이 성인 학습 효과의 9할을 차지할 만큼, 감시해줄 선생님이 없고, 맞춰야 할 시험 커트라인이 없는 성인의 경우, 이직, 승진, 취업 인터뷰나 회의 발표 같은 급박한 필요가 있지 않고서는 공부 실행력을 유지하기가 쉽지 않습니다. 이와 같이 수동적 학습의 치명적인 단점 외에도, 기존 영어 선생님들이 가르치는 내용에는 일반적인 회화와 비즈니스 상황에서 쓰이는 표현이 많습니다. 따라서 내일 당장 내 전문 분야에서 영어 프레젠테이션이나 인터뷰를 집중적으로 준비하는 데 직접 도움을 주기 힘듭니다. 내 업계에서 자주 쓰는 용어와 상황에 맞는 표현은 업계 전문가이자 회사의 상황을 파악하고 있는 내가 스스로 찾는 것이 더 효과적입니다.

영어 공부를 해보겠다는 의지에 불타서 이 책을 사 보신 독자분에게 책 한 권으로 고급 영어를 가르치는 건 사실 불가능합니다. 하지만, 이 책을 읽고 난 후 단기적으로 영어 공부 없이 요령껏 원어민이 듣기에도 잘하는 것처럼 들리도록 준비하는 방법을 알려드립니다. 동시에 사람을 상대하는 커뮤니케이션은 언어 자체도 중요하지만 비언어적인 요소인 자신감과 여유 있는 태도도 중요합니다. 외국인을 편안하게 대할 수 있는 문화적 관점을 일깨우고 마음 가짐을 바꾸는 정신 승리 방법(empowerment)을 공유합니다. 아울러, 궁극적으로 성인 학습의 원리에 기반해 장기적인 영어 공부 전략을 가르쳐 드립니다. 특히, 매일 영어 리딩을 통해 내가 필요한 표현을 능동 영어로 활성화해 말로 나올 수 있게 준비하는 방법, 그리고 내가 필요한 영어 표현을 그때그때 어디서 찾아서 준비할 수 있는지 스스로 영어 자료 찾기 전략을 공유합니다.

고급 영어 업그레이드 셀프 코칭 프로젝트는 다음과 같이 실행합니다.

1) 상태 진단(Identification of issues)

: 현재 내 영어 실력과 문제점 평가

300여 명의 글로벌 기업의 전문가분들을 1:1로 코칭한 결과 파악된 패턴을 바탕으로, 한국인 중급 영어 학습자가 직면한 영어 학습과 커뮤니케이션 문제점 체크리스트를 드립니다. 비교를 통해 스스로 본인 영어의 현재 상태를 진단할 수 있습니다. 다음 장에서는 각 영어 커뮤니케이션 이슈마다 구체적인 원인과 해결책을 제공합니다. 내가 겪는 이슈의 근본 원인을 이해하고 이를 해결할 action plan(실천 방안)을 만들 수 있습니다.

2) 공부 전략의 이해(Understanding effective learning strategies): 성인 영어 학습에 대한 이론과 전략 이해

중급 영어 수준에서는 이미 표현양이 상당히 차 있기 때문에, 무작정 새로운 표현을 더 외우는 건 효용이 떨어집니다. '구슬이 서 말이라도 꿰어야 보배'라고, 상황에 따라 이미 아는 표현 중에서 골라 꿰어야 다양한 문장과 효과적인 메시지를 만들어 낼 수 있는지 공부 원리와 전략을 알려 드립니다.

3) 실천 방법 우선순위 정하기(Prioritization & action planning)

앞에서 파악한 내 영어의 이슈 중 개인적인 성향, 커리어 장단기 목표에 따라 가장 중요한 이슈를 해결하거나, 가장 쉽게 실행하거나 효과가 즉각적으로 나타나는 방법부터 실행해야 합니다. 영어 문제점 진단에서 파악된 내 영어 문제 중 우선적으로 해결할 수 있는 순위를 정해

보세요. 해결해야 할 목표에 따라 영어를 어떻게 입력(input: reading)해야 효율적으로 출력(output: speaking & writing)되는지 계산하면서 스스로 공부 텍스트를 골라야 합니다. 그리고 공부 전략을 세워 하루 10~30분씩 꾸준히 장기적으로 최소 3개월 이상 공부합니다.

4) 동기 유발과 유지(Motivation & follow-through)

데드라인이 있는 시험이나 숙제도 아니고 성과를 확인해주는 선생님이 있는 것도 아닌 성인 학습은 스스로가 선생님이자 감시자이자 치어리더가 되어야 합니다. 작심삼일이 되어 포기하거나 공부 효과가 바로 나타나지 않는다고 포기하지 마시고 지치지 않게 계속 스스로를 격려합시다. 지속적으로 학습의 기쁨을 느끼면서 보람을 찾을 수 있도록 쉬운 목표부터 달성해 빠른 승리(quick win)를 확인해야 합니다. 나를 달래가면서 장기적으로 포기하지 않고 끌고 가야 합니다. 지금 보다 영어 실력이 향상되면 내가 얻을 수 있는 혜택(승진과 이직 기회, 영향력, 금전적 보상)을 구체적으로 상상해봅시다.

중급 영어에서 고급 영어로 올라가기(output) 위해 내가 가진 영어를 쌓고(input), 정리하고(grouping/labeling) 가다듬는(fine-tuning) 지난한 작업을 집중적으로 해야 합니다. 향후 뒷장의 고급 영어 공부 방법에 구체적으로 설명하겠습니다.

이 책은 수업을 듣거나 타인과 스터디를 하지 않고, 혼자 매일매일 꾸준히 노력해 장기간(6개월~1년)에 거쳐 영어 실력을 최고급으로 키우는 공부법의 이론적 토대와 방법을 체계적으로 가르쳐 드립니다. 3개월만 노력하면 된다고 말씀드리고 싶지만, 그런 마술과 같은 단기적 방법은 죄송하게도 없습니다. 6개월에서 1년이 걸리는 우직하고 장기적인 노력이 필요합니다. 다만 공부 원리를 이해해서 내가 편할 때 아무 곳에서나 하루에 10분만 집중해서 영어 기사를 읽으며 공부하면 됩니다. 스트라디바리우스 같은 세계 최고 바이올린도 튜닝을 한 이후에 명곡을 연주할 수 있듯이 내가 가진 영어를 미세 조정, 즉 튜닝(fine-tuning)을 해 두어야 어떤 상황에서 누구와 어떤 목적으로 대화를 해도 자신 있는 고급 영어를 세련된 태도로 말할 수 있습니다.

그리고, 마지막 단계로 영어 커뮤니케이션 전략에 대해 말씀드립니다. 고급 영어는 언어적으로 더 섬세하고 세련된 표현을 쓰게 됩니다. 동시에 그 언어라는 그릇에 담긴 콘텐츠의 정보 값도, 고급 영어를 말해야 하는 상황도 만나는 사람도 상위 레벨입니다. 고급 영어 수준에서는 언어의 사회 문화적 컨텍스트도 같이 챙겨야 합니다.

미국에서 공부하고 일하는 한국인 프로페셔널 300여 명의 코칭 사례를 바탕으로 영어를 말할 때 나도 모르게 영향을 미치는 한국적 사고 방식 패턴을 발견했습니다. 한국식 관점이 내 영어에 어떻게 투영되어 미국 문화 안에서 적응하고 사람과 관계를 맺는데 문제가 되는지 생각 거리를 공유합니다. 우리가 영어 자체를 아무리 잘하더라도 그 말이 담는 메시지와 태도도 때와 장소 듣는 사람에게 적합해야 합니다. 한국인의 행동을 지배하는 문화적 맹점(blind spots)을 함께 살펴봄으로써 영어도 잘하고 영어로 사람도 잘 다루는 글로벌 리더로서 통합적인 영어 커뮤니케이션 전략을 제시합니다.

이렇듯 고급 영어를 쓰고 싶다는 욕망에는 글로벌 리더가 모이는 자리에 가 보고 싶고, 리더와 어울려 리더처럼 보이는 말을 하고 싶은 커뮤니케이션과 리더십에 대한 고민이 들어있습니다.

내 영어 상태 진단 체크리스트

셀프 영어 커뮤니케이션 코칭은 현재 내 상태를 진단하고 이해하는 것부터 시작됩니다. 어렴풋이 알고 있었지만 현재 내 영어가 가지고 있는 이슈가 무엇인지 정확하게 파악해야 합니다. 국내외에서 매일 직장과 생활에서 외국인과 커뮤니케이션을 하는 300여 명의 중상급 레벨 영어 학습자를 1:1로 코칭했습니다. 한국인 고급 영어 학습자가 느끼는 공통적인 어려움은 다음과 같습니다. 아래 체크리스트에서 본인이 느끼는 내 영어의 이슈가 무엇인지 확인하실 수 있습니다. 이 중 시급히 해결할 수 있거나 중요하다고 생각하는 이슈부터 우선순위를 정해보세요.

카테고리	문제점	우선 순위
언어적 이슈		
표현/발음	제한된/한정된 표현 수준	
	쓰는 단어/표현만 반복적으로 씀	
	전공/일 분야 영어보다 일상 small talk가 어려움	
	설명, 묘사, 감정 표현이 어려움	
Fluency	문장 구조가 단순함	
	머릿속에서 한국어로 생각하고 영어로 번역해 말하는데 시간이 걸리고 버벅거림	
Listening	어떨 땐 잘 들리고 안 들리고 그때그때 다름	
발음	발음이 안 좋고 엑센트가 문제라고 생각함	

메시지 구조	말이 두서없이 늘어짐. 간결하고 분명(clear & concise)하지 않음
	의식의 흐름으로 말하다 보면 포인트를 놓침
	이메일로 설명하면 깔끔한데 말은 중구난방 중언부언임

비언어적 이슈

공부전략	책을 읽고 유튜브, 넷플릭스를 보면서 공부를 하긴 하는데 느는 것 같지 않음
	원어민 온라인 튜터와 회화 연습을 하는데 느는 것 같지 않음
	외국에 오래 살았는데 영어가 제자리
커뮤니케이션 효과	말하고 싶은 건 다 말할 수 있지만 세련되고 배운 사람처럼 고급 표현을 못 쓰는 것 같음
	너무 직설적(straightforward)인 것 같음. 부드럽게 톤 조절이 어려움
	거절이나 부정적 표현을 에둘러 외교적으로 못해서 너무 세게 나가는 거 같음
	결정을 내려야 할 때 내가 책임을 다 뒤집어쓰지 않게 정치적이고 전략적으로 말하고 싶은데 잘 모르겠음
	자기 주장을 펴거나, 논쟁이나 협상 때 어려움
	Presentation은 준비해서 잘할 수 있는데 질문이나 순발력을 요하는 순간 영어가 버벅댐
문화적 요인	나는 내 영어에 문제가 있다고 생각하는데 주변에 물어보면 다 괜찮다고 함
	Slang/idioms/고유명사 못 알아들음
	잡담(Small talk)이 어색하고 귀찮음
	일 잘하는 걸 티 내고 널리 소문 내는(self-promotion & taking credit) 미국 문화가 어색하고 불편함
	내 커뮤니케이션 스킬에 대한 피드백을 받기 어려움

심리적 요인	완벽주의(실수하는 것을 피함. 실수할 것 같거나 틀릴 것 같아서 말을 안 함)
	자신감 결여(imposter syndrome)
	타인의 시각으로 나를 감시(눈치 보기)
	영어가 문제라고 생각하지만, 한국어로 말하더라도 타인과 관계를 맺고 커뮤니케이션을 하는 데 본인만의 이슈가 존재함
	영어로도 한국어로도 직장에서 잡담(small talk)이 귀찮고 원래 타인에 관심이 없음
	효율성에 대한 정의(굳이 이걸 꼭 말해야 돼?)가 사람 마다 다르다는 점, 특히 한국과 미국 혹은 나와 타인 간 일이 되게 하는 방식이 다르다는 점을 놓침
	폐 끼치고 싶지 않음(도움을 청하기보다 스스로 열심히 하는 편을 선택)
	내 권리를 적극적으로 주장하는 게 어렵다. 갈등 회피

위의 이슈들 중 여러분이 불편하다고 느꼈던 점이 포함되어 있습니까? 가장 빠르고 쉽게 해결할 수 있거나 시급하게 해결해야 할 문제부터 우선순위를 정해보세요. 내가 영어로 말하고 외국인을 대할 때 부족하다고 생각되는 이슈들은 어쩌면 표면적인 증상(symptom)일 수 있습니다. 근본 원인(root cause)은 따로 있습니다. 이제 왜 그 현상이 발생했는지 구체적인 사례를 통해 이슈 카테고리별로 분석해봅시다.

· 언어적 이슈 ·
내 영어를 단조롭게 만드는
습관을 개선하라

:: 제한된 표현과 단어를 사용함

수현(가명) 씨는 40대 통계 전문가입니다.[4] 석사를 마치고 보건 통계를 처리하는 연구원으로 10년째 일하고 있습니다. 미국 생활이 오래되고 경력도 어느 정도 쌓이다 보니 원어민의 말을 알아듣고 내가 하고 싶은 말을 전하는 데는 문제가 없습니다. 같은 직군과 직장에서 오래 일해서 조직의 한 해 싸이클이 어떻게 돌아가는지 예측 가능합니다. 같이 일하는 상사와 동료 혹은 협력해야 하는 옆 팀 팀장의 말 습관이나 업무상 이해 관계와 입장도 잘 알고 있습니다. 영어도 영어지만 업무 숙련도가 어느 정도 있기 때문에 커뮤니케이션은 잘 되는 것 같습니다.

얼마 전 팀장으로 승진하면서 시니어 매니지먼트에 직접 보고하는 경우가 많아졌습니다. PPT 파일이나 보고서는 잘 정리해서 만들 수 있

---

4) 이 책에 소개된 사연은 한 사람의 사연이 아닌 공통된 경험을 바탕으로 각색된 사연임을 알려드립니다. 코칭 고객의 개인 정보는 철저히 보호합니다.

는데, 프레젠테이션을 할 때와 일상적으로 미팅을 할 때는 자주 쓰는 단순한 표현만 반복하는 듯 느껴집니다. 내 영어가 프로페셔널하게 보이지 않는 듯한 느낌이 들면서 부쩍 자신이 없습니다. 신규 팀원을 뽑고 트레이닝과 업무 지시를 하는 리더십 역할도 새롭게 추가됐습니다. 새로운 팀원이 들어와서 그를 소개하고 환영하는 회사 전체 메일을 보내야 하는데, 왠지 공적인 소개 레터 작성엔 자신이 없어 혹시나 해 디렉터에게 리뷰를 부탁합니다. 원어민 디렉터가 고쳐준 새 팀원 소개글은 내가 쓴 표현보다 훨씬 고급스럽고 정돈되어 보여 스트레스를 받습니다.

커리어가 성장해 매니저 포지션이 된 만큼 상황에 따라 격에 맞고 자연스럽고 프로페셔널해 보이는 프레젠테이션과 작문을 위해 영어 공부를 다시 시작해야겠다는 의지가 몇 년 만에 불타오릅니다. 하지만 어디서부터 어떻게 시작해야 할지 모르겠습니다. 고급 영어로 도약하기 위해서는 Reading이 중요하다고 들었는데 책을 읽어야 하는지 아니면, 하루 30분 넷플릭스나 유튜브를 보면서 공부해야 하는지 모르겠습니다.

업무에서 영어를 자주 쓰는 분이라면 누구나 갑자기 내 영어가 더 불만족스럽게 느껴질 때가 있습니다. 코칭을 신청하신 거의 모든 분이 본인이 쓰는 영어 표현이 한정적인 게 가장 큰 문제라고 생각합니다. 아는 단어가 적어서 쓰는 단어 표현만 반복적으로 쓰고 있고, 하고 싶은 말을 어떻게든 하기는 하는데 본인 영어가 부족하다고 느끼고 만족스럽지 않습니다.

회사에서 내가 할 업무와 회의 주제는 반복적이기 때문에 자주 쓸 말들은 정해져 있습니다. 그러다 보니 업무에서 반복적으로 해야 될 말은 자주 쓰는 몇 가지 표현으로 돌려씁니다. 한국어로 일할 때도 이메일에 들어갈 말은 비슷비슷하기 때문에 일상적인 업무에서 표현 돌려 막기는 오히려 효율적일 수도 있긴 합니다. 그렇다 할지라도 반복되는 업무에서 한 가지 의미 = 한 가지 표현으로만 쓰지 않고 섬세하게 표현을 골라 쓰고 싶어집니다.

예를 들어 "확인해 보고 진행 결과를 알려줘"란 말은 "Please check the progress and let me know"라는 표현을 주로 쓴다면 매번 이메일이나 대화에도 반복적으로 나타납니다.

"확인"하다란 동사는 check 이외에도 go see/check out/look into/look over/look at/figure out/find out/follow up/review/monitor/analyze/research/examine/investigate/evaluate/inspect/probe/assess로 쓸 수 있습니다.

"상황을 알려줘"도 "let me know"를 자주 씁니다. 하지만 아래와 같은 비슷한 다른 표현도 많습니다.

email me/call me/update me/alert me/brief me/inform me/keep me posted/keep me updated/give me an update/follow up with me/come back to me/keep me in the loop/keep me informed/give me a brief overview/please report back to me/bring me up to speed/let me stay up-to-date with the latest developments/let me keep abreast of the latest developments/tell me how things are going

사실 뜻이 전달되기만 하면 같은 표현을 반복하는 게 무슨 문제일까 생각하실 수도 있습니다. 그러나 영어를 더 다채롭고 고급스럽게 써보고 싶다는 욕심이 있으신 분들은 때와 뉘앙스에 따라 다양한 응용 표현을 말하고 싶어합니다. 매일 보는 친근한 직장 동료와만 대화하는 단계에서는 정보 전달만 되어도 괜찮습니다. 하지만 투자자나 회사 임원 그리고 취업 인터뷰 자리같이 청자와 화자의 사회적 거리가 멀어지고 격식이 필요한 상황이라면 같은 의미라도 격에 맞는 영어 표현을 골라 써보고 싶습니다.

동의어의 중요성

사실 다양한 영어 표현은 회화보다 이메일이나 논문, 보고서 등 작문을 할 때 더 아쉬워집니다. 고급 영어를 쓴다는 걸 구체적으로 정의해보면, 내 머릿속 메모리에 저장되어 있는 비슷한 의미를 가리키는 여러 어휘 중에 때와 장소에 따라 빠르게 뉘앙스를 골라서 쓸 수 있는 상태라고 말할 수 있습니다. 동의어를 골라 쓸 수 있게 되면 의미가 구체적이고, 분명하고 풍부해지며, 사용되는 상황과 격에 따라서 예의 바르게 표현할 수 있습니다.

특히 부정적인 정보를 전달할 때 동의어가 중요합니다. 한국 사람들이 생각하기에 미국 사람을 포함한 영어권 사람들은 한국 사람보다 훨씬 직설적이고 감정 표현에 솔직할 것이라고 생각합니다. 영어 공부를 위해 봤던 미국 영화나 시트콤 같은 TV 프로에서 재미를 위해 과장된 캐릭터와 대화가 많고, 감정을 과하게 표현하는 걸 자주 접했기 때문입니다. 하지만 사실 영어 네이티브들은 비즈니스 상황에서나 공적인 자리에서 부정적인 감정을 직접적으로 솔직하게 말하지 않으려고 합니다. 친한 친구나 가족이 아닌 이상 말로도 부정적인 감정은 이야기하지 않고 돌려 말하는데, 심지어 공적인 자리나 글로 증거가 남는 업무 이메일 같은 곳에서 must not, will not, should not, no one 등 직접적이고 단정적인 부정 표현을 직접적으로 사용하지 않습니다.

예를 들어, 영어 문화권에서는 비즈니스 영어나 공적인 상황에서 상대방의 제안이나 결과가 맘에 들지 않는다고 "It is not good enough" 라고 직접적이고 부정적인 피드백을 주지 않습니다. 대신에 듣는 사람을 비난하는 느낌을 주지 않으면서 부정적인 내 의견을 간접적으로 돌려쓰는 표현을 주로 사용합니다.

✅ 비즈니스 미팅이나 이메일에서 상대가 내놓은 결과물 혹은 해결책이 만족스럽지 않을 때 돌려 말하는 방법

- It leaves much to be desired.
- The performance was less than optimal.
- The outcome was not exactly as we hoped.
- It may not resonate with everyone.
- I appreciate the efforts but there's room to grow.
- It has some potential, but improvement is needed.
- It presents some challenges that we need to address.

이처럼 고급 영어로 업그레이드하기 위해서는 같은 의미를 다른 뉘앙스로 전달하는 동의어나 동의 표현을 빠르게 골라 쓸 수 있어야 합니다.

수동 영어 VS 능동 영어

앞서, ESL(English as a Second language) 학습자가 영어를 배워서 말이 통하는 단계(fluent speaking)에 필요한 단어 수는 대략 3000개 이상이라고 말씀드렸습니다. 옥스포드 영어사전의 총 단어 수는 171,146개라

고 합니다. 그리고 고등학교를 졸업한 원어민은 대략 15,000~20,000개의 단어 기본형(word families 혹은 lemma)를 사용한다고 합니다. 원어민과 ESL의 어휘 수에 1만 개 정도의 차이가 있어서 '외국인은 원어민만큼 영어를 못 하는 게 당연하지'라고 생각할 수 있습니다. 하지만 우리가 간과하는 건 교육 수준이 높아지고 나만의 전문 분야가 생기면 내가 가진 절대적인 어휘 수가 많아진다는 것입니다.

대학이나 대학원에서 전공 과목을 공부하고, 내가 맡은 일에서 업무를 파악하다 보면 한국어로도 새로운 지식을 받아들여야 하고 그 지식을 가르치는 한국어 어휘 수도 늘어납니다. 마찬가지로 한국인도 반도체 연구원이나, 건축가, 소프트웨어 엔지니어, 디자이너 등 전문 분야의 용어들(특히 지식을 가리키는 명사)의 경우 해당 분야 주제로 이야기할 때 일반 미국인보다 영어 단어를 훨씬 많이 알고 있습니다. 이렇다 보니 원어민의 자연스러움을 따라갈 수 없는 일상 회화(colloquial speech)와 다르게, 전문 분야인 업무에서는 여러분이 가진 어휘 수는 이미 충분합니다. 여러분 머릿속에는 업무에 필요한 명사와 동사가 이미 상당량이 들어가 있습니다. 다만, 아는 단어를 다 못 쓰고 항상 사용하는 표현만 쓰는 게 문제입니다.

뒷장에 영어 학습 전략을 설명할 때 구체적으로 말씀드리겠지만 내가 쓰는 표현이 왜 한정적인지를 이해하기 위해서는 먼저 수동 영어(passive English)와 능동 영어(active English) 개념을 먼저 이해해야 합니다. 우리가 눈으로 보고(reading) 귀로 들으면(listening) 아는, 우리 뇌의 장기 메모리에 이미 들어있는 내가 아는 영어 단어 전체를 수동 영어라고 합니다. 입으로 말하고(speaking) 글로 자주 쓰는(writing) 단기 메모리에 들

어있는 단어를 능동 영어라고 합니다.[5]

중급 영어 수준에서 표현이 한정적인 이유는 수동 영어 대비 능동 영어 퍼센트가 적기 때문입니다. 내가 자주 매번 쓰는 단어들이 능동 영어입니다. 그래서 고급 영어 학습은 새로운 단어를 머릿속에 집어넣기(input/수동 영어 늘리기)보다는 장기 메모리에 잠겨 있는 표현을 단기 메모리로 불러와서 쓰는 연습(output/능동 영어 활성화)을 해야 합니다. 수동 영어를 능동 영어로 바꾸는 구체적인 학습 방법은 다음 장에서 설명하겠습니다.

:: 전공 영어는 잘하는데 수다가 약함

성주(가명) 씨는 경력 10년차의 캘리포니아의 치과 의사입니다. 오랫동안 지인의 병원에서 같이 일하다 최근 좋은 기회가 있어서 치과를 인수받아 독립할 기회가 생겼습니다. 이제 자신의 병원이 생기니 책임감이 커지고 고객과의 관계 맺음도 중요해졌습니다. 한번 치료를 받으면 가족들이 다 같이 다니는 치과 특성상 환자 가족 하나하나의 일상에 관심을 가지고 환자 가족과 오랫동안 친밀한 관계를 맺어 패밀리닥터 같은 느낌의 치과 병원으로 운영하고 싶습니다. 그러려면 친근한 태도로 유명한 캘리포니아 문화에서는 스몰 토크가 비즈니스에도 꽤 중요하겠다는 생각이 들었다고 합니다.

하지만 어려운 전문 용어가 많은 치과 치료에 대한 영어는 익숙한데

---

5) 이 책에서 제시하는 개념으로 언어 학습 이론에 passive vocabulary와 active vocabulary(Laufer, 1998)라는 개념에서 차용

그 외 일상적인 대화에서는 말이 안 나오고 어색하다고 합니다. 지난 주말에 가족과 어떻게 보냈는지, 아들은 이번에 어느 대학을 갔는지, 지역의 미식축구 팀의 경기나 동네에 새로 생긴 쇼핑몰 이야기를 한다든지 신변 잡기 수다를 떨 때면 내용이 어려운 것도 아닌데 되레 더 잘 안 들리거나 무슨 말을 어떻게 해야 할지 머리가 하얘질 때도 있습니다.

생각해 보니 미국에 10년을 살았지만 고민 상담, 일상 공유, 장난, 농담, 뒷담화 등등 정서적으로 세세한 감정을 영어로 나눠 본 적은 없는 것 같습니다. 더 쉬운 게 일상 영어인 것 같은데 왜 치과의 어려운 전문 지식을 설명하는 것보다 영어로 말하는 게 어려울까요?

비즈니스 언어 vs 감정 언어

유학이나 취업으로 해외에 자리 잡으신 분들 대부분은 전문 분야를 공부하셨기에 본인이 가진 영어 어휘에 전문 용어(주로 명사)가 많습니다. 내용이 어려워지면 문장의 구조를 단순하게 가는 경향이 있습니다. 짧은 문장을 구사하더라도 명사나 동사가 해당 업계의 지식을 나타내는 경우가 많아서 한 문장이 가진 정보의 값이 무겁습니다.

반면, 스몰 토크에 쓰이는 일상 언어는 정보의 값이 가벼운 기본 단어를 써서 되레 잘 안 들립니다. 예를 들어서 소금, 이스트, 밀가루, 설탕, 버터 이런 재료(일상 생활 용어)로 빵을 만들면 "음, 빵이네"하고 정보가 밍밍합니다. 하지만, 빵에 팥, 명란, 소세지 등 눈이 확 띄는 재료(전문 용어, 명사)가 들어가면 "아, 이 빵은 팥빵, 이 빵은 명란 바게트, 이 빵은 야채 고로케"와 같이 구체인 정보가 빠르게 인식되는 원리입니다.

전공 영어가 잘 들리는데 일반 영어는 잘 안 들린다는 분들은 사실 업무에서 영어 자체로 의미를 파악하는 것이 아니라 배경 지식(명사) 같은 비언어적 정보를 활용해서 상대의 말을 이해하고 있을 확률이 큽니다(영어 실력 〈 전문 지식). 담긴 정보 값이 특별하지 않아 온전히 언어 자체에 의존해야 하는 일상 회화가 안 들린다면 본인의 어휘 전체 중 동사와 형용사가 부족할 확률이 높습니다.

예를 들어, 치과 의사가 '사랑니 발치'나 '임플란트'에 대해서 이야기하면 문장에 쓰인 명사 자체에 담긴 정보가 매우 구체적이어서 본인의 배경 지식을 활용해 정보를 분석하며 듣기 때문에 리스닝 시 이해가 빠릅니다. 반면 환자가 "며칠 동안 천장에서 부스럭거리는 소리가 들리다 말다 해서 쥐가 있나 했는데 알고 보니 라쿤이 지붕 틈새로 들어온 거였다. 지붕과 천장 사이에 새끼를 낳으려고 준비하는 것 같아 일이 커지기 전에 틈새를 막았는데 계속 돌아올 것 같아서 홈디포에서 코요테(여우과 동물) 오줌을 사다가 사다리를 타고 지붕에 올라가서 곳곳에 뿌렸다. 냄새를 맡고 다신 돌아오지 않을 것 같다. 새끼 낳고 발견했으면 큰일날 뻔했다"(실제 내가 이야기한다고 생각하고 영작해보세요)라는 일상 상황을 묘사한다고 생각해봅시다. 일상을 묘사하는 말에는 특별한 명사(고유명사 제외)가 없고 주로 일상 동사와 형용사를 다양하게 써서 말하기 때문에 문화적 맥락을 모르는 한국인 입장에서는 더 어렵게 느껴집니다.

외국에 사는 대부분의 한국 사람들에게 영어는 '비즈니스 언어'입니다. 무슨 말이냐면 외국에 살아도 가족과 친구가 대부분 한국인이라 정서적인 교감이나 친밀함을 표현하는 '정서 언어'는 한국어고, 영어는 일할 때만 쓴다는 말입니다. 영어를 설명과 지시적인 정보 전달용 '비즈니스 언어'로만 사용합니다. 외국에 오래 살더라도 묘사적이고 정서적인 일상 언어로 한국어를 쓰면서 영어를 사용할 기회가 적으면 영어가 정보 중심의 딱딱한 톤이 될 확률이 높습니다.

　해외 취업하거나 한국에서 외국인 파트너와 일하시는 분들은 대체로 일반 서비스업보다는 공학, 과학, 경제, 경영, 통계, 마케팅, 디자인, 무역 등 전문업 종사자가 많으십니다. 석박사를 포함해 전문 분야로 좁혀 들어갈수록 가진 전체 어휘 중 명사가 많습니다. 지식 자체를 가리키는 말들이 다 명사(이름)이기 때문입니다. 전문가들이 쓰는 업계 용어를 terminology나 jargon이라고 하는데 60% 이상이 명사입니다. 그리고 나머지는 그 명사(해당 주제)를 어떻게 할 건지 설명하는 동사와 약간의 형용사입니다.

　업무적으로 만난 사람들은 이미 업계 주제/지식/용어인 명사를 잔뜩 가지고 미팅에 모입니다. 내가 외국인으로 효율적으로 빨리 의미를 전달하려는 말을 하려면 주어(명사) + 동사(업계에서 자주 쓰는) + 목적어(명사) 혹은 보어(형용사)로 소위 성문 종합영어의 3형식이나 5형식 문장을 만들면 됩니다. 엔지니어와 과학 분야 연구원들이 이런 문장을 구사하는 경우가 잦습니다. 원래 말에 담긴 내용이 복잡하고 이해가 어려울수록 문장을 단순하고 쉽게 설명하려는 경향이 강해집니다. 그래서 이과 논문들을 보면 문장 구조가 단순합니다. 한글 논문도 단문을 사용하는 경우가 많습니다.

　이런 문장 만드는 전략이 습관이 되면 표현이 단도직입적이고, 주로 정보 전달 위주(설명과 지시)의 커뮤니케이션이 이뤄집니다. 이 경우 정보 전달은 되지만 단조롭고 재미없는 말이 될 확률이 높습니다. 개인의 성장을 적극 지원하는 문화를 가진 영미권 학교에서는 외국인이 쓰는 영어임을 감안하고 이해해서 듣는 관대한 경우가 많습니다. 하지만 졸업 후 비즈니스에서 일할 때 혹은 일상에서 양념(형용사, 부사, 접속사) 하나 없는 단도직입적인 3형식 문장만 계속 사용해 감정이 담기지 않고 정보만 전달하면 의도치 않게 직설적이거나 무례한(aggressive) 사람으로 들릴 수도 있습니다.

회사라고 일만 하는 것도 아니고 친근한 언어와 태도로 동료와 신뢰감 있고 편안한 관계를 맺을 필요도 생깁니다. 주니어 레벨에서 팀원을 관리해야 하는 시니어 포지션으로 성장하거나, 학생들을 가르치고 지도해야 하는 교수님이 되거나, 자녀가 자라면서 아이 친구 부모님과 동네에서 교류를 해야 할 일이 생깁니다. 이렇게 일 이야기 말고 일상적으로 캐주얼 토크를 해야 할 때는 정서적인 영어를 써야 하는데, 이때 전문 분야만 영어로 말하던 버릇을 가진 내 영어가 딱딱하고 지루하게 들립니다. 구체적으로 상황을 묘사하거나 영어로 정서를 표현할 때 내 영어 표현의 부족함이 더 크게 느껴집니다.

왜 감정과 정서를 영어로 전달할 때 어색할까
: 말의 톤을 조절하는 형용사와 부사의 중요성

그렇다면 정보 전달을 위한 비즈니스 언어와 관계 맺음을 위한 정서적인 언어는 어떻게 다를까요? 정보는 명사와 동사로 전달이 되지만, 화자의 톤과 뉘앙스(의도)는 형용사와 부사로 전달합니다. 한국인 초급 레벨 영어 사용자가 영어로 말할 때는 주로 주어 + 동사 + 목적어로 문장을 만들어 쓰고 가끔 very/seriously/easily/frequently/quickly/ sadly/closely/frankly 등의 부사를 문장 뒤에 붙여 의미를 강조합니다.

한국어에서 화자의 뉘앙스(의도)는 동사나 문장 전체를 꾸미는 역할을 하는 '부사'로 전달하는 경우가 많습니다. 한국어 어순상 '동사'가 제일 마지막에 오기 때문에 "한국말은 끝까지 들어봐야 한다"는 말이 있습니다. 문장 마지막에 오는 동사가 무엇인가에 따라 문장의 의미가 완전히 달라질 수 있기 때문입니다. 예를 들어 "네 말이 맞고 네가 제안한 아이디어가 좋은데 시간 없어서 못할 거 같아"라는 문장을 봐도 마지막에 오는 동사가 앞에 나온 모든 표현을 전복하는 경우가 많습니다.

이래서 통역사들은 문장 순서상 동사가 가장 뒤에 오는 한국어에서, 동사가 문장 앞에 와야 하는 영어로 동시통역을 할 때 고충이 있습니다. 마지막에 올 동사를 예측하고 통역을 시작해야 하기 때문입니다. 한국어에서는 마지막에 오는 동사에 담긴 정보가 중요하고, 이를 꾸미는 부사로 톤과 뉘앙스를 조절하기 때문에 한국 사람은 본인 생각을 영작해서 말할 때 부사를 문장 마지막에 붙이는 다음과 같은 문장 스타일을 자주 사용합니다.

- I will think about it seriously
- Can you finish it quickly?
- I use it frequently/regularly
- I can do it easily
- Frankly speaking

이에 반해 영어는 형용사 + 명사 혹은 부사구로 뉘앙스를 조절하는 문장 구조를 자주 사용합니다. 아래 문장을 보면 앞서 한국인들이 자주 쓰는 스타일보다 좀더 원어민처럼 느껴집니다.

- I will give it careful/serious consideration/thought.
- We need to expedite/speed up the process.
- I am a regular user/frequent visitor
- It is an easy/simple task
- It is a piece of cake/ no-brainer.
- To be honest,
- To get to the point,
- To be straightforward.

위 예시에서 보듯이 고급 수준 영작일수록, 영어 기본형(lemmas)를 명사, 동사, 형용사, 부사로 품사를 바꿔가며 다양한 문장 구조를 사용합니다. 원어민의 경우도 글을 잘 쓸수록 부사를 어떻게 다루는지에 따라 글의 세련미가 달라진다고 합니다. The Economist, New Yorker, 그리고 New York Times같이 세계에서 가장 글을 잘 쓴다는 저널리스트와 작가가 글 솜씨를 뽐내는 경우 문장의 리듬이나 호흡 같은 최고급 문장 스타일을 결정하는 여러가지 전략이 있겠지만 부사를 다루는 방식도 작가의 역량입니다. 명사와 동사를 사용해 핵심 정보를 전달하고 난 뒤 미세한 뉘앙스를 조절하는 한 끗은 "부사"로 결정됩니다.

- It is <u>entirely</u> responsible for all unfolding violence.

위 문장을 보면 그냥 책임이라고 하기보다는 '완전한 책임'이라는 의미를 구체적으로 눈에 그리듯 표현하는 데 부사 역할이 큽니다. 아래 예시에서는 부사를 통해 뉘앙스와 정도를 조절한다는 점을 알 수 있습니다.

- It is a <u>completely</u> wrong and <u>deeply</u> offensive letter.
- The argument can be <u>effectively</u> flipped.
- He is <u>mildly</u> depressed.
- I <u>truly</u> believe it could happen again.

위와 같이 부사는 생략되어도 문장의 의미가 통하지만, 형용사와 동사에 부사를 골라 꾸며 사용하면 문장의 의미와 저자의 의도가 한층 풍부해집니다. 한국인은 영어를 말하고 쓸 때 보통 핵심 메시지 전달에 집중합니다. 그렇기 때문에 동사와 명사는 자주 쓰지만, 형용사와 그리고 특히 미묘한 뉘앙스를 전달하는 부사를 효과적으로 사용하는 데 한계를 보입니다.

따라서, 스몰 토크에서 정서적이고 일상적인 대화를 맛깔 나게 하고, 정도나 뉘앙스 조절을 섬세하게 하기 위해서는 형용사와 부사란 품사의 역할에 대해서 민감하게 분석해서 활성화시켜 두어야 합니다. 고급 영어를 말하기 위해서는 어떻게 하면 형용사(형용 구문)와 부사(부사 구문)의 사용 용례를 익혀 머릿속에 활성화시키고 적절하게 빨리 뽑아 쓸 수 있는지 고민해봐야 합니다.

내 영어는 가분수(假分數)
: 글로 영어를 배우면 말은 딱딱한 문어체

두 번째로 내 영어가 일상 수다인 스몰 토크에서 자연스럽지 않은 이유를 찾으려면 우리가 영어를 어떤 식으로 배웠는지 과정을 이해해야 합니다. 특히 학부를 한국에서 마치고 20대 중반 이후에 미국으로 석박사 유학을 오는 경우 TOEFL이나 GRE에 나오는 수준의 어려운 어휘는 많이 외웁니다. 하지만 되레 기본 동사 + 전치사 구조의 구동사(phrasal verbs)를 활용하는 게 더 어렵다고 느껴집니다.

'프로세스 속도를 빠르게 하다'를 영작한다고 생각해봅시다. 지금까지 외워서 기억하고 있는 동사들 중 '속도가 빠른'이란 의미에 매칭되는 단어가 제일 먼저 떠오릅니다. 그래서 fasten/accelerate/expedite the process란 동사로 번역합니다. 이런 동사는 신문기사나 연설문에는 쓰이지만, 회사 이메일을 쓸 때는 speed up/quick start/fast-track the process 혹은 push the project ahead라고 캐주얼하면서 동작성이 드러나는 동사를 더 자주 씁니다. 회의에서 말로 남에게 부탁할 때는 좀더 역동적인 동작과 긍정적으로 독려하는 느낌이 드는 move things along, get things rolling이나 kick it into high gear라고 표현할 수도 있습니다. 그리고 상대에 조금 더 재촉하는 느낌을 가미하고 싶다면 step on it이나 hurry things up이라고 할 수 있습니다.

성인이 영어를 학습할 때 한국어 세계의 등가(等價) 표현이 영어 세계에 데칼코마니처럼 평행해 존재합니다. 그래서 영어를 대칭하는 한국어 뜻으로 외워서 머릿속에 저장해 두면 직역투로 말이 나옵니다. 한국어 의미를 머릿속에서 번역해야 할 때 1:1 영어 등가 의미를 가진 동사를 제일 먼저 떠올리기 때문입니다. 주로 주어+동사+목적어 혹은 보어로 단문을 만드는 문장 전략을 오래 사용하면 어휘에 명사와 문어체 동사가 많고, 전치사를 활용한 구동사, 형용사, 부사같이 캐주얼하고 감정적 뉘앙스를 세심히 살리는 표현을 못하게 됩니다.

따라서 유학이나 영어 시험 준비를 위한 단어 암기 위주의 공부로 중급 영어까지 올라온 경우 머리만 큰 가분수처럼 어려운 단어(주로 업계 용어인 명사와 동사)만 많이 알지, 손발이 되는 기본 동사, 전치사, 형용사, 부사가 부족합니다. 이러한 내 영어의 불균형을 찾고 교정하는 식으로 공부해야 영어로 업무뿐만 아니라 스몰 토크도 자연스럽게 할 수 있습니다. 그럼 어떻게 해야 자연스럽게 뉘앙스를 조절하는 캐주얼 영어를 사용할 수 있을까요?

자연스러운 일상 영어로 튜닝하기 위한 학습법

첫째, 유아나 어린이가 읽는 일상 생활과 교훈을 담은 영어 동화를 입으로 소리 내서 읽으면 도움이 됩니다. 성인은 주로 기사나 책 독해를 많이 하는데, 신문에 모르는 단어가 많이 없는 저조차 아이들 동화에 나오는 표현은 모르는 경우도 있습니다. 유아어라 성인이 자주 쓰지 않아서일 수도 있지만, 아이들 책에는 명사보다는 소리와 촉각 같은 감각 묘사와 관계에서 감정을 전달하는 동사와 형용사가 많습니다. 이런 맥락에서 동화를 크게 소리내서 읽는 건 묘사적이고 정서적 영어 표현을 배우는 좋은 방법입니다. 그리고 동화는 부모나 선생님이 읽어주는 동화 구연에 적합하게 시적 리듬과 음성적 효과를 넣어 다듬어진 문장이 많습니다. 따라서 스피킹에서 영어적 리듬을 자연스럽게 익히는 데도 도움이 됩니다.

먼저 EBS English의 펀리딩에서는 무료로 영어 동화 e북과 mp3 파일을 제공합니다. 한국에서 영어 동화책을 구하기 어려울 경우 구글에 'children's books'을 검색하시면 영미권의 무료 동화책과 월 구독 기반 플랫폼이 많습니다. 또한, 팟캐스트에도 다양한 동화 구연 및 아이들 교육을 위한 무료 프로그램을 쉽게 찾을 수 있으니 쉐도잉을 하는 것도 도움이 됩니다. 팟캐스트는 스크립트도 제공합니다. 사실 아이들이 관객인 팟캐스트 동화 구연은 일반 영어보다 훨씬 과장된 연극톤으로 말합니다. 워낙 영어 대비 한국어가 워낙 높낮이가 없고 감정 표현이 적으니, 입을 크게 벌려서 큰 소리로 따라 읽으면 생동감 있는 영어톤을 익히는 데 도움이 됩니다.

동화책을 읽으면서 영어 공부를 하실 때는 반드시 입으로 읽어 보시거나 귀로 들으면서 다음의 세 가지 목표에 집중하십시오.

- · 1) 영어적 리듬을 익힌다.
- · 2) 동화에 쓰이는 기본 동사를 수집해서 무조건 외운다.
- · 3) 형용사 중 업무와 일상에 자주 쓸 만한 표현을 골라 외운다.

둘째, 자주 접하는 딱딱한 업무 글이 아닌 일상적인 단어와 정서적 표현이 많은 고민 상담 글을 읽는 것도 도움이 됩니다. "Dear Abby"(일상 신변 고민), "The Moneyist"(금융, 법률 조언), "Dear Therapist"(심리 상담)라는 유명 신문 칼럼과, 유명 심리학자이자 관계 전문가(육아, 부부 및 가족 친구 관계)인 Esther Perel과 Becky Kennedy의 팟캐스트와 유튜브를 추천합니다. 이외에도 팟캐스트와 유튜브에 relationship issues/advice과 parenting으로 검색하면 맘에 드는 심리학자 혹은 내가 관심 있는 사례에 관한 콘텐츠를 들을 수 있습니다. 9시 뉴스로 한국어를 배우는 것과 오은영 선생님의 방송으로 한국어의 사용 용례를 익히는 건 말투가 다르게 나옵니다.

이런 콘텐츠를 읽고 '아, 내용이 좋군'하고 끝내면 절대 영어가 늘지 않습니다. 5분 이내로 읽고 듣더라도 반드시 다음 과정을 거쳐야 합니다.

일상 용어를 담은 글이나 팟캐스트로 영어 공부할 때 유의점

1) 기본 동사(take, make, help, let, see, look, go, have 등)와 같이 쓰이는 전치사(in, away, with, to, from, though, to)로 된 구동사 표현(phrasal verb)이 보이면 반드시 노트에 정리하고 외운다.

중급 수준에서는 몰라서 말로 안 나오는 게 아닙니다. 알지만 평상시에 말로는 잘 안 나오는 사용 빈도가 높은 기본 단어를 리딩과 리스닝으로 마주칠 때마다 민감하게 용례를 분석하고 활성화(적기 & 외우기) 시켜줘야 합니다. 일상에서 사용 빈도가 가장 높은 기본 동사(자동사)와 같이 나오는 전치사를 눈 여겨 보고 뇌의 단기 메모리에 활성화 시켜 놓다 보면 언젠가부터 영어가 시각적으로 그림 그리듯 입에서 나오게 됩니다. 예를 들어 take in, move in와 take away, move away, take up, move up과 take on, move on 그리고 take out, move out의 뜻을 제각각 외우기보다는 자주 읽고 기본 동사 의미에 방향성을 가리키는 전치사로 연상하는, 머릿속에 그려지는 감각으로 뜻을 익히는 과정을 최소 3개월 정도 하면 입에서도 자연스럽게 나옵니다.

2) 부정적 긍정적 감정을 다루는 동사, 형용사 부사가 나오면 따로 정리한 후 외운다.

특히, 영어로 부정적 감정이 표현되는 방식도 흥미롭게 관찰해봅시다. 한국 사람들은 자신이 생각하는 것보다 본인의 감정과 부정적인 정보를 솔직하게 말하는 편입니다. 하지만 영미권에서는 공적인 자리에서 우리 생각보다 부정적이거나 민감한 감정을 잘 드러내지 않습니다. 그래서 한국식 사고로 영어를 말할 때 의도치 않게 감정적이거나 무례하게 들릴 수도 있습니다. 영어 커뮤니케이션에서 어떤 식으로 감정을 말로 글로 표현하는 것이 문화적으로 용인되는지 그 적절한 선(appropriate line)을 독해와 리스닝에서 유의해서 느껴보세요. 원어민들이 감정을 어떻게 커뮤니케이션하는지 유의해서 듣고 읽어서 그 표현을 따로 정리해 두면, 업무 관계 같은 공적인 영역이나 친구 같은 사적 영역에서 외국인을 대해야 할 때 도움이 됩니다. 고급 영어가 말해지는 커뮤니케이션에서는 정보 전달뿐만 아니라 듣는 사람의 감정과 내가 어떻게 보일 수 있는지 같은 정서적 효과에도 신경 써야 하기 때문입니다.

정리해 보면, 이미 전공 공부와 영어 시험 공부를 통해 명사와 관련 동사 어휘 위주로 내 머릿속의 어휘 주머니(수동 영어)에 넣어 왔기 때문에, 고급 영어를 말하기 위해서는 리딩이나 시청각 자료를 통해서 좀더 세심한 뉘앙스를 살리고 톤을 조절하는 형용사, 부사를 보강해야 합니다. 특히, 일반 회화에서 가장 많이 쓰이는 기본 동사와 전치사와 세트로 된 구동사를 다양하게 가지고 있어야 캐주얼한 말이 나옵니다. 미국인이 하루에 가장 많이 쓰는 동사만 언제든지 쓸 수 있는 상태로 꼼꼼하게 준비해서, 이미 내가 가지고 있는 명사와 형용사만 붙여도 노력 대비 가장 빨리 현지인들이 쓰는 것 같은 훨씬 자연스러운 영어를 스몰 토크로 말할 수 있습니다.

자연스러운 영어 구사를 위해 영어로 대화할 친구 만드는 법

너무 뻔한 이야기 같지만 캐주얼 토크(colloquial speech)를 할 기회에 나를 의도적으로 밀어 넣지 않으면 늘지 않습니다. 영어로 처음 보는 사람과 대화하는 게 어색하고 불편하겠지만 외국인과 문화에 대한 호기심을 가지고 말을 나눌 기회를 찾아봐야 합니다. 혼자 리딩과 리스닝으로 영어를 공부해도 초급에서 중급 영어 수준을 달성할 수 있습니다. 하지만 중급에서 고급 영어로 업그레이드하기 위해서는 반드시 사람을 만나서 영어로 커뮤니케이션 연습을 해보는 과정을 겪어야 합니다. 영어는 지식이 아니라 소통을 위한 도구인 언어이기 때문입니다. 사람을 만나고 실수도 해가면서 문화적인 이해와 사람과 사람 사이에 적당한 예의와 마음의 거리를 확인하는 연습을 스스로 해봐야 고급 영어를 말할 수 있습니다.

영어도 영어지만 문화적 어색함을 없애고 외국인을 편안하고 자연스럽게 대하기 위해서 캐주얼한 대화를 나눌 사람과 기회를 적극적으로 찾아 나서야 합니다.

| 외국에 살 때 외국인 친구 만들기

원어민 영어 회화 튜터나 요즘 기술 발달로 AI 튜터링 서비스를 이용하는 것도 colloquial speech용 정서적 영어를 늘리는 데 도움이 됩니다. 하지만 돈을 주는 서비스가 아니라도 온 오프라인으로 외국인 친구를 만날 수 있습니다. 저의 직접 경험 혹은 주변인의 경험에 기반하여 유학, 어학연수, 취업으로 외국에 나가 살면서 외국인 친구를 만드는 팁을 공유합니다.

◈ 동네 영어 튜터 구하기

동네에서 대화 상대를 찾는 방법은 Facebook, Nextdoor, 현지 미국 교회 게시판, 그리고 지역 신문 광고란에 영어 작문이나 스피치를 교정해주실 은퇴하신 베이비부머 세대 선생님, 교수님, 저널리스트, PR과 마케팅 전문가, 전임 임원들을 광고글로 수소문하는 겁니다. 적절히 성의 표시를 하는 것도 좋습니다. 생업에 바쁜 젊은 사람보다 경제적 시간적으로 여유 있고, 프로페셔널 경험도 많으신 은퇴하신 분들 중 외국인을 도와주시려는 분들이 꽤 있습니다. 그리고 아시아인은 안전하고 어른을 공경한다는 좋은 stereotype도 있어 코칭해주실 분을 찾기 어렵지 않습니다. 영어도 영어지만 동네에 아는 어르신과 편안하고 안전한 환경에서 직장에서는 거의 나눌 수 없는 정치나 돈, 세금, 가족에 대한 미국인의 태도 등 여러가지 주제로 속 깊은 대화를 나누고 조언도 들으면 문화적 이해도 높일 수 있습니다.

◈ 자원봉사하기

미국과 캐나다 사회는 지역 사회에 봉사하는 사람을 존경합니다. 외국에 오래 살더라도 외국인과 친구 되기가 쉽지 않습니다. 하지만 같은 목표를 공유하는 그룹에 들어가면 오래 만나면서 깊은 대화를 나눌 수 있습니다. 인터넷에서 지역 봉사 단체를 찾아보면 꽤 많은 봉사 참여 기회가 있습니다. Volunteer Match 같은 단체에 뉴스레터 등록을 하면 내 관심 분야의 자원 봉사 기회를 메일로 보내줍니다. 혹은 구글, 링크드인, Indeed에 volunteer opportunities를 검색해보시면 집 근처에서 봉사 기회를 찾을 수 있습니다. 어린 자녀와 부모가 참여할 수 있는 봉사 단체도 있습니다. 봉사에 참여하시는 분들은 남을 돕겠다는 마음이 크기 때문에 봉사 행사에서 꾸준히 오래 만나며 관계를 맺고 편안한 대화를 나눌 기회가 많습니다. 그리고 봉사 단체에서 꾸준히 활동하면 매번 같은 시간 같은 장소에서 모이니, 노력해서 약속을 잡아야 하는 친구들보다 자연스럽게 장기적인 친분 관계를 만들 수 있습니다.

지역 사회에서 봉사 활동은 영어와 미국 문화를 공부하는 계기이자 한국 사람을 통해서는 얻기 힘든 기회와 현지 사람을 만나는 방법이기도 합니다. 내가 속한 지역 사회에 줄 수 있는 게 무엇인지 고민하고, 내가 좋아하는 관심 분야 프로젝트에 시간을 쏟고 좋은 사람들을 만나 진심으로 교류하고 관계를 쌓으면, 꼭 영어뿐만 아니라 미국 사회에서 이민자로서 그동안 보이지 않던 기회를 찾을 수도 있습니다. 미국 사람들이 자주 말하는 말이 "It's not what you know, but who you know(누굴 아느냐가 무엇을 아느냐보다 중요하다)."입니다. 미국은 한국보다 네트워크가 더 중요한 사회입니다. 기회는 항상 사람에게서 옵니다.

특히 대학이나 대학원 과정의 유학생들은 학교에서 만나는 교수님이나 친구, 그리고 학교 취업 센터의 도움도 있겠지만, 지역 사회 봉사 활동을 통해 취업 도움을 받을 수도 있습니다. 지원하고자 하는 지역의 회사나 해당 업계 사람들을 직접 알게 돼 봉사 활동 그룹 내에서 네트워킹을 하는 등 일자리를 찾는 데 도움을 받을 수 있습니다. 유학생 비자로는 일할 수 없는 학생 시절에 이력서에 넣을 수 있는 현지 업무 경력이 생기는 건 보너스입니다. 비자 때문에 취업에 제약이 있고 가족 배경을 활용할 수 없는 유학생으로서는 미국 사회에 대해 배우는 기회이자, 취업 기회를 높이는 방법이 될 수 있습니다. 하지만 이는 성실히 봉사하는 과정에서 부가적으로 올 수 있는 혜택이지 타인을 이용하고자 하면 티가 납니다. 따라서, 본인이 좋아하는 분야를 찾아서 즐겁게 봉사하세요.

◈ 한국의 soft power 한류 활용하기

요즘 한국 문화의 인기가 급부상하고 있습니다. 점점 커지고 있는 한국 문화의 soft power를 십분 활용해봅시다. 동네 아이 친구 부모님들이나 새로운 직장이나 학교에서 새로 알게 된 사람과 친해지는 게 어색하다면 작은 파티를 기획해보는 건 어떨까요? 요리에 자신이 없어도 됩니다. 원래 미국 파티는 냉동 피자나, 칩 그리고 소다 정도 놓는 등 차림새가 간단합니다. 삼겹살을 굽고 간단한 미니 김밥 만들기 같은 걸 해보거나, 윷놀이, 제기차기 같은 한국만의 놀이를 소개해보세요. 저도 처음 대학원에 갔을 때 외국 친구를 사귀려고 한인 타운에서 파티를 조직해봤습니다. 소맥 만드는 법을 보여주고, 369게임, 007게임, 배스킨라빈스31 같은 술자리 게임을 가르쳐 줬더니 제법 잘 따라해서 영어로도 이게 통하는구나 하고 놀랐습니다. 너무 재미있었다고 또 그런 모임을 만들어 달라는 외국인 친구들을 보면서 한국의 소프트 파워인 문화적 매력을 이용하면 좋겠다는 생각이 들었습니다.

특히 음식 문화에 대한 호기심과 인기가 높아지고 있습니다. 제가 독일에 몇 달 거주할 때, 현지 사람들을 만나보고 싶어서 페이스북 동네 그룹에 한국 음식을 가르쳐 줄 수 있으니 서로 나라의 레시피를 공유하는 미팅을 해보자고 제안한 적이 있습니다. 저는 끽해야 불고기나 비빔밥을 가르쳐 달라고 할 줄 알았는데, 너무 놀랍게도 독일, 프랑스, 이탈리아, 이스라엘, 스페인, 아시아 국가 사람들에게 연락이 와서 김치 담그는 걸 가르쳐 달라고 하는 겁니다! (사실 저도 김치는 사 먹거나 얻어옵니다.) 뉴욕에도 전통적인 한인 타운 근처 음식점 말고 젊은 사람들이 많이 어울리는 이스트 빌리지와 브루클린에도 한식당이 빠르게 증가하고 있습니다. 제가 자주 방문하는 베를린에도 갈 때마다 새로운 한식당이 생기는 등 더 이상 한인이 가는 한식당이 아닌 현지인이 즐기는 한식당이 빠르게 늘고 있습니다. 이런 한국 문화와 한식을 활용해 외국인과 교류하려는 노력을 해보세요.

또 얼마 전에는 제 미국인 친구가, '무릇 잘나간다는 친구 그룹마다 한국 사람 하나씩은 있어야 하잖아'라는 농담을 해서 한참을 웃었습니다. 처음 뉴욕에 왔을 때 이탈리아나 프랑스 사람들이 뉴욕의 각종 소셜 모임에 적극적으로 초대받고 인기가 많길래 '와, 같은 이민자로 아시아 사람이 맞닥뜨리는 뉴욕 소셜 라이프/인맥의 질과 서유럽 사람 질이 다르네'라고 부러워했던 적도 있었는데요. 이제 한국인도 친구가 되고 싶은 cool한 그룹에 껴주는 건가(?) 싶었습니다. 이토록 지금은 한국인으로서 외국인 친구 사귀기에 좋은 시절입니다. 한국인으로서 국가 소프트 파워를 적극 어필해봅시다.

◆ 스포츠나 취미 활동하기

대학가 앞에 많은 보드 게임 카페에서 보드 게임을 즐기는 분도 있고, 테니스나 복싱, 검도, 주짓수, 요가, 배구 같은 스포츠 클럽을 다니시는 분들도 계십니다. 아는 의사 선생님은 바둑을 잘 두시는데 미국에서는 체스보다 경우의 수가 많은 바둑을 잘하는 게 더 똑똑한 고수라는 편견(?)이 있는 것 같습니다. 그래서 대학 교수님이나 동네 바둑왕 할아버지들이 이분과 대련하기 위해 주말에 기다리신다 합니다. 온라인 게임을 하면서 친구가 된다는 분도 많습니다.

뉴욕에서 헬스케어 스타트업인 Noom을 창업해 유니콘 기업으로 성장시킨 정세주 사장은 대학 중퇴 후 영어를 하나도 못한 채로 미국에 왔다 합니다. 마이너한 취향인 데스메탈의 광팬이어서 공연을 찾아 다녔더니, 매번 오던 사람들을 계속 만나 친구가 되고 덕분에 자연스럽게 영어가 느는 데 큰 도움이 됐다 합니다. 본인이 열정적으로 좋아하는 걸 같이 좋아하는 사람을 만나면 빠르게 친구가 되는 법인가 봅니다.

적극적으로 친구를 만들려는 의식적이고 약간은 피곤한 노력을 해야 정서적으로 친밀한 친구가 생깁니다. 굳이 이렇게까지 해야 되나 싶은데 영어도 영어지만 말이 어색하지 않고 현지에 동화된 것처럼 자연스럽게 보이려면 사람을 다양하게 많이 만나는 게 도움이 됩니다. 책으로만 영어를 배우면 어색합니다. 고급 영어를 구사하기 위해서는 어느 정도 사회적인 관계 안에서 문화를 배우고, 말을 해보는 경험이 있어야 합니다. 그래야 영어로 말할 때 현지 사람 같은 편안하고 여유로운 태도가 말에 담겨 나오기 때문입니다.

| 한국에서 외국인 친구 만들기

그렇다면 한국에 있는 경우 원어민 온라인 영어 수업이나 이태원에서 놀면서 만나는 거 외에 영어로 대화하는 기회를 만들 수 있을까요? 혹은 외국에 살더라도 직접 외국인을 만나는 건 피곤하거나 기가 빨리니 온라인으로 만나는 게 더 편하신 분은 어떻게 해야 할까요? 온라인으로 영어 대화 상대를 구하려면 우선 관심 분야와 이해관계가 서로 맞아야 합니다.

코로나 팬데믹 이후 온라인으로 교류하는 소셜 플랫폼이 많이 등장하고 이
용자 수도 늘었습니다. 온라인 소셜 플랫폼에서 관심 주제방을 찾아 온라인
채팅과 미팅에 참여하면 외국에 나가지 않고 한국의 내 방 안에서도 만날 수
있습니다. Meetup, Internations, Eventbrite 플랫폼은 도시마다 온·오프라
인 모임 공지가 올라옵니다. 세계적인 Public Speech Club인 Toastmasters
International은 서울에 주간 모임이 있습니다. 이 모임에 직접 참여해 영어
스피치와 대화 연습을 해보는 것도 적극 추천합니다.

다음은 전 세계 외국인과 대화를 나눌 수 있는 온라인 소셜 플랫폼입니다.

· Toastmasters International: 오프라인 영어 퍼블릭 스피치 모임
· Meetup: 주제별 온, 오프라인 모임
· InterNations: 도시마다 글로벌 Expat 오프라인 모임
· Reddit: 주제별 온라인 토론
· Twitch: 게임, 음악, 스포츠 스트리밍 & 토론
· Discord: 게임, 스포츠, 각종 취미 채팅 앱
· Yubo: 13~25세 사이에 인기 있는 친구 만들기 앱
· Bumble BFF: 데이팅 앱인 범블의 동성 친구 매칭/네트워킹
· InterPals: 외국인 친구 만들기 플랫폼
· DeviantArt: 창작 예술 작품 공유 & 의견 나누는 플랫폼
· Ravelry: 뜨개질 커뮤니티
· Slowly: 펜팔 친구 찾기 앱
· Tandem: 외국어 연습 친구 찾기 앱
· HelloTalk: 외국어 연습 친구 찾기 앱
· WinkChat: 온라인 채팅 앱
· Hey! Vina: 여자친구 만드는 여성 전용 앱

◆ 소셜 미디어 댓글로 캐주얼한 영어 배우기

꼭 사람을 만나지 않더라도 세상 돌아가는 분위기나 유행어를 포함한 캐

주얼한 대화체 말을 소셜 미디어 플랫폼에서도 배울 수 있습니다. Reddit, Twitter, Facebook, YouTube, Instagram, Threads 그리고 Tik Tok에서 사회적 이슈를 다룬 콘텐츠 피드와 답글 타래에는 요즘 유행하는 슬랭이나 캐주얼한 표현들이 많습니다. 익명이라는 장점이 있으니 본인의 생각을 답글로 달아보거나 대화에 참여해 반응을 살펴보세요. 직접 참여해서 대화를 나누면 보기만 하는 것보다 영어 활용이 느는 데 도움이 됩니다. 저도 주기적으로 관심 분야의 댓글 피드를 읽고 유용한 표현은 외워서 자주 참조하는 편입니다. 특히 Instagram, Threads과 Twitter에서 대화를 나누고 싶은 사람에게는 직접 메시지(DM)를 보내는 용기를 내는 것도 도움이 됩니다.

신문 댓글에서도 현지 원어민들이 일상적으로 쓰는 표현을 배울 수 있습니다. 저의 경우는 New York Times에서 보도성 기사 말고 column이나 opinion 혹은 essay에 달린 수백 개의 답글도 자주 읽어봅니다. 기자 같은 프로가 쓴 글이 아닌 정제되지 않는 감정적인 대화도 주고받고, 싸우기도 하는 일반인들의 댓글을 구경합니다. 답글에서 요즘 미국의 평균 대중의 의견도 파악하고, 한국과 비교해 문화적 차이도 확인하고, 획기적이거나 유행하는 영어 표현이 보이면 외웁니다. 영어도 영어지만 요즘 정치, 사회적인 분위기를 알아야 현지인과 자연스럽게 대화를 나눌 수 있고, 상대에 따라 피해야 할 주제나 표현(특히 정치와 요즘 핫한 LGBT 같은 문화 다양성)을 미리 파악할 수 있습니다. 요즘 미국에서는 politically correct하지 않은 말을 공적인 자리에서 무심코 했다가 큰 불이익(해고나 절교)을 당할 수 있으니 특히 조심해야 합니다(예: cancel culture). 따라서 미국에 갈 수 없다면 신문 기사나 소셜미디어 포스트 아래 현지인들이 쓴 댓글을 읽으면서 현 트렌드와 여론을 파악하는 것도 매우 중요합니다.
코로나 팬데믹 이후 전 세계 사람들이 온라인으로 만나는 경우가 빈번해졌습니다. 따라서, 내가 관심 있고 재미있어 하는 주제를 논의하는 사람들이 있는 소셜미디어나 온라인 공간을 적극적으로 찾아 다녀봅시다. 그리고 영어로 답글을 써서 내 의견에 대한 사람들의 반응을 보는 것도 간접적으로 대화를 나누며 영어 표현을 익히고 문화를 배우는 방법입니다.

맘에 드는 주제를 찾아 글로벌 도시의 온라인 미팅에 참석합니다. Meetup이나 Eventbrite, Facebook 그리고 WhatsApp은 온라인 그룹 모임을 만들고 등록할 수 있는 글로벌 플랫폼입니다. 본인의 업무나 취미 관심 분야에 따른 다양한 이벤트와 그룹챗을 도시 별로 검색해보시면 매일 새로운 모임이 많습니다. 몸은 한국에 있지만 전 세계 어느 도시에 열리는 온라인 모임에 참석할 수 있습니다. 뉴욕이나, 샌프란시스코, 베를린, 파리, 시드니, 토론토, 런던 등 본인이 만나고 싶은 도시 사람과 주제를 정해서 검색해보시면 무료로 참여할 수 있는 다양한 온라인 모임이 많습니다. 적극적인 성격이시라면 본인이 직접 온라인이나 오프라인 모임을 만들 수도 있습니다. 본인이 사는 동네에서 글로벌 친구 만들기 프로그램이나, 혹은 본인이 주도할 수 있는 요리, 축구, 와인 모임, 요가, 자전거, 테니스, 투자, 테크, 스타트업 관련 주제 등 온라인과 오프라인 글로벌 모임을 영어로 만들어 보시는 것도 추천 드립니다.

∷ 자신 없는 발음과 억양

어릴 때 해외에서 살면서 자연스럽게 영어를 습득하지 않고 한국에서 학습으로 영어를 배운 한국인들은 발음에 자신이 없습니다. 저도 한국에서 영어를 배운 사람 치고 영어를 잘하는 편이고 발음도 상대적으로 미국식이라고 생각하지만, 여전히 한국어 엑센트가 있는 영어를 씁니다. 한국에서 자라 성인이 되어 미국에 온 저는 어쩔 수 없다고 생각하고 원어민 발음으로 영어를 말하고 싶다는 욕심도 없습니다. 되레 '아니 한국 사람이 한국어스러운 영어를 쓰는 건 당연한 거 아냐?'라고 좀 뻔뻔하게 정신 승리를 하고 있습니다.

영어에 많이 노출되었거나 미국에서 거주한 경험이 있으시면 음성 정보만으로 화자가 아시아계라는 느낌이 든 적이 있을 겁니다. TV 뉴스나 동영상을 켜놓고 소리만 듣다가 인터뷰 대상이 한국계 교포거나 아시아인일 것 같다는 느낌이 들어서 화면을 바라보면 역시나 아시아인 얼굴입니다. 꼭 이민 1세대가 아니라도 미국에서 나고 자란 교포도 한국말을 거의 못하는 완전한 영어 네이티브인데 음성 정보만으로 아시아계나 한국계일 것 같다는 느낌이 드는 이유는 무엇일까요?

과학적인 논문은 찾진 못했지만 목소리의 크기와 색깔을 결정하는 공기가 드나드는 흉통, 콧구멍도 다르고, 성대도 근육이라서 자주 쓰다 보면 성대의 근육이나 혀나 입 근육 같은 구강 구조가 특정 형태로 굳어져 제2외국어의 발음이 모국어인 영어 발음에 미묘하게 간섭하지 않을까 하는 추측을 해봅니다. 같은 유럽-인도어 계통인 불어를 쓰는 사람들이 영어로 말할 때 f와 v 발음에서, 독일어는 쓰는 사람은 Ü에 영향을 받아서 U 발음에서 티가 나고, 스페인어를 쓰는 사람은 th 발음에서 티가 납니다. 중국 사람과 일본 사람이 쓰는 영어에는 그들만의 목소리 톤이 있는데 한국 사람은 원어민보다 동북아 사람이 쓰는 영어를 더 잘 알아듣습니다.

이렇듯 내가 영어를 ESL로 배우면 모국어 발음에 영향을 받은 구강 구조가 영어에 간섭을 합니다. 스페인, 독일, 프랑스, 이탈리아, 그리스, 튀르키예, 인도, 이스라엘 등 제가 뉴욕에서 만나본 다양한 나라의 이민자들은 본인의 완벽하지 않은 영어 발음에 대해서 스트레스를 받거나 한국 사람처럼 사과(?)하는 걸 본 적이 없습니다. 되레 본인의 뿌리와 영어 톤에 대해서 매력으로 생각합니다. 하지만 유독 한국 사람만 본인의 발음이 안 좋아서 미안해하거나 발음에 자신 없어 합니다.

영어 발음 고쳐야 되나?

코칭 시 많은 분이 본인의 발음이 맘에 들지 않는다고 어떻게 고칠 수 있냐고 물어보셨습니다. 발음의 경우 남들이 못 알아들을 정도로 특정 발음을 지속적으로 잘못 발음하는 경우가 아니면 고칠 필요가 없다고 단호하게 말씀드렸습니다. 그 이유는 이미 영어를 중급 수준으로 말하고 있는 성인은 발음을 고치는 게 매우 어렵고 상당한 시간과 돈을 들여도 눈에 띄는 가시적인 효과를 보기 어렵기 때문입니다.

실제로 저에게 코칭을 받기 전에 본인의 발음이 맘에 안 들어서 미국의 accent reduction coach나 pronunciation coach를 검색해 서비스 비용을 물어보신 분들이 말씀하시길, 5~10회 세션에 $1,500~$3,000를 청구한다고 합니다. 물론 돈과 시간을 들여서 미국인 전문가의 교정을 받으면 발음이 미국 영어스럽게 향상될 수 있습니다. 하지만 성인인 우리는 생업과 가족 및 다양한 삶의 우선순위가 있고 영어 공부에 쓸 시간과 돈이 한정되어 있습니다. 가장 가시비(價時比)가 높은 방법으로 한정된 시간 자원을 집중해야 합니다. 발음을 고칠 수 있지만 그 시간이 너무 많이 듭니다. 실제로 발음이라는 건 몸에 익은 소리 근육과 습관입니다. 성인의 생활 습관과 몸의 장기와 근육은 사실상 내 몸이 노력을 가장 적게 들이고도 운영할 수 있는 상태로 자연스럽게 고착화되어버린 것이라 의식적인 노력으로 몸의 습관을 뜯어 고치는 건 정말 어렵습니다.

그럼 발음 교정을 포기해야 하냐고 물으신다면, '중급 이상 영어에서는 생각보다 가시비가 안 나오니 커뮤니케이션이 되고 뜻이 전달된다면 본인 발음을 문제 삼지 마세요'라고 답변 드립니다. 커뮤니케이션 목적은 소통이지 CNN 앵커같이 멋지게 말하는 게 아닙니다. 차라리 한국식 발음을 매력으로 관점을 바꾸라 말씀드립니다. 이미 영어에 자신이 없는데 제일 고치기 어려운 것부터 영어 공부를 시작하면 성과가 빨리 눈에 보이지 않아 성인은 곧 지쳐서 나가 떨어집니다. 영어 발음을 고치면 당연히 좋지만, 성인 학습에는 동기 유발을 유지하는 것이 학습 성공의 거의 전부이기 때문에 투자 대비 효과가 떨어지는 접근법입니다.

그리고 고급 영어를 쓰고자 하는 나의 궁극적인 목표가 업무적이나 일상에서 영어로 효과적인 커뮤니케이션을 하는 것이라면 결국 말로 듣는 사람의 마음을 사는 겁니다. 요즘 심리 상담을 다룬 수많은 책에서 자존감이 튼튼한 사람이 인생의 다양한 어려움을 스스로 극복할 수 있다고 말합니다. 자존감이 높은 사람은 본인 자신의 단점과 화해하고 자신과의 관계가 편안한 사람이라 합니다. 스스로와의 관계에서 편안한 사람만이 타인과의 관계도 편안한 것 같습니다. 이를 영어 공부에 적용하면, 우리에게는 외국인으로서 영어가 완벽하지 못하고 발음이 안 좋다는 단점이 있습니다. 하지만 이 단점은 어쩔 수 없다고 스스로 편안하게 생각해야 영어로 말할 때 듣는 청자도 나에 대해서 편안하게 생각합니다. 원어민은 나의 영어 발음이나 영어를 평가하며 듣고 있지 않습니다. 그들은 말을 하는 나의 태도, 목소리 톤, 표정, 말에 담긴 콘텐츠에 집중한다는 커뮤니케이션의 본질에 대해서 잊지 마시고 본인 영어를 미안해하지 마세요.

또한 유튜브에 많은 한국 선생님과 영국과 미국의 ESL 코치가 올린 영어 발음 콘텐츠가 있으니 가끔 보시면서 내 발음을 점검해보는 것도 충분합니다. 요즘은 영어 발음을 교정하는 훈련을 할 수 있는 AI 기반의 앱 서비스도 많으니 무료 체험을 통해 본인에게 맞는 앱을 찾아보세요.

이처럼 내가 가진 영어 공부 우선순위 중에 발음 교정은 중요도가 낮습니다. 하지만 반드시 발음을 교정해야 하는 케이스가 있습니다.

내 발음이 커뮤니케이션을 방해할 때

만약 영어로 대화를 하는데 지속적으로 상대가 못 알아듣거나 되묻는 경우가 반복된다면 커뮤니케이션에 영향을 주기 때문에 이는 반드시 시정되어야 합니다. 코칭 시 회사 사람들이 본인 말을 잘 못 알아듣는 것 같다고 하셔서 어떤 단어나 표현을 발음할 때 못 알아들었냐고 예시를 부탁드리면 '딱히 기억이 안 난다며,' 콕 집어서 본인의 어떤 발음이 문제인지 말을 못 하십니다.

제가 들을 때는 영어 발음이 나쁘지도 않고 표현도 좋았는데 직장 동료들이 자기 말을 못 알아듣는다는 분이 계셨습니다. 이 분은 아시아인이 거의 없는 주에 거주하면서 주로 백인이 많은 직장에 다니셨는데 동료가 다시 말해 달라고 하거나 혹은 말을 rephrasing해서 고쳐줄 때마다 내 발음이 그렇게 나쁜가 하여 움츠러들고 자신을 잃어 간다고 했습니다. 원어민 동료들이나 친구에게 내 영어 발음에 문제가 있으면 알려주거나 고쳐달라고 하면, 몇 번은 고쳐주다가 그 다음에는 지적을 안 한다고 합니다. 또 어떤 분은 직장 상사가 본인 영어가 무슨 소리인지 못 알아듣겠다든지, 표현을 문제 삼아 꼬투리를 잡으니 자신감을 잃고 큰 상처를 받았다 하셨습니다. 가뜩이나 외국어인 영어로 말하는 것도 스트레스를 받는 상태에서 직장 동료의 반응이 이런 식이면 급격히 위축되고 불안해집니다.

한국 사람도 한국어를 쓰는 외국인이 한국어 발음을 고쳐달라고 하면 1) 어떻게 고쳐줘야 할지 언어학적 지식이 없고, 2) 원래 우리가 남의 말 표현 하나하나와 발음 하나하나를 집중해서 듣지 않기 때문에 언어 지적을 하기 위해 집중해 듣는 행위 자체로 엄청난 에너지를 쓰게 됩니다. 이렇다 보니 일상 대화에서는 생각보다 원어민이 발음 지적을 해주는 건 어렵습니다. 그리고 3) 미국에서는 타인의 영어 발음을 지적하는 것은 politically incorrect하고, 인종 차별로 몰릴 수 있기 때문에 회사 등 공적인 자리에서 만나는 사람이 발음을 지적하거나 고쳐주는 일은 없습니다.

만약 상대가 내 영어를 rephrasing해서 말을 고쳐준 상황이 잦다면, 발음의 문제일 수도 있지만 본인이 쓴 표현이 영어식으로 자연스러운 문장이 아니라서 원어민 청자가 자기 식으로 다시 고쳐준 것일 수도 있습니다. 이 경우에는 상대가 해준 말을 기억해 적어 뒀다가 다음엔 그 표현으로 말해야 합니다. 중급 이상 수준에서는 전체적인 발음 교정 훈련을 받는 것보다는, 내가 자주 틀리는 엑센트나 어려워하는 발음과 표현이 발견될 때마다 따로 그 부분만 정밀 타격해 파인 튜닝을 꾸준히 하는 게 더 도움이 됩니다.

그리고 발음 노트를 하나 만드세요. 내가 영어로 말하는데 상대가 못 알아듣거나 되물으면 꼭 기억하셨다가 발음 노트에 그 문장이나 표현을 써보세요. 만약 상대가 내가 한 말을 받아 '네가 말한 게 이런 뜻

제2장 | 중급 영어 레벨에서 공통으로 겪는 문제 85

이지'라고 rephrasing해서 반문하는 일이 자주 있다면 상대가 고쳐 준 문장도 기억하셨다 적어보세요. 내가 영어로 발음했을 때 상대가 못 알아듣거나 재차 물었던 문제의 발음과 단어/표현은 반드시 사전에서 발음 기호를 찾아봐야 합니다.

요즘은 온라인 사전에 음성으로 발음을 들을 수 있기 때문에 반복해 들으면서 상대가 이해하기 어려워했던 내 발음을 교정해볼 수 있습니다. 특히 유튜브에서 원어민인 미국과 영국의 ESL accent 콘텐츠를 검색해보세요. 외국인이 반복적으로 잘못 발음하는 모음이나 자음끼리 모아서 연습할 수 있는 콘텐츠가 유튜브에 많습니다. 그리고 가능하시면 주변의 지인이나 친구인 원어민에게 내가 문제 삼았던 발음을 제대로 소리 내는지 콕 집어서 피드백을 요청해보는 것도 좋습니다.

빠르게 고쳐야 하는 발음 이슈

코칭 시 듣다 보니 한국인이 영어를 말할 때 반복되는 공통 발음 이슈가 있었습니다. 음성이나 발음의 전체적인 틀이야 당장 고칠 수 없는 일이라도 3가지 방법으로 내일 당장 내 입에서 나오는 영어 음성 정보를 개선할 수 있는 방법은 다음과 같습니다.

1) 모음과 엑센트를 정확하게 발음하는 데 유의한다.

한국 사람들이 흔히 잘못 발음한다고 알려진 자음 발음인 /b/, /v/, /f/, /l/, /r/, /ʧ/보다는 모음 발음이 명확하지 않으면 원어민들이 알아듣기 어렵습니다. 자음 발음(consonant)은 나름의 독특하게 구분되는 음가가 있기 때문에 정확하지 않아도 듣다 보면 맥락으로 눈치챌 수 있습니다. 하지만 모음 발음은 장단음과 엑센트 같은 언어의 리듬에 영향을 주기 때문에 잘못 발음하면 듣는 사람이 못 알아듣습니다. 한 예로 친한 미국 친구에게 'Do you lik sedans or SUVs?'라고 물어보면서 한국말로 세-단이라고 발음했는데 친구가 맥락상 충분히 알아들었으면서도 '세-단이 무슨 새로 나온 차 모델 이름이냐'라고 놀리면서 뒤 음절을 길게 발음해야 한다고(/sə'dæn/세단-) 고쳐준 적이 있습니다.

엑센트는 말의 리듬입니다. 원어민은 특정 단어의 음가를 하나씩 인지하는 게 아니라 음악처럼 익숙한 장단음의 리듬과 엑센트를 예상하면서 듣습니다. 모음 장단음이나 엑센트가 틀리면 귀에서 접수를 못하거나 뭔가 '삑'하고 편안하게 듣던 주파수에서 이탈되는 것처럼 튑니다. 마치 한국 사람도 사투리가 심하면 초반 몇 분 정도는 집중해서 들으면서 그 사람의 말의 리듬과 억양에 익숙해져야 해석이 잘 되는 것처럼 말입니다.

영어 모음 장단음이나 엑센트가 틀리면 원어민 입장에서는 본인이 기대하는 리듬에서 튀기 때문에 잘 안 들릴 수 있습니다. 이런 이유로 만약 영어로 말하는데 청자가 못 알아듣는 경우가 있다면 한국 사람들이 자주 틀리는 모음 장단음을 정확하게 발음하고 있는지 점검해보세요.

I	단음	/I/	hit, fill, fit, bit, mill, lid, whip, sit, pill, week, feet
	장음	/iː/	heat, feel, feet, beat, meal, lead, weep, seat, peel
O	단음	/ɒ/	bot, chock, cock, cot, shot, spot, stool, wok
	장음	/ɔː/	bought, chalk, cork, court, short, sport, stalk, walk awed, bald, call, caught, hallow, law, lawn, pause
		/oʊː/	owed, bold, coal, coat, hole, low, loan, pose, folk, know, mow, poke, doe, dome, foe, go,
		/ɔːr/	fork, nor, more, pork, door, dorm, four, gore, or

| Oo | 단음 | /ʊ/ | pull, wood, would, should, could, full, soot, look |
| Ou | 장음 | /u:/ | pool, wooed, shoed, cooed, foll, suit, luke |

위 표는 ESL 학습자들이 실수하기 쉬운 비슷한 모음 발음입니다. minimal pair란 한 음가만 다른 비슷한 소리의 단어 세트를 의미합니다. 구글에 minimal pair라고 검색하시면 비슷해서 헷갈릴 수 있는 비슷한 단어끼리 모아서 연습할 수 있는 원어민 선생님들이 올린 유튜브나 다양한 콘텐츠들을 무료로 찾아볼 수 있습니다. 또한 특정 단어나 음가의 발음을 지적 받았다면 해당 음가를 따라하면서 연습할 수 있는 유튜브나 다양한 성인 학습자를 위한 ESL 발음 교정이나 어린이 phonics 콘텐츠도 도움이 됩니다. 이런 발음 연습 자료는 인터넷에서 무료로 찾아볼 수 있습니다.

2) 입을 크게 벌려 영어를 분명하게(articulate) 말한다.

커뮤니케이션 효과 중 언어적 정보뿐만 아니라 음성 정보도 큰 영향을 줍니다. 고급 영어 코칭을 하던 중에 한국말로도 영어로도 음성 정보가 명확하게 귀에 꽂히지 않는 분들이 있었습니다. 영어 이슈를 진단하기 위해 영어 인터뷰를 하다가 왜 이분들의 영어가 제 귀에 명확하게 들리지 않을까 궁금해서 '혹시 성격이 급하시냐'고 물어봤습니다. 그러면 '맞다. 그 짧은 시간에 어떻게 알았냐'고 반문하십니다. 사실 이분들은 말이 빠른 건 아니었습니다(머릿속 번역 과정을 거치느라 한국어처럼 생각이 빠르게 입으로 나오는 건 아니라서). 하지만 본인이 생각의 속도가 남보다 빠르고 할 말은 많은데 머릿속 번역 속도나 입으로 말하는 속도가 생각의 속도를 따라가지 못하니, 입을 크게 벌릴 새 없이 작게 벌리며 발음하는 구강 기관의 경제적인 선택이 굳어진 듯하다고 말씀드렸습니다. 그런 관점에서 생각해보니 본인이 입을 작게 벌리는 게 맞는 것 같다는 분들이 있었습니다.

아래 발음을 천천히 입으로 따라 읽으면서 입 모양에 유의해보세요. 입을 둥그렇게 크게 벌리거나 가로로 길게 찢어서 발음해야 합니다.

영어 발음 기호	단어
ɑː	start, garden, party, car, park, card, fast, half
ɛː	get, head, said, friend, help, yes, tell, end
aʊ	house, power, how, now, town, down, our
ɪə	near, idea, here, clear, year, really, hear, beer
iː	feel, heat, meet, sleep, bean, beat, steal, beach

아시다시피 원어민이나 외국 사람은 목소리 톤, 신체적 에너지 그리고 바디 제스처가 한국 사람보다 크고 시원시원하기 때문에 영어를 말할 때는 한국어보다 더 큰 신체적 에너지가 소모됩니다. 말의 높낮이가 일정하고, 강세가 적은 한국어를 쓸 때 목소리는 목에서부터 납니다. 한국어를 말할 때는 공기가 입안과 입 바로 앞에만 머물러도 잘 들립니다. 하지만 원어민이 영어를 쓸 때는 가슴 깊은 곳 흉통에서 소리가 울리며 나오는 것 같고 입 밖으로 공기가 치고 나가는 소리가 많습니다. 지금 가슴 아래 흉통에 손가락을 대고 혹은 입 밖에 손을 대고 한글을 읽을 때와 영어 텍스트를 읽으며 비교해보시면 소리가 나오면서 몸에 주는 진동과 입 밖으로 나오는 공기의 세기가 다른 것을 느끼실 수 있습니다.

이런 이유로 지금 당장 영어 발음이 잘 들리게 보이는 방법은 입을 크게 벌리는 겁니다. '아니 이게 무슨 요령이냐'라고 반문하시겠지만, 스스로 영어로 말하는 것을 비디오로 10분 정도 찍어서 관찰해보시면, 입을 정확히 크게 벌리고 시원시원하게 소리를 밖으로 내뱉지 않고 입을 경제적으로 적게 벌리고 연음으로 뭉개듯이 말하거나 음성이 안에서 먹는 듯한 소리를 내시는 분들도 많습니다.

이 문제를 해결하는 데 가장 손쉬우면서 빠르게 발음을 교정하는 방법은 영어 책을 소리 내서 읽기입니다. 원어민을 지도하는 커뮤니케이션 코치들도 발음의 전달력(articulation)이 떨어지는 경우 큰 소리로 동화책을 읽는 연습을 시킵니다. 음률이 살아있는 시를 따라 읽는 것도 또한 도움이 된다고 말합니다. 미국 사람들을 대상으로 한 스피치 코칭 강사들 중 연극 수업(drama class)을 지도하는 배우 출신이나 혹은 보이스 코치라고 가수 출신이 많습니다. 구글에 audio poem을 검색하시면 영미의 유명한 시를 음성으로 읽어주는 무료 사이트가 많습니다. 들으시면서 입을 크게 벌려 따라 하고 내 목소리를 녹음해서 비교해보는 것도 도움이 됩니다. 혹은 기사나 책을 한 문단이라도 매일 크게 입을 벌리고 따라 읽어보는 것도 도움이 됩니다. 요즘은 오디오 북이나 비디오와 오디오 기사의 대본(script)이 있기 때문에 공부 자료를 손쉽게 찾을 수 있습니다.

앞에 언급했듯이 발음도 몸의 습관이라 빠르게 바꿀 순 없습니다. 하지만 매일 일상 생활에서는 어쩔 수 없더라도, 프레젠테이션, 인터뷰, 회의나 상사와의 대화 같은 중요한 상황에서 내 의사를 명확하고 자신 있게 전달하기 위해서 의식적으로 작정하고 '입 크게 벌리기 스위치'를 켜보세요. 의식하고 집중하면 순간적으로는 개선될 수 있습니다. 어떤 분은 본인 발음이 좋아졌는지 Apple Siri나 Amazon Alexa 등 AI 스피커에 물어보고 제대로 알아들었는지 확인(?)하신다고 하는데, 웃기기도 하지만 나쁘지 않은 방법 같습니다.

3) Tongue Twisters 연습을 한다.

미국인을 대상으로 하는 스피치 코치도 발음 교정을 위해서 혀가 꼬이게 하는 tongue twisters 연습을 시킵니다.

- Peter Piper picked a peck of pickled peppers.
- Betty Botter bought some butter
- How much wood would a woodchuck chuck if a woodchuck could chuck wood?
- She sells sea shells by the seashore
- Fred fed Ted bread and Ted fed Fred bread

유튜브와 구글 검색을 하면 다양한 tongue twister가 있습니다. 원어민도 따라 하기 쉽지 않지만 자주 듣고 연습하면 발음 교정에 도움이 된다고 합니다. 또한 유명 미국 퍼블릭 스피치 강사들도 기업 임원에게 대중 프레젠테이션을 준비시키는 코칭을 하면서, 사람들 앞에 서기 직전에 몸의 긴장을 풀고 입 근육을 푸는 데 도움이 된다고 tongue twister 말하기 연습을 권유하고 있습니다.

4) Power Pose로 커뮤니케이션 전달력을 높인다.

2012년 하버드대 사회심리학자인 에이미 커디(Amy Cuddy)는 Ted

Talk에서 중요한 프레젠테이션이나 인터뷰, 협상 전에는 파워 포즈 (power pose)를 해보자고 주장해 전 세계적인 주목을 받았습니다. 두 손을 허리에 짚는 원더우먼 포즈나 두 손을 머리 위로 올리는 승리 포즈를 30초만 취하기만 해도 남성호르몬인 테스토스테론이 올라가고 스트레스 호르몬인 코티솔이 줄어들고, 자신감이 생기고 설득력 있는 커뮤니케이션을 할 수 있다는 주장입니다. 침팬지도 싸우기 전에 몸이 더 크게 보이기 위해 손을 크게 벌리듯이 인간도 몸을 확장하고 부풀리는 바디 랭귀지를 통해 자신감을 높이는 심리적 효과가 있다는 것입니다.

이직 인터뷰를 준비하는 분을 코칭할 때 경력에 대한 콘텐츠를 영어로 정확하고 효과적으로 잘 전달하지만, 목소리가 한국어 톤으로 단조로워서 열정이 느껴지지 않게 말씀하시는 분들이 있었습니다. 에이미커디의 파워 포즈 이론이 논문이나 과학적 데이터로 증명된 적이 없다고 비판도 많이 받았지만 저는 어느 정도 일리가 있다고 생각합니다. 프레젠테이션이나 인터뷰 전에 산책을 30분 정도 하면 신체적인 에너지가 높아져 목소리나 전달력이 높아지는 걸 제 스스로도 여러 번 확인한 적이 있습니다.

손을 머리 위로
높이 듦

가슴에 팔짱을 낌

손을 허리에 짚음

한쪽 팔로 다른 쪽
팔을 잡음

앉거나 서서 손으로
머리 뒤를 받침

허리를 수그림

　몸이 소리의 악기이기 때문에 저는 중요한 회의, 인터뷰나 프레젠테이션 전에 밖에 나가서 30분 이상 산책을 하거나, 시간이 없으면 실내에서 가벼운 스트레칭이라도 합니다. 가만히 앉아 있다가 Zoom 콜이나 대면 미팅을 하는 것보다 직전에 활동을 통해 신체 에너지를 높여두면 발화 시 목소리가 크게 나오고 힘이 있으며 열정이 실려 설득력이 높아지는 것 같습니다. 원래 프레젠테이션 할 때 도레미파솔에서 '솔'로 평상시보다 더 목소리를 높여서 말하라고 합니다. 영어의 경우는 한국어보다 더욱이 목소리의 높낮이, 리듬, 바디 랭귀지 자체도 커뮤니케이션 전달력을 결정하는 중요한 요소이기 때문에 타인을 설득해야 하는 자리를 앞두고 있다면 미리 신체 활동을 통해 몸을 warm up을 해 둬

말의 출력 에너지를 높여야 합니다.

프레젠테이션이나 인터뷰 연습을 할 때 비디오로 녹화한 후 내가 어떻게 보이는지 분석해야 합니다. 목소리 톤도 유의해서 보시고, 시각적으로 커뮤니케이션 효과를 증폭시키는 바디 랭귀지도 관찰하세요. 서 있는 자세가 자신 없어 보인다거나 손 동작이 어수선해 불안해 보인다면 바로 수정해야 합니다. 가장 안정적이고 신뢰감 있는 바디 제스처를 사용한다고 알려진 오바마 전 대통령의 바디 랭귀지를 유튜브에 검색하시거나 효과적인 프레젠테이션을 위한 바디 랭귀지를 찾아서 본인과 비교해보시는 것도 도움이 됩니다.

발음보다 말투 스타일이 더 중요하다

제가 코칭한 분 중에 금융 회사에서 매니저로 승진하신 분이 있었습니다. 이분은 수학적 모델링을 하시기에 주니어 레벨에서는 숫자와 그래프 같은 보고서로 충분했고 말을 많이 할 필요가 별로 없었다고 합니다. 얼마 전 본사로 옮겨와 임원에게 직접 보고해야 하는 자리로 승진하셨는데 뭔가 본인이 보고를 하면 만족스럽지 않은 반응이 느껴진다고 합니다. 영어가 부족해서 그런 것 같다며 코칭을 의뢰하셨는데 사실 이분 영어의 이슈는 구사하는 영어 표현이나 문법이 아니었습니다.

제가 "혹시 처음 미국에 오셨을 때 대도시에서 먼 작은 시골에서 유색 인종과 농구를 하면서 영어를 배우신 건가요?" 물으니 이분이 깜짝 놀라시며 어떻게 알았냐고 하십니다. 실제로 그분은 20대 초반에 미국에 어학 연수를 오셔서 학비가 싸고 일부러 한국인이 없는 미 가운데 주의 커뮤니티 칼리지에서 공부를 시작했고, 그 동네 청년들과 어울리면서 영어를 배웠다고 합니다. 이걸 눈치챈 이유는 "You know what I'm sayin"이라든지, "We gotta understand" 같은 소득 수준이 낮은 동네의 20대가 쓸 법한 캐주얼한 말투가 자주 반복되었기 때문입니다. 굴지의 금융 회사에서 거시 경제를 논의하는 석사 교육을 받은 중간 관리자가 쓸 법한 차분하고 격식 있는 영어 톤이 아니기 때문에, 업계 사람들의 말투를 신경 써서 들으시고, 따라 하시라고 말씀드렸습니다. 업계 전문가들이 쓴 글을 읽고, 인터뷰 동영상을 통해 말투와 스타일을 빨리 배우고, 본인도 모르게 습관으로 남은 길거리 영어 표현 몇 가지를 짚어드리고 되도록 안 쓰는 노력을 해보라고 조언을 드렸습니다.

사실 내가 말하는 걸 녹음했다가 다시 듣는 것은 창피하고 쑥스럽긴 합니다. 하지만 혹시 내 영어에 나쁜 습관이 있다면 단점을 빨리 파악해서 없애야 단기간에 영어 커뮤니케이션 스킬이 향상된 것 같은 인상을 줍니다. 한국어도 사회적 경제적인 수준에 따라 쓰는 말투, 스타일, 표현이 있듯이 영어에도 사회 언어적 특성이 있습니다. 고급 영어를 말하고 싶다면 내가 속한 사회적 그룹 혹은 목표로 하는 준거 그룹이 사용하는 언어 스타일과 습관에 유의해서 관찰하고 문화적 태도도 배워야 합니다.

정리 내 영어가 정체돼 있고 표현이 섬세하지 않은 경우

원인
- 같은 단어나 표현만 반복적으로 사용해서 단조롭게 들림
- 자기 전문 분야 외 일상적인 대화 표현이 어색함
- 내 발음을 상대방이 못 알아들어 자신감이 떨어짐

해결책
- 동의어를 찾아 적절한 상황에 쓸 수 있도록 정리하기
- 일상 용어를 쓰는 콘텐츠에서 동사, 형용사와 부사 수집하기
- 내 영어 엑센트를 개성으로 받아들이고 지속적인 실수가 나오는 발음에 유의하기

기존 표현 외우기
공부법에서 탈피하라

:: 상황에 따라 들렸다 안 들렸다 하는 영어

영어 뉴스를 들을 때 내용의 몇 퍼센트 정도 알아들으시나요? 비디오가 보이는 TV나 유튜브 뉴스 말고, 시각 정보가 전혀 없이 음성으로만 정보를 파악해야 하는 라디오나 팟캐스트 뉴스의 경우 내용의 몇 퍼센트를 알아들을까요? 그리고 업무 미팅에서나 자주 보는 사람들이 쓰는 영어는 잘 알아듣는데 처음 보는 사람이나 내 전공 분야를 벗어나면 잘 안 들리는 경험을 해본 적이 있으신가요?

비디오가 나오는 뉴스의 경우 영상으로 보이는 시각 정보가 있습니다. 따라서 언어 실력 자체보다는 이미 내가 알고 있는 세상에 대한 지식이나 한국어 기사로 들은 정보를 활용해서 영어를 파악하는 경우가 많습니다. 따라서 영어 비디오 뉴스를 이해하는 건 100% 내 영어 실력 때문만은 아닙니다. 라디오 뉴스의 경우에도 내가 아는 지명, 사람과 회사 이름이 나오면 이미 한국어 기사에서 익힌 배경 지식을 활용해 고유명사(알맹이)를 배경지식으로 꿰어서 전체적인 의미를 파악하는 경우도 많습니다.

같은 맥락으로 업무 미팅에 때 일반 캐주얼 스몰 토크보다 리스닝이 더 잘 된다고 생각합니다. 이미 내가 회사 프로세스나 말하는 사람의 입장이나 스타일, 내가 해야 할 역할 등에 대한 이해가 있기 때문에 언어 외적 배경지식을 활용해 잘 알아듣습니다.

리스닝이 잘 안 들리는 경우는 총 3가지가 있습니다.

1) 내용을 모름

내가 모르는 분야에서 안 들리는 경우, 말하는 주제에 대한 지식 자체가 없어서 한국어로 듣는다고 해도 내용 파악이 안 되는 경우입니다. 예를 들어 AI와 비트 코인같이 새로운 복잡한 기술 체계, 금리 주식 등 경제 소식은 내용 자체도 어렵고 관련 업계 단어도 몰라서 안 들립니다. 특히 미국과 세계 정치 소식, 고유명사가 많은 지역 스포츠 스타나 연예계 뉴스, 영화와 예술, 역사적 인물과 장소는 한국인은 모르고 들어본 적도 없는 내용이라 잘 안 들립니다. 처음 듣는 생소한 주제일 경우 사람, 회사, 지역 등 고유명사가 많이 등장하면 영어도 자신 없는 상태에서 새로운 정보까지 파악해야 해 이중 부담입니다. 이 상황에서는 잘 안 들리는 것이 자연스러운 현상입니다.

예를 들어 투자에 관심이 많으신 분들은 미 FED 연방준비은행의 금리 뉴스를 찾아 듣습니다. 연방준비위원장이 구사하는 말투는 Fedspeak라고 불리며 못 알아듣기로 악명이 높습니다. FED 회의 결과에 따라 금리가 인상과 인하 여부가 결정되기 때문에 주식 시장의 많은 전문가들이 연준 의장의 말과 연준위 회의록을 마치 포를 뜨듯이 단어 하나하나 다 분석해서 앞으로 시장의 향방을 점치려고 합니다. 따라서 만약 연준위 의장이 시원시원하게 금리를 올린다거나 내린다는 둥 정확하고 간결한 표현을 써버리면 시장에 직접적인 충격이 가기 때문에 알 듯 모를 듯 이게 도대체 무슨 말이야? 하는 숨바꼭질 표현들을 총동원합니다. 연준위 의장은 대중에게 "여러분 제 말이 무슨 말인지 모르시겠죠? 그래도 알려는 드려야 하니까 전반적인 방향은 이쪽으로 갈 확률이 높습니다"라고 말하는 듯한 언어를 구사합니다.

특히 미국의 2000년대 초반 닷컴 버블 붕괴로 인한 시장 영향을 최소화하고 최고 경제 호황기의 초석을 닦았다는 평가를 받는 그린스펀 전 연준 의장이 쓰는 말은 시장의 난다 긴다 하는 전문가이자 원어민들도 고개를 저을 정도로 이해하기 어려운 걸로 악명 높았습니다. 그래서 오죽하면 Greenspeak라는 신조어까지 만들어졌습니다.

"While I've indicated to you previously that we may well have, probably do have, enough monetary stimulus in the system to create that, I'm not sure that we will not need some insurance or to revisit this issue, and all I can say to you is that we're all looking at the same set of data, the same economy, the same sense of confidence which pervades it. We're all making our judgments with respect to how that is evolving with respect to economic activity and where the risks of various different actions are. And there will be differences inevitably."

위를 보면 어려운 단어는 하나도 안 썼는데 무슨 말인지 미국인 전문가도 못 알아듣습니다. 만약 끈을 손으로 잡고 위에서부터 쭉 내려오는데 매듭(구체적인 표현)이 안 잡혀서 매끄럽게 쑥 빠지는 기름 바른 끈 같은 느낌이 드네요. 구체적인 정보나 표현(알맹이, 매듭)이 있으면 머릿속에서 중심으로 잡고 맥락을 파악해보려는 노력이라도 할 텐데 걸리는 단어가 없이 기름 바른 듯이 쭉 빠지는 느낌으로 내용을 해석하기가 어렵습니다. 결론을 요약하면 다음과 같습니다.

Recent cuts in interest rates just might be working to create a rebound. Or They might not.
(최근 금리 인하로 경기 회복이 이뤄질 수도 있고 아닐 수도 있다.)

미국인도 몰라서 못 알아듣는 극단적인 예를 들었지만, 결론적으로 내용을 모르면 영어가 안 들립니다. 그래서 리스닝에 문제가 있다고 생각한다면

- ① 해당 주제에 대해서 한국어 기사나 자료를 찾아서 먼저 배경지식부터 빠르게 확인한다.
- ② 한국어 정보 중에 주요 키워드(명사, 동사)를 10개 정도 정리한다.
- ③ 한국어 기사에 나오는 등장 인물이나 회사 이름 그리고 지명 같은 고유 명사도 확인한다.
- ④ 그 이후에 해당 내용에 대한 영어 기사를 찾아 읽으면 주요 한국어 키워드와 매칭되는 영어 표현이 눈에 확 들어온다.
- ⑤ 영어 기사에서 영어 키워드(명사)와 매칭되어서 같이 세트로 쓰이는 동사를 기억하면 나중에 해당 기사 주제로 영어로 말해야 할 때 입에서 빨리 튀어나온다.

이후에 해당 주제의 영어 기사를 다시 들어보면 처음보다는 훨씬 잘 들리는 경험을 하실 수 있습니다.

2) 내용은 아는데 이를 가리키는 영어 단어나 표현을 모름

내용과 배경지식을 이미 알고 있고 대세에 큰 지장이 없으면 간간이 안 들리는 표현이 있어도 큰 맥락 안에서 내용을 추측할 수 있습니다. 가끔 완벽주의자들은 안 들리는 부분이 걸리면 특정 단어를 신경 쓰느라 그 다음 내용으로 넘어가지 못하고 전체 리스닝을 날리는 경우도 있습니다. 하지만 리스닝을 할 때는 한두 개의 안 들리는 표현보다는 전체적인 요지를 파악하는 데 집중해야 합니다.

수능이나 토플 시험을 볼 때 자주 보던 문제가 '요지 찾기,' '제목 찾기,' '주제 찾기'인 걸 기억하시나요? 우리는 그동안 수많은 반복 훈련을 통해 이미 '요지 찾기'의 달인입니다. 한국 사람들은 영어 사전에도 그 뜻이 등록된 '눈치'(nunchi)의 민족이라 타인의 말을 들을 때 우리도 모르게 뇌가 '의도 찾기' 모드를 자동으로 깔고 쓰고 있습니다. 따라서 모르는 표현 때문에 영어가 안 들릴 경우 최대한 배경 지식과 어떤 상황에서 누가 어떤 입장에서 이야기하고 있는지 파악하려는 '의도 찾기' 스킬로 리스닝을 해봐야 합니다.

하지만 업무나 일상에서 대화할 때 모르는 표현이 반복된다거나 맥락상 중요한 표현 같은데 추측으로 모르겠다면 그냥 '알아듣는 척' 쓱 넘어가면 안 됩니다. 반드시 상대의 말을 끊고 의미를 물어보고 확인하고 넘어가야 합니다. 못 알아들었는데 알아들은 척 넘어가는 일이 반복되면 업무에 실수가 생기기 마련입니다. 그러면 영어 실력이 늘지 않거나 자존심이 상하는 것보다는 믿고 맡길 수 있는 신뢰감이 상하는 게 장기적으로 나에게 더 큰 손실이 됩니다. 따라서 영어 커뮤니케이션 시 못 알아들은 부분은 들은 직후 혹은 같이 들은 사람에게 되묻거나 이메일로 요약 정리해서 다시 확인하는 작업이 필요합니다.

라디오 같은 미디어의 경우에는 만약 대부분은 맥락상 파악되는데 내가 모르는 표현이 반복적으로 나오고 잘 안 들리는 것 같으면 뉴스 대본(script)을 찾아보는 습관을 꼭 들이세요. 요즘 모든 뉴스는 텍스트로 된 대본을 온라인으로 찾을 수 있습니다. 사소한 노력이지만 라디오 뉴스를 듣거나 안 들리는 부분을 대본을 찾아서 꼭 눈으로 확인하고 표현을 외우는 습관을 가져야 합니다. 안 들리고 막힌 부분을 텍스트를 찾아서 보고 뚫어야 합니다. 이런 수고스러운 과정으로 외워진 표현은 내 머릿속에서 오래 살아남을 확률이 커집니다.

3) 특정 개인의 발음이나 엑센트에 익숙지 않음

외국인의 엑센트가 강하거나, 원어민이 말을 빠르게 하거나, 지역 사투리를 쓰거나, 소리가 밖으로 터져 나오지 않고 안으로 먹거나, 연음으로 뭉개서 발음하는 습관을 가진 스피커를 만난 경우 잘 안 들리는 경우가 있습니다. 영국 버밍엄 사람과 대화를 나눈 적이 있는데 정말 그 사람이 하는 말을 10%나 알아들을까 말까 해서 너무 괴로웠습니다. 내가 영국 발음이 아니라 너무 미국 발음에 익숙해져 있어서 안 들렸나 고민했는데, 나중에 알고 보니 영국 사람들도 버밍엄 사투리는 알아듣기 힘든 걸로 유명하답니다.

발음에 엑센트가 강한 경우 동시통역사인 저도 못 알아듣습니다. 보통 처음은 잘 안 들립니다. 그래도 시간을 가지고 이 사람의 언어 습관이라든지 발음이 좀 익숙해지면 무슨 말을 하는지 이해가 늘어납니다. 한국어도 사투리가 심한 사람이 하는 말을 3분 정도 집중해서 들으면 음성 정보에 익숙해지면서 이해가 갑니다. 사실 이것도 영어 자체로 알아듣는 것보다는 눈치로 때려 맞히는 확률이 높습니다. 그래서 이건 딱히 해결책이 없는 문제긴 합니다.

그리고 이상하게 원어민이 쓰는 영어보다 아시아인 같은 비영어권 사람이 쓰는 영어가 훨씬 잘 들리는 신기한 경험을 한 분들이 많을 겁니다. 아시아인들은 문화와 정서적으로 비슷하니까 사고 흐름도 비슷합니다. 그래서 서로 영어로 이야기하면 척하면 착하고 알아듣는 거 같은 느낌이 듭니다. 커뮤니케이션은 언어뿐만 아니라 비언어적 커뮤니케이션도 큰 부분을 차지하기 때문에 얼굴 표정, 말투 이런 것도 아시아인들이 더 친근하고 잘 통하는 것처럼 느껴집니다. 또 뉴욕에서 유럽 친구들의 말이 미국인이 할 때보다 더 잘 들리는 것같이 느껴졌습니다. 그래서 왜 그럴까 생각해보니, 서로 외국인이다 보니 원어민 대비 영어 문장이 단순하고 직관적으로 표현하며, 미국인들이 쓰는 슬랭이나 미국인만 아는 문화적 고유명사나 지식이 필요 없는 대화라서 그렇지 싶습니다. 즉 American English가 아니라 International English로 커뮤니케이션을 할 때 더 잘 들리는 것 같습니다.

:: 너무 긴 머릿속 번역 시간

글로 영어를 읽을 일이 많은 석박사 유학생들은 아는 단어나 표현(수동 영어, 아는 총 단어 꾸러미)이 많은데 비해, 자주 쓰는 능동 영어(혀 끝/손

끝에 붙어 빠르게 나오는 표현)가 적은 비대칭 상황이 발생하는 경우가 많습니다.

대화를 할 때 내 머릿속 프로세스는 다음과 같습니다.

① 생각이 떠오르면 정리해서 ⇨ ② 어떤 표현으로 말할지 고르고 ⇨ ③ 말한 다음 ⇨ ④ 상대방이 어떻게 받아들였는지 시각 청각 자극으로 해석하는 동시에 ⇨ ⑤ 또 머릿속에 떠오른 생각들을 상대에게 피드백을 받고 수정해서 ⇨ ⑥ 다시 이야기를 함

대화를 할 때 우리 뇌 속에서 이러한 커뮤니케이션 프로세스가 수백만 초 안에 끊임없이 일어납니다. 우리가 외국어인 영어로 말할 때는 2번 단계(번역 과정)에 과부하가 걸리는 경우가 많습니다. 영어가 버벅거린다 혹은 표현을 생각하는 데 시간이 걸린다는 분들은 새로운 표현을 익히는 것보다는 머릿속 번역 과정을 빠르게 만드는 훈련을 해야 합니다. (뒷장 공부 방법에서 설명)

뉴욕에서 만난 후배 중에 미국에서 태어나서 초등 저학년까지는 미국에서 자란 친구가 있습니다. 그녀는 중학교에서 대학교까지 고등 교육은 한국에서 받았습니다. 당연히 영어 발음이 좋고 영어를 잘하긴 했지만 아무리 어릴 때 자랐더라도 세상에 대한 지식을 배우는 고등 교육 시기를 전부 한국에서 보냈기 때문에 영어를 어른스럽게 구사하기 위해 따로 영어 공부를 했어야 했습니다. 대학원 이상의 교육 수준이 높은 사람들이 쓰는 정도의 고급 영어를 구사하기 위해 영어책도 따로 많이 읽었습니다. 현재 그녀는 미국에서 대학원을 마친 후 중학교 교사로 미국 학생에게 영어를 가르치고 있습니다. 우리나라로 따지

면 국어 선생님인 셈입니다. 그래서 고급 영어 학습 과정을 잘 이해하고 있는 친구라 영어 학습에 대한 대화를 나눠봤습니다.

어느 날 그녀가 쓰는 영어를 들어보다가 '혹시 너는 영어를 쓸 때 번역 과정을 안 거치니? 너는 번역을 하지 않고 영어로 생각하는 뇌와 한국어 뇌가 따로 있는 거 같아. 어떻게 느껴져?'라고 물어봤더니 한 번도 생각해보지 못했는데 그렇다고 하는 겁니다. 왜 이런 느낌이 들었는지 모르겠지만 그녀가 말할 때 대다수의 ESL(English as a second language)와 다르게 번역이 없이 다른 방식으로 말한다고 느껴졌습니다. 한국어와 영어 둘 다 모국어 수준으로 높은 그 친구는 어릴 때 배운 영어 세상으로 된 뇌와 초등학교 이후 한국어 세상으로 된 뇌가 구분되어(compartmentalized) 있다고 말했습니다. 이중 언어로 아이를 키우고 교육 과정에서 어릴 때부터 한국어와 영어 노출이 적절히 있었던 청소년기 이상의 부모님께서는 자녀에게 이 점을 물어보세요.

또한, 코칭을 하다가 저도 새롭게 깨달은 경험이 있었습니다. 학부에서 미술을 전공한 디자이너분을 상담했습니다. 그분의 영어를 진단하면서 다른 분들과 비슷하게 한국어 생각을 영어로 번역해서 말할 때 영어 표현을 뇌에서 찾는 데 과부하가 걸리는 일반적인 fluency 이슈라고 생각했습니다. 그러다가 이 분은 모국어인 한국어로 말할 때도 적합한 단어를 찾아 말로 표현하는 속도가 다른 사람들에 비해 느리다는 점을 발견했습니다. 그래서 혹시 본인의 뇌에서 정보가 이미지로 저장되어 있어서 언어로 출력해 나올 때 언어적 표피인 단어를 찾는 데 시간이 걸리는 거 아니냐고 물어봤습니다. 그분은 한 번도 그런 생각을 해본 적이 없는데 맞는다고 합니다.

저의 경우에는 언어적 능력이 좋고 특히 청각적 자극에 민감한 사람이라 머릿속에 정보가 언어적 표현으로 준비돼 있는 상태인 것 같다는 생각을 평상시에 했었습니다. 저와 대비해서 혹시 시각적 정보에 민감한 디자이너는 정보가 이미지나 색깔로 저장돼 있지 않을까? 란 호기심에 물어봤습니다. 그랬더니 그분이 손뼉을 치면서 "어머, 맞네. 한 번도 그런 생각을 해본 적이 없었어요"라는 반응을 보였습니다. '한국어로도 말을 생각해 내는 데 다른 사람보다 시간이 걸리는 본인만의 커뮤니케이션 프로세스 특성이 영어로 말할 때 영향을 미치는지 몰랐다'고 해 저도 깜짝 놀란 적이 있습니다.

책을 읽으시는 여러분도 한번 반문해보세요 내가 생각을 할 때 어떤 식으로 정보를 뇌에서 끌어오는지. 어떤 생각을 할 때 뇌 속에서 정보가 이미지나 색으로 표현되나요? 아니면 한국어 문장으로 들어가 있나요 영어로 생각이 나나요? 어떤 분은 글을 읽을 때 문자보다 숫자 정보가 더 빨리 들어오고 상황을 수리적 혹은 도식으로 표현해야 더 편안한 분도 봤습니다. 이건 영어와 상관없는 내 뇌의 정보 처리 방식의 특성입니다. 하지만 본인의 특성을 이해하시면 영어를 말하는 과정에서 영어 표현을 빨리 끌어다 번역하고 말하는 속도를 높이는데 어느 부분을 조준해 노력해봐야겠다는 나만의 답이 나올 수 있습니다.

성인이 돼서 영어 공부를 하는 한국인 대부분은 저를 포함해 반드시 어쩔 수 없이 한국어의 생각을 영어로 번역하는 과정을 거칩니다. 다만 영어를 사용할 기회가 많거나 영어를 잘할수록 번역 과정이 매우 빨라지는 겁니다. 만약 본인 영어가 버벅거린다, 영어로 말이 잘 안 나오고 어색하다 하시는 분들이 있다면 가장 먼저 절대적으로 아는 단어 수가 적은지 고민해보세요. 초급 수준에서는 절대적으로 아는 표현이 적으면 할 말을 못합니다. 하지만 본인이 리딩 시 아는 단어 양이 아미 상당하고, 영어로 읽고 듣는 데 60~70% 정도는 알아듣는다면 fluency의 이슈입니다. 아는 단어를 빨리 뱉어 내는 훈련에 집중해야 합니다.

fluency는 영어를 업그레이드를 하고 싶은 분들이 가장 시급하게 해결해야 할 문제입니다. 말이 떠듬거리거나 느리지 않고, 문법이나 내용이 틀리든 어쨌든 쭉쭉 뽑아져 나와야 남들에게 영어가 잘하게 들리고 어색하지 않습니다. 처음 외국 회사에서 외국인과 영어로 일하시거나 외국으로 이주하신 분들, 그리고 토익 스피킹 시험이나 영어 인터뷰 준비하시는 분들이 fluency 문제를 극복하는 게 제일 어렵다고 느껴집니다. 특급 해결책이 있다고 이 책에 말씀드리고 싶지만 사실 지름길은 없습니다. 최소 3~6개월 이상의 말하기 연습밖에 없습니다.

표현을 더 많이 알면 말을 더 잘할 수 있는 거 아니냐고 물으시는 분도 계실 수 있습니다. 물론 표현이 더 많으면 할 말이 많아지지만 지금 당장 내가 가진 단어로도 fluency를 늘릴 수 있습니다. 장기적으로 새로운 표현은 외우면서 단기적으로 효과를 보기 위해 말하는 연습을 당장 시작해야 합니다. 영어로 말할 절대적인 시간과 기회를 늘려야 합니다. 효과적인 영어 연습법이라고 이미 알려진 따라 읽기(쉐도잉, shadowing)도 도움이 됩니다. 시중에 있는 다양한 온라인 외국인 튜터나, AI 스피킹 연습 앱이나 Chat GPT 서비스도 좋습니다. 문법이 틀리더라도 표현이 이상하더라도 계속 말을 하다 보면 머릿속에서 표현을 찾아 영작을 하는 속도가 빨라집니다.

 뇌가 컴퓨터라면 한 번 하드디스크(장기 메모리)에서 열어본 온 단어는 '최근 불러온 폴더'에 가 있어 다음 번에 입으로 더 빨리 출력할 수 있습니다. 앞 장에 언급한 한정된 표현과 쓰는 말 계속 돌려쓰는 문제가 있더라도 우선은 말이 쭉쭉 나와야 외국인과 대화할 때 소통이 됩니다. 따라서 초급 레벨에서 중급으로 업그레이드를 원하시는 분은 fluency 문제 해결이 영어 공부의 제1 우선순위가 돼야 합니다.

 fluency를 높이기 위해서 가장 많이 쓰이는 공부 방법은 이미 많이 알려진 쉐도잉과 문장 만드는 패턴 연습입니다. 미드나 뉴스를 들으면서 바로 따라서 말하는 쉐도잉(shadowing) 연습을 위해, 유튜브에 검색을 해보시면 쉐도잉 연습이나 패턴 연습용 동영상이 많습니다.

 하지만 일상 회화가 많이 나오는 미드도 좋지만, 회화가 아니라 당장 업무나 유학 생활에 필요한 표현을 정밀 타격해서 연습하고 싶다면 업계 사람들이 쓰는 말로 쉐도잉 연습을 하는 게 시간 대비 효과가 좋습니다. 석박사 과정 유학생이라면 업계의 유명한 교수님, 본인의 지도 교수님, 혹은 업계에서 말씀을 잘하시는 걸로 소문난 분이 강의하시거나 토론을 하시는 유튜브 동영상을 찾아보세요. 그분의 말을 뒤따라가면서 쉐도잉 연습을 하는 것을 추천 드립니다.

 상대의 논리를 따라가면서 말을 듣고 따라하는 쉐도잉 연습을 하면서 내가 지금 공부하는 분야에서 쓰는 명사, 동사, 형용사 표현을 익히고, 대화의 기승전결을 따라가면서 학계 전문가들의 커뮤니케이션 논리 구조도 배울 수 있습니다. 이때 다양한 동영상을 여러 번 하는 것보다 하나의 동영상을 거의 스크립트를 달달 외울 만큼 반복한 후 다음

동영상으로 넘어가는 것이 도움이 됩니다. 다독보다 정독이 필요한 순간이 있듯이 fluency(물 흐르듯이 끊기지 않고 말하기)를 달성하기 위해서는 하나에 집중해서 전공 분야의 용어와 지식을 담은 문장을 입에 붙이고 패턴 연습을 한다는 느낌으로 쉐도잉을 해보세요.

비슷한 맥락으로 직장인 분들도 본인의 업계에서 가장 유명한 말 잘하는 스피커나, 해당 분야 유명 경영진의 뉴스 인터뷰나 프레젠테이션을 유튜브에 찾아서 쉐도잉 연습을 해보면 좋습니다. 쉐도잉 연습 자료는 자막이 있거나 스크립트를 찾을 수 있는 것으로 하셔야 눈으로 확인하며 따라하거나 안 들리는 부분의 표현을 다시 확인할 수 있어 효과적입니다. 받아쓰기나 필사로 영어 공부를 하시는 분도 계시는데 모든 공부 방법은 꾸준히만 하면 효과적입니다. 하지만 막힘없이 물 흐르듯이 영어가 입에서 나오는 fluency를 만들기 위해서는 반드시 입으로 소리를 내고 따라하고 외우는 음성이 사용되는 영어 공부 방법을 써야 합니다.

:: 공부 방법이 효과적이지 않음

영어 커뮤니케이션 코칭 시 꼭 여쭤보는 질문이 "그동안 영어 공부는 어떻게 하셨냐"입니다. 거의 80%는 "사실 영어 공부를 거의 하지 않는다"라고 답했습니다. 제가 영어 코칭을 해드린 분들은 미국이나 영어권 국가에서 유학을 하시거나 직장을 다니시는 분들이 많았기 때문에 영어로 의사소통을 하는 데는 지장이 없는 중, 고급 수준이었습니다. 한때, 유학과 이민 생활 초기에 초급에서 중급으로 올라오는 과정에서 6개월 정도 집중해서 열심히 단어나 표현을 외우던 때도 있었습니다.

그 이후로는 사는 데 지장도 없고, 집중력도 떨어지고, 삶이 바빠서 신경 쓰지 못했습니다. 언어를 포함한 성인의 학습은 유학, 취업, 이직, 승진 같은 급박하고 절박한 동기 유발이 없이는 많이 어렵긴 합니다.

수동적 수업보다는
스스로 학습 설계가 더 효과적이고 지속가능

이렇다 보니 외국어 얼마나 오래 있느냐와 상관없이 영어 실력이 정체됩니다. 항상 쓰는 표현만으로도 정보 전달은 가능하니 영어가 는다는 느낌이 없습니다. 영어 공부에 대한 급박한 필요가 생기면, 전화 영어나 영어 회화 튜터 수업을 구독해봤다는 분들도 있습니다. 제 코칭 고객분들 중에 요즘에 광고를 많이 하는 아이비리그 출신이 영어를 교정해준다는 화상 영어 서비스를 이용해보신 분들도 꽤 있었습니다. 과거 필리핀 선생님이 많았던 전화 영어에서 진화된 서비스 형태입니다. 하지만 이런 서비스도 그다지 도움이 안 됐다는 분이 대다수였습니다.

이유를 물어보니 첫째, 대화의 수준이 직장에서 대화 내용보다 전문적이지 않고 일상적이어서 고급 영어로 업그레이드하는 데 도움이 안 됐다. 둘째, 처음에는 문법 실수를 교정해주던 선생님들도 익숙해지니 넘어가는 경우가 생겼다. 셋째, 영어를 수정해줘도 그때뿐이지 또 비슷한 실수를 반복하는 것 같다. 넷째 가장 큰 이슈는 전화나 화상 영어 선생님이 영어 활용을 가르쳐주는 수업 말고, 내 영어가 어떤 점에서 문제가 있고 어떻게 하면 향상될 수 있는지 정확히 짚어줄 만한 언어 전문가가 아닌 것 같다 등 의견이 있었습니다.

왜 넷플릭스 동영상 시청은 영어 공부에 도움이 안 되나

코칭 중 그나마 영어 공부를 하신다는 나머지 20%는 유튜브나 넷플릭스 같은 동영상 자료를 보고 영어 공부를 한다고 답했습니다. '그래도 내가 한국 TV는 안 보고 영어 공부를 하고 있지'란 심리적 안심은 들었다고 합니다. 하지만 코칭 세션에서 300명 이상의 중급 회화 학습자의 공부 방법과 전략을 듣고 직접적인 증언에 따르면 기대와는 다르게 이런 동영상 시청은 생각보다 영어 공부에 크게 도움이 안 된 것 같다고 합니다. 사실 자막의 유무에 상관없이 동영상을 눈으로 보고 귀로 듣고 끝나면, 이후에 쓸 수 있는 표현이 성인의 기억 속에서 살아남지 못합니다. 다만 아예 안 보는 것보다는 영어 리듬을 익히거나, '아, 저 상황에서는 미국 사람은 영국 사람은 저렇게 반응하고 말하는구나' 같은 문화적 맥락을 이해하는 데는 도움이 됩니다. 초급 수준에서 리스닝을 늘리는 데는 다소 도움이 될 수 있으나 중급 수준에서 고급 영어로 업그레이드하고 싶은 분들은 동영상 시청 시 다른 전략을 가져야 합니다.

동영상 시청만 보는 수동적 행동으로는 영어 표현이 머릿속에서 살아남지 않기 때문에 추가 동작, 즉 적극적 행동을 같이 해줘야 합니다. 우선 소파 옆에 넷플릭스용 영어 표현 노트를 하나 만드세요. 동영상 시청이 영어 공부에 도움이 되려면, 모르는 표현이나 외우고 싶은 표현이 나왔을 때, 반드시 동영상을 정지하시고 준비해 둔 노트에 그 표현을 적어야 합니다. 그리고 어느 상황에서 주인공이 그 표현을 썼는지 맥락을 표현 옆에다 적어 둬야 합니다. 그래야 나중에 다시 노트를 읽어보면서 기억이 떠오릅니다.

이런 손으로 적는 적극적인 동작, 그리고 나중에 다시 읽고 복기하는 추가 노력을 기울여야 뇌의 메모리에서 그 표현이 살아남습니다. 고급 영어는 능동 영어(내가 말로 글로 쓸 수 있는 영어)가 많아야 가능하기 때문입니다. 듣고 이해하고 끝나면 수동 영어 듣거나 리딩 시 이해하는 영어)로 뇌 어디 구석에 저장되고 잊어버립니다. 영어 동영상에 자주 노출되는 들어서 아는 표현은 많아질 수 있지만 내가 필요할 때 적재적소에 딱 맞는 표현이 말로는 나오진 않습니다. 왜 그럴까요?

성인의 기억력의 특성에 대해서 생각해봅시다.

여러분 지난 주 금요일 저녁에 뭐 드셨는지 기억해내 보세요.
1, 2, 3초.

기억나시나요? 저녁 메뉴를 떠올리는 데 몇 초가 걸리셨나요?

사실 저는 어제 저녁에 뭐 먹었는지 떠올리는 데도 한참 걸립니다. 성인인 우리의 기억력은 그리 좋지 않습니다. 중고등학교 때 하루에 단어 200~300개씩 외우고 퀴즈를 보던 시절도 있었는데, 이제는 10개를 외워도 해당 단어들이 하루 이상 뇌에서 살아남을 확률이 낮습니다. 비어 있는 메모리에 새로운 정보를 채우는 청소년 대비, 성인의 뇌에는 이미 많은 정보로 메모리가 꽉 차 있기 때문입니다.

절망하지 마십시오. 단순 암기 능력이 떨어지는 대신 성인은 이미 가진 세상에 대한 정보를 엮어서 추론할 수 있는 능력이 더 뛰어납니다. 그래서 맥락(context)을 잘 활용해야 뇌의 장기 메모리에서 특정 정보를 불러올 수 있습니다. 지난 주 금요일에 뭘 먹었는지 기억해 내려면 큰 정보에서 좁혀 들어가야 합니다. 맥락 정보인 '어디서 누구와 무엇을?' 먼저 생각해야 구체적인 메뉴가 떠오릅니다. 이렇게 트리거(trigger) 효과를 줘야 외운 영어 표현이 머릿속에서 떠오릅니다. 작은 단순 정보 하나를 뇌의 장기 메모리에서 불러오기 위해서 성인은 맥락 정보에서 시작해 구체적으로 좁혀 들어가야 합니다. 내가 '직접 동작'으로 먹은 지난 주 저녁 메뉴도 빨리 기억이 안 나는데. 그럼 오늘 외운 단어가 한 달 뒤에도 떠오르려면 어떻게 해야 할까요?

성인 기억에 대한 다른 예를 들어보겠습니다. 아침에 일어나자마자 꿈을 꾼 기억이 있더라도 시간이 지나 점심 때쯤 되면 그 꿈이 기억 나시나요? 아무리 아침에 생생했던 꿈이라도 정오쯤 되면 가물가물해집니다. 꿈은 직접 동작이나 경험이 아니라 생각(혹은 무의식)이기 때문입니다. 생각해보면 우리의 기억에 살아 남았던 꿈은 일어나자마자 꿈 내용을 어디 적어 뒀거나, 가족이나 친구에게 묘사했거나, 여러 번 그 꿈의 내용을 반복해서 말했거나 한 경우입니다. 복권에 당첨된 돼지 꿈이나 태몽을 기억하는 이유는 계속 남에게 그 꿈을 말한 직접 동작이 반복됐기 때문입니다. 즉 생각을 동작(말과 기록)으로 옮겨뒀을 때만 뇌의 메모리에서 장기적으로 살아남을 수 있습니다. 영어 표현을 외우는 것도 마찬가지입니다. 한 번 눈으로 보고 귀로 듣고 이해해도 며칠 뒤에 입으로 나오지 않습니다. 성인의 뇌는 그렇게 빠릿빠릿하지 않습니다. 공부해도 늘지 않는다는 푸념이 이 까닭입니다. 따라서 영어는 눈이 아니라 손으로 입으로 공부해야 합니다.

☑ 동영상에서 들은 영어 표현을 장기 메모리로 옮기는 방법

- 1) 동영상을 보다가 쓰고 싶은 표현을 발견한 경우, 화면을 정지하고 노트에 적는다. 어느 상황에서 썼는지 맥락도 같이 적어야 나중에 다시 볼 때 트리거 효과 있음. (표현 수집)

- 2) 오늘 적은 표현을 3일 이내에 말이나 이메일에 사용하려 노력한다. 사용할 상황이 없다면 구글 뉴스에 가서 표현을 키워드로 검색해본다. 구글보다는 구글 뉴스에 맞춤법이 완벽하게 맞는 표현이 있기 때문에 영어 공부를 위해서는 구글 뉴스 검색을 활용하는 것이 좋다. 검색 후 헤드라인에 해당 표현이 쓰인 것을 눈으로 읽고 3개 정도 노트에 적는다. 적는 동작을 통해 수동 영어가 능동 영어로 전환된다. (수집한 표현을 빠른 시간 내에 사용)

- 3) 동영상에서 들은 표현이 유용해 업무나 일상에서 자주 쓰일 것 같아서 확실하게 내 머릿속 장기 메모리에서 살아남게 만들고 싶다면, 해당 영어 표현을 넣고 응용 문장을 만들어 입으로 말해보거나, 번역해본다. (표현을 사용해 번역과 응용 문장 만들어 보기. Chat GPT를 활용해 영작하고 외우는 것 추천)

- 4) 동영상 영어 공부 노트를 일주일에 한 번은 다시 보면서 정리하는 시간을 가진다. 노트에 적힌 표현들을 다시 입으로 읽어 보면서 리마인드 한다. 또, 한 달 뒤에 또 본인이 정리한 표현 노트를 다시 훑어보면서 리마인드 한다. (주기적인 노트 리뷰)

이렇게 귀찮은 4단계의 과정을 거친 영어 표현 1개가 성인의 장기 메모리에서 살아남을 확률은, 그냥 미드에서 한 번 듣고 지나간 영어 대비 얼마나 높을까요? 영어의 모든 표현을 알기는 힘들지만 본인이 생각하기에 업무와 일상 생활에 가장 잘 쓸 것 같은 빈도 수가 높은 명사/동사/형용사/부사를 유튜브나 미드 같은 시청각 자료에서 보고 들어서 수집하고 위의 방식으로 적극적인 동작을 통해 단기 메모리에 활성화시켜서 능동 영어로 바꾸시면 몇 년이 지나도 잊히지 않고 입에 붙는 영어가 될 수 있습니다. 따라서 일상에서 쉽지만 평생 꾸준히 영어 공부하는 방법을 익히는 것이 학습 편의성과 효과성 경제성에서 도움이 됩니다.

정리 유창하고 빠르게 문장을 만들어 말할 수 없는 경우

원인
- 대화 내용에 관한 배경지식이 없어서 알아듣지 못함
- 머릿속에서 내 생각을 영어로 번역하기까지 시간이 오래 걸림
- 새로운 단어를 외우는 공부 방법이 더 이상 효율적이지 않음

해결책
- 리딩과 리스닝을 통해 꾸준히 능동 영어 활성화하기
- 업계 사람이 말하는 표현을 따라서 말하는 연습을 하기
- 눈으로 익히지 말고 입으로 말하고 손으로 쓰는 동작이 들어가야 장기 기억으로 저장됨

제3장

동의어 사용이
고급 영어를 결정한다

고급 영어, 영어 단어와 표현을 많이 알면 가능한가?

    우리가 영어 공부를 하려고 할 때 첫 번째로 생각나는 공부법은 무엇일까요? 요즘엔 취미든 요리든 외국어든 새로운 것을 배울 때 제일 먼저 유튜브에 가서 검색을 시작해봅니다. 유튜브에 가서 영어 공부를 검색해보시면 대부분의 영어 교육 콘텐츠는 바로 쓸 수 있는 유용한 표현 알려주기, 문장 패턴 익히기, 헷갈리는 문법을 설명해주거나, 발음을 교정해주는 내용이 대다수입니다. 문법을 익히고 새로운 표현 많이 외우면 당연히 영어를 더 잘하게 됩니다. 이런 학습 방법은 영어로 입을 떼고 문장을 만들어 내는 데 도움을 줘 초급 영어에서 중급으로 업그레이드할 때 꽤 효과를 볼 수 있습니다.

    하지만 이제 영어로 하고 싶은 말은 어느 정도 할 수 있게 된 중상급 이상의 영어 사용자 입장에서는 표현 외우기 위주의 영어 공부 방법을 반복하면 공부에 투자한 시간 대비 내 영어 실력이 눈에 띄게 느는 것 같지 않습니다. 공부를 안 하는 건 아닌데, 영어를 못하는 것도 아닌데, 과거 초급에서 중급으로 업그레이드될 때 썼던 공부 방법이 중급 이상에서는 더 이상 유효하지 않습니다. 아는 표현이 늘어나는 속도에 비례하여 영어 실력이 늘까요? 고급 단어와 표현을 더 많이 외워서 뇌에 입력하면 내 영어가 고급 수준으로 입에서 출력되어 나올까요?

외국어를 배울 때 외운 표현 절대량이 어느 정도가 차야 알아듣고 말을 할 수 있습니다. 그렇다면 영어 네이티브 스피커들이 가진 영어 어휘 양은 어느 정도일까요? 우리가 고급 영어를 '네이티브 스피커처럼 말하는 수준'이라고 한다면, 외국인이 영어를 배울 때 어느 정도 수준의 단어 양을 가지고 있어야 네이티브 스피커처럼 말할 수 있을까요?

외국인이 언어를 습득하고 단어를 배우는 과정을 연구한 캐나다 웨스턴온타리오대학(University of Western Ontario)의 응용 언어학 스튜어트 웹(Stuart Webb) 교수에 따르면 네이티브 스피커의 경우 보통 15,000개와 20,000개의 단어 기본형(word families 혹은 lemmas)를 사용한다고 합니다. 또한, 벨기에 겐트대학(Ghent University)의 실험 심리학자 마크 브라이스베르트(Marc Brysbaert) 교수가 Frontiers in Psychology 誌에 2016년 발표한 조사에 따르면 미국인은 평균적으로 20세에 42,000개의 단어를 알고, 60세까지 48,000개의 단어를 습득한다고 합니다.

요즘 음성 인식 기술 발전이 빠르게 진행되고 있습니다. AI의 언어 학습과 패턴 분석을 위해 이용하는 인간의 담화 분석의 토대가 되는 빅데이터를 코퍼스(corpus)라고 합니다. 언어학에서 실제 언어 생활을 있는 그대로 관찰해서 언어를 형태, 통사 의미적으로 분석하고 실증 연구와 언어 정보를 처리하기 위해 음성 언어 빅데이터 꾸러미인 코퍼스를 수집합니다. 특히, 영국은 국가적으로 영어 연구를 위해 국가 코퍼스(British National Corpus, BNC)를 지속적으로 수집하고 정리하고 있습니다. BNC 분석에 따르면 일반인은 2,000개 단어만 알면 대화의 93%, 그리고 5,000 단어를 알면 영어 내용의 96.93%를 이해한다고 합니다.

단어 수 (Word family/lemmas: 어족)	British National Corpus (영국 국가 코퍼스)
2,000	93.3%
3,000	95.13%
5,000	96.93%

일상 영어 대화에서 필요한 단어 수와 커버리지
(Adolphs and Schmitt 2003, P.431)

다수의 언어학 연구 결과에서 보듯이 대학 교육을 받은 한국 성인이 아는 영어 단어의 수는 최소한 3,000개, 토익 토플 고득점을 위한 단어 수는 5,000개가 넘어선 수준입니다. 따라서, 언어학 이론대로라면 한국 대졸자의 영어 어휘력은 영어를 알아듣고 말하는 데 충분합니다. 그런데 왜 연구 결과처럼 한국에서 영어 교육을 받은 성인은 영어 대화를 90% 이상 이해하거나 유창하게 말을 못하는 걸까요?

:: 영어 튜닝(Fine Tuning)의 필요성

앞에 단기 학습법에서 영어 실력 중급 이상 학습자가 느끼는 문제점이

표현을 안다(수동 영어) ≠ 말하고 글로 쓸 수 있다(능동 영어)

이 연결 고리가 깨진 점이라고 했습니다. 그렇다면 근본적으로 이 문제를 해결할 수 있는 전략에 대해서 생각해봅시다.

초급에서 중급 영어로 업그레이드될 때는 일정 기간 단어와 표현의 절대적인 수가 늘어나야 합니다. 하지만 중급에서 고급으로 업그레이드하고 싶을 때는 단어 수를 더 외운 것에 비례해서 영어의 유창함이 늘지 않습니다. 중급 단계에서는 문법적으로 완벽하지 않고, 한국식 엑센트로 말하고 화려한 표현이 아니어도, 어쨌든 하고 싶은 말은 어떻게든 전달은 할 수 있습니다.

초급에서는 '대화가 통했으면 좋겠다'가 영어 공부 시 목표라면, 이미 말은 통하는 단계인 중급에서는 '네이티브가 듣기에 때와 장소에 따라서 적절하고 세련되게 말했으면 좋겠다'라는 새로운 상위의 목표가 생겨납니다. 이런 경우에 중급에서 고급 영어로 업그레이드를 하기 위해서는 이미 내가 가진 많은 영어 단어와 표현을 **미세 조정/튜닝(fine tuning)**을 하는 과정이 꼭 한 번은 필요합니다.

뇌에 새로운 단어를 입력하기보다는, 이미 머릿속에 잠겨 있는 수많은 단어와 표현을 비슷한 의미의 그룹으로 분류하고, 라벨을 붙여 단기 메모리에 정리해 필요시 빠르게 써먹을 수 있게 정리정돈이 필요합니다. 예를 들어, 우리의 뇌가 컴퓨터라면 데이터를 불러와야 할 순간에 뇌의 하드 디스크 어느 폴더에 어느 단어가 들어있는지 순간에 파악하여 불러와야 빠르게 입으로 출력이 가능합니다. 머릿속에 이미 들어있는 표현을 입으로 써먹을 수 있으려면, 뇌의 하드 디스크 곳곳에 잠겨 있어서 그동안 찾을 수 없는 표현들을 정리정돈(fine-tuning, grouping and labeling)해야 합니다.

물건이 가득 찬 책상 서랍을 열었다고 생각해봅시다. 서랍이 칸막이로 깔끔하게 정리 정돈이 잘 되어 있으면 서랍을 열자마자 어디에 뭐가 있는지 한눈에 쫙 보고 손톱깎이 같은 작은 물건도 바로 집어서 사용할 수 있습니다. 하지만 잡동사니가 뒤죽박죽 가득 찬 상태라면 어떨까요? 한참을 뒤져야 손톱깎이같이 작은 물건을 집어 올릴 수 있을 겁니다. 수십 년 동안 영어를 공부하고 익혔던 성인의 뇌가 바로 이런 꽉 찬 서랍 같은 상태입니다. 지금까지 집어넣기만 했지 한 번도 영어 단어와 표현을 쓰기 편한 상태로 칸막이로 나눠서 정리한 적이 없습니다. 그러니 출력(표현 불러오기, 번역 & 스피킹) 과정에서 부하가 걸리고 버벅거리는 것입니다.

마찬가지로, 몇십 년간 영어 공부를 하고 머릿속에 수많은 표현과 단어가 저장되어 있는 우리 뇌를 컴퓨터라고 생각해봅시다. 중급 영어 수준까지 공부한 한국인의 뇌는 폴더 정리를 한 번도 안 하고 바탕화면에 파일만 수천 개 깔아 놓은 상태라고 할 수 있습니다. 폴더 정리를 하지 않고 데스크탑에 깔린 파일이 수천 개면 부팅 속도가 얼마나 느려지나요? 중급 영어 학습자의 영어 뇌가 지금 이 상태입니다.

그렇다면 중급 영어 수준에서 영어 폴더 정리를 해야 된다는 의미는 무엇일까요? 바로 비슷한 의미의 표현끼리 동의어 그룹 별로 묶고(grouping), 폴더에 이름을 붙여서(labeling) 머릿속에 착착 정리를 해두면 필요할 때 빠른 반응 속도로 불러와서 입으로 내뱉을 수 있습니다. 내 머릿속 하드 디스크(HDD)에 들어 있는 뒤죽박죽 섞인 빅데이터(영어 표현)를 정리해서 패턴화하고, 이 과정에서 장기 메모리인 뇌의 하드 디스크에서 단기 메모리(RAM이나 cache)로 끌어와야 합니다. 이렇게 해야 필요할 때 마치 컴퓨터의 수많은 파일 중 '최근 사용한 파일'에서 자주 쓴 파일을 제일 빨리 찾을 수 있듯이 반응 속도 빠르게 영어로 말을 할 수 있습니다.

이런 맥락에서 지금까지 단어만 외우고 미드만 보던 영어 공부 방법이 중급 단계에서 최고급 영어로 올라가는 데 시간 대비 효과가 떨어진 이유를 알 수 있습니다. 새로운 탄어를 머릿속에 추가하는 것보다 이미 머릿속에 가진 영어를 정리해 잘 쓸 수 있는 상태로 만들어 놓는 것이 더 효율적이기 때문입니다. 내 영어의 폴더 정리, 그리고 미세 조정/튜닝(fine tuning)[6] 과정을 설명하기 위해 수동 영어와 능동 영어의 컨셉에 대해서 소개합니다.

---

6) 영어로는 파인 튜닝이지만 한국에서는 튜닝이라는 말로 더 자주 쓰이기에 콩글리쉬지만 이 책에서는 튜닝으로 씁니다.

수동 영어와 능동 영어의
차이 이해

:: 수동 영어 VS 능동 영어

우리가 영어 공부를 해야겠다고 결심할 때 첫 번째로 머릿속에 떠오르는 공부 방법은 '단어 외우기'입니다. 개인에 따라 다르겠지만 한국에서 고등학교와 대학에서 영어를 배웠다면 최소한 3천~5천 개 넘게 단어를 외웠습니다. 만약 여러분이 학부나 석박사 과정을 영미권에서 공부하셨거나, 혹은 한국에서 공부를 하였더라도 한 전문 분야에서 영어 원서로 공부하면서 학위를 취득하셨거나, 회사에서 특정 전문 분야에서 영어로 일을 하셨으면 최소 1만 개 이상의 영어 단어가 머릿속에 들어있습니다. 전문 분야 지식을 일컫는 용어들(소위 terminology나 jargon, 주로 명사)의 양이 상당합니다.

이렇게 내가 가진 단어의 전체 풀(pool)을 **수동 영어(passive English)** 라고 부르겠습니다. 수동 영어의 경우 내가 들으면(listening) 그리고 보면(reading) 이해할 수 있는 표현들입니다. 그동안 리딩과 리스닝을 통해 내 뇌 안으로 들어온 표현(input)들입니다. 그 단어 자체가 이미 머릿속

어딘가에는 저장되어 있기 때문에 남이 말하면 알아듣는 상태입니다. 수동적으로 외부에서 들어오면 이해하는 말이 수동 영어입니다. 다시 말하면 수동 영어는 언젠가 외운 적이 있어서 뇌 메모리에 저장되어 있는 내가 가진 모든 영어 단어와 표현 주머니 총 사이즈입니다.

고급 레벨에서는 초급과 중급 레벨의 영어 대비 가지고 있는
영어 단어와 표현의 절대적인 수동 언어의 사이즈가 큽니다.
(내가 가지고 있는 총 단어 주머니의 크기)

그렇다면 우리가 아는 단어와 표현의 몇 퍼센트를 실제로 일상 생활에서, 그리고 일에서 말하고(speaking) 쓸(writing) 수 있을까요? 만약 우리가 외우고 이해한 모든 영어 표현을 바로 쓸 수 있다면 영어 공부가 그렇게 고통스럽지도 않고 시간이 많이 걸리지 않았을 것입니다.

내가 자주 써서 손 끝에, 혀 끝에 붙어 있는 영어를 **능동 영어**(active English)라고 합시다. 매일매일 내가 자주 쓰는 빈도 수 높은 명사, 동사, 형용사, 부사가 바로 능동 영어입니다. output으로 나가는 표현들입니다. 그렇다면 현재 내가 가지고 있는 모든 수동 영어 대비 능동 영어로 겹치는 교집합은 얼마나 될까요? 지금까지 영어 공부를 통해서 input으로 내 머릿속에 들어온 표현 중에 output으로 바로 나갈 수 있는 표현은 얼마나 될까요?

현재 영어 실력의 진단:
내가 가진 능동 영어의 크기 = 내 진짜 영어 실력

내가 지금까지 외운 단어와 표현을 최대한으로 스피킹에서 쓸 수 있다면 "가성비"가 높은 영어를 구사할 수 있습니다. 다시 말하면, 머릿속에서 수동 영어 중 활성화된 능동 영어 비율이 높은 상태로 내 영어를 만들어 놓는다면, 추가적인 영어 단어 공부 없이 내 영어 실력이 확 늘었다는 느낌이 들 수 있습니다. 이토록 가시비(價時比)가 높은 영어 공부 전략을 위해 먼저 내 영어가 어떤 상태인지 스스로 진단을 해봐야 합니다 내 수동 영어 vs 능동 영어의 교집합의 크기는 어느 정도일까요?

가진 절대적 단어 양이 적지만 아는 단어를 최대로 잘 이용할 수 있는 분도 있고(수동 영어와 능동 영어의 교집합이 큰), 반면에 아는 단어는 많은데 일상에서 다 활용을 못하는(교집합이 적은) 경우도 영어 커뮤니케이션 코칭을 통해서 발견했습니다. 미국, 캐나다, 영국, 유럽, 아시아에서 공부하고 일하면서 살고 있는 한국인 300여 명의 영어를 1:1로 코칭하면서 제가 파악한 패턴은 다음과 같습니다. 여러분은 어떤 사례에 해당하나요?

내가 가진 전체 단어와 표현 중에 매일매일 자주 사용하는 영어는 과연 몇 퍼센트일까요?
나는 아는 단어를 다 사용하는 가성비 높은 영어를 구사하고 있을까요?

:: 활성화된 능동 영어 비율이 높은 사람의 특징

수동 영어 사이즈에서 겹치는 능동 영어 비율이 크신 분들은 당연히 원래 영어를 잘하시는 분일 거라고 생각합니다. 맞는 말이긴 합니다. 아는 표현 수도 많고 활성화된 능동 영어도 많습니다. 하지만 놀랍게도 아는 표현 수가 상대적으로 적고 한정적이지만, 말이 유려(fluent)하다는 느낌으로 쭉쭉 멈춤 없이 말씀을 잘하시는 분들도 많았습니다. 코칭을 하면서 영어 실력을 진단해 드렸던 분들 중에 머릿속에 가진 단어를 가능한 많이 쓰는 상태인 능동 영어가 활성화되신 분들의 특징은 다음과 같습니다.

A그룹: 원래 한국어로도 말이 많으신 분

원래 사람과 만나고 대화하는 것을 좋아해서 절대적으로 평상시에 한국어로도 영어로도 말을 많이 하는 유형입니다. 내가 가진 단어를 다 활용해서 말을 다양하게 해보는 연습을 많이 하신 분들이 이 그룹에 속합니다. 아마도 성격이 MBTI에서 E계열일 수도 있겠습니다(수다왕이 영어에선 이득).

B그룹: 외국에서 생활하시면서 자녀가 학교를 다니거나 외국인 배우자나 파트너가 있으신 분

이 그룹에는 여성분이 많은데 대체로 매일매일 가족생활 내에서 영어를 쓰거나, 아니면 자녀 친구 학부모 또는 선생님과 대화를 많이 할 수밖에 없는 환경에 노출되어 있습니다. 이분들은 어쩔 수 없이 생활에서 자연스럽게 아는 표현을 다 동원해서 말을 해보는 연습을 많이 하기 때문에 본인이 아는 단어는 적극적으로 거의 다 쓰는 상태라 능동 영어 비율이 90% 이상으로 막강합니다(엄마 파워).

C그룹: 해외에 오래 사신 분들

최소 5년 이상 미국에서 공부하시고 일하신 분들. 새로운 단어의 input(공부)은 더 이상 없으나 일하고 생활을 위해 어쩔 수 없이 output(말하기)을 해야 되는 시간이 길어지다 보니, 내가 아는 기존 단어를 다 동원해서 오랫동안 비슷한 패턴의 문장을 만들어 사용해 fluency가 높아진 경우입니다(요령으로 돌파).

능동 영어가 내가 가진 전체 영어 단어나 표현 대비 높은 경우에는 머릿속에서 문장을 만들어 발화하는 속도가 빠르다는 공통점이 있습니다. 이분들은 어떻게든 내가 생각한 말을 할 수 있는 상태입니다. 능동 영어가 활성화되어 있어서 하고 싶은 말을 끊기는 느낌 없이 속도감 있게 전달한다고 해도, 내가 가진 단어와 표현 수가 한정적이면 유려하고 세련된 영어를 말할 수 없습니다. 저에게 고급 영어 코칭을 의뢰하신 분들 중 외국에 오래 사신 분들은 한국에 계신 분들 대비 영어 대한 노출이 잦아서 능동 영어 비율이 높다 하더라도, 고급 영어 수준으로 말하는 것 같지 않다는 한계를 말씀하십니다. 그래도 능동 영어 비율이 높은 분들은 영어로 말이 쭉쭉 나오는 fluency가 만들어진 상태입니다.

최근 효과적인 영어 학습법이라고 많이 권해지는 "CNN이나 미드 따라하기 쉐도잉(shadowing)" 공부법이 있습니다. 쉐도잉 학습법으로 입이 뚫렸다는 간증(?)이 유튜브에 많습니다. 쉐도잉과 문장 패턴 따라하기를 통해 원어민의 말을 따라하면 발음, 리듬도 익숙해지고, 어순에 맞게 문장을 생성해내면서 유창하게 말하기 위한 훈련(fluency build-up)이 됩니다. 영어를 물 흐르듯이 flow가 있게 말하는 "fluency 키우기"는 초급 영어에서 중급 수준에 도달하는 데 필요한 가장 중요한 영어 학습 목표입니다.

쉐도잉이 효과적인 영어 공부 방법인 이유는 말을 끊기지 않고 쭉쭉 어떻게든 표현한다는 느낌을 남들에게 줘야 이 사람이 영어를 잘한다고 느껴지기 때문입니다. 만약 fluency가 없이 영어를 머릿속에서 번역하면서 쥐어 짠다는 느낌으로 말을 하면, 듣는 사람 입장에서는 기다리는 시간도 그렇고 상대를 이해하기 위해서 많은 인지적인 노력이 들어가 대화가 자연스럽지 않습니다. 아무리 사소하고 짧은 순간이라도 남의 말을 이해하기 위해서 평상시보다 조금 더 많은 에너지를 사용해야 한다면, 대화를 지속하는 것이 피곤할 수 있습니다.

예를 들어서, 회사에서 외국인이 한국어를 배워서 말을 하는데 떠듬떠듬 생각을 해가면서 천천히 말을 하면 한국 사람은 그를 도와주려는 마음에 최대한 이해해보려고 내 쪽에서 적극적으로 해석을 해주면서 듣습니다. 짧은 5분 미만의 대화는 괜찮을 수 있어도, 업무상 중요한 긴 대화에 이런 식으로 듣는 사람의 인지적 노력이 많이 필요하다면, 피곤해서 한국말의 fluency가 없는 외국인과 대화를 웬만하면 피하려고 할 것입니다.

인간은 기본적으로 타인에게 최소한으로 에너지를 쓰는 이기적인 상태가 편안한 디폴트 값입니다. 따라서 외국인과 같이 일을 하거나 관계를 맺는 커뮤니케이션을 잘하기 위해서 영어 학습 시 최우선으로 목표로 삼아야 하는 점은 내가 말하는 영어를 물 흐르듯이 유려하게 쭉쭉 나올 수 있는 문장 만들기 연습(소위 패턴 연습 혹은 shadowing)을 해야 합니다.

만약 본인이 생각하기에 능동 영어의 비율이 전체 수동 영어에 비해 꽤 높은 편이라면 여러분의 상태는 매우 희망적입니다. 고급 영어로 가는 길에 여러분은 좋은 시작점에 서 있습니다.

:: 활성화된 능동 영어 비율이 낮은 사람의 특징

이 유형에 속한 사람은 표현도 꽤 많이 외우고 실제로 읽고 들으면 아는 단어가 많은데 막상 말할 때는 매번 쓰는 표현만 씁니다. 한 가지 의미에 항상 똑같은 표현이나 문장으로 말하는 경우라면 본인이 가진 전체 수동 영어 대비 활성화된 능동 영어가 부족하지 않나 고민해봐야 합니다. 이런 분들은 크게 두 가지 경우로 나눠볼 수 있습니다.

첫 번째는 절대적으로 외운 표현이 적거나 문장을 내뱉을 때 fluency가 아직 만들어지지 않은, 즉 절대적인 영어 수준이 중급 이하 레벨이라 수동 영어와 능동 영어 둘 다 수가 적은 그룹입니다. 가진 절대적인 단어와 표현 개수가 적은 경우, 문장을 유려하게 만드는 fluency에 도달할 수 없습니다. 본인이 생각하기에 내가 가진 절대적인 영어 단어와 표현 양이 적다면 미드나 뉴스를 듣고 쉐도잉 연습을 하는 동시에, 외워서 당장 절대적인 단어 수를 급격히 늘려야 합니다. 그래야 중급 영어에 필요한 '유려하게 말하기(fluent)'를 위한 준비 작업을 할 수 있습니다.

한두 달 정도 reading에 집중해서 글을 많을 읽으면서, 모르는 표현이나 단어를 단어장을 만들어가며 진득하게 외워야 합니다. 토익 필수 단어, 필수 동사 등 유용한 표현만 모아 놓은 단어책을 통해 단어를 집중적으로 외우는 것도 도움이 됩니다. 언어 공부는 효과적인 전략도 중요하지만 사실 초급에서 중급으로 가는 도중에는 요령이 없습니다. 우직하고 성실하게 집중해서 영어 단어를 외워야 하는 기간이 최소 3~6개월 이상 필요합니다. 전체 단어 양이 분기점인 tipping point에 이르러야 말문(fluency)이 터집니다.

두 번째는 주로 석박사나 포스닥을 위해 성인 이후에 미국에 와서 대학원 이상 교육을 받으신, 교육 수준이 매우 높은 분들에게서 가장 많이 발견되는 패턴입니다. 언어는 내가 가진 지식을 가리키는 통칭입니다. 숙달된 전문가일수록 그리고 지식이 많아질수록 절대적인 어휘 양이 많아집니다. 즉, 석박사 이상 교육을 받으신 분들은 절대적인 단어 양이 한국어로도 많습니다. 그리고 이에 매칭되는 동가(同價)의 영어 단어도 외운 상태입니다. 이분들은 수동 영어 주머니 자체가 다른 사람보다 큽니다. 이 경우는 본인이 가진 절대적인 수동 영어 사이즈가 크다 보니 자주 쓰는 전공과 관련된 표현 이외에, 생활 영어 등 다른 분야에 활성화된 능동 영어가 작다고 느끼는 경우가 많습니다. 즉 아는 만큼 다 써먹지 못하고 있다는 느낌이 듭니다.

이 그룹의 경우 원래 공부를 많이 하시던 분들이라 자료를 읽고 계속 새로운 단어를 받아들입니다. 하지만 input이 들어가는 만큼 말이나 작문이 늘지 않아서 영어 공부 효율성이 떨어진다는 생각이 듭니다. 저에게 코칭을 요청하신 한국 학부 후 미국 석박사 출신 중 50% 이상이 이런 경우에 해당했습니다. 현재 영어를 못하는 것도 아닌데 그렇다고 고급 영어는 아닌 것 같고, 더 잘하고 싶은데 이전 공부 방법은 통하지 않으며, 어디서부터 어떻게 공부해야 예전과 같이 영어가 확 느는 느낌이 들지 고민을 가지고 저를 찾아오셨습니다.

분명 리딩을 시켜 보면 아는 표현이나 단어가 확실히 많은데, 가진 표현 수 대비 말이 떠듬떠듬 나오거나, 표현이 한정되거나 반복적이거나 문장 구조가 단순합니다. 그리고 전공 분야는 말을 잘하시는데 그외 다른 주제에 대해서는 fluency가 눈에 띄게 떨어지는 경우가 있습니다. 수동 영어 대비 능동 영어가 덜 활성화돼 있는 분들의 구체적인 패턴은 다음과 같습니다.

D그룹: 회사나 일상에서 영어로 말할 기회가 매우 적은 분

한국에서 영어 공부를 하는 학습자가 여기에 해당됩니다. 또한,

외국에서 외국인과 일하더라도 본인이 담당하는 업무가 전문적인 (technical) 업무라서 말을 많이 할 필요가 없이 업무를 진행할 수 있는 분들이 있습니다. 이분들은 하루에 영어로 말하는 시간이 30분 미만이라 합니다. 외국에서 일하는데 어떻게 영어로 말을 적게 할 수가 있어? 라고 생각하시겠지만, 코로나 이후로 재택이나 하이브리드 업무 형태가 일반화되어 주로 이메일이나 채팅으로 커뮤니케이션을 하고, 실제로 동료와 대면하는 일이 적어진 것도 그 이유입니다. Zoom으로 온라인 회의가 있어도 주로 듣기만 하고 본인의 해야 할 일을 찾아서 대응하는 분들은 본인이 발표할 일이 적어 영어로 말할 일이 자체가 적습니다. 혹은 미국에서도 한국인 회사에서 한국인과 일하다 보니 영어로 말할 기회가 없었던 분들이 많습니다(테크니컬 전문가, subject matter expert 라고 불리는 전문가 그룹).

E그룹: 전문 분야 외 모르는 분야나 생활에서 영어로 말하는 건 편치 않으신 분

이런 분들은 두 가지로 나눌 수 있는데 첫 번째는 한국어로도 전공이나 업무 외 다른 분야에 대한 지식 자체가 적은 경우가 있습니다. 예를 들어 세금, 의학, 주식, 정치, 외교, 역사, 스포츠, 영화 같은 문화 등등의 콘텐츠에 대해서 한국어로도 잘 모르기 때문에 영어로 이해하거나 표현하기가 어렵습니다. 두 번째는 한국어로 해당 분야의 대한 지식은 있는데, 이를 표현할 영어 단어를 안 가지고 있기 때문에 말을 못하는 경우입니다.

F그룹: 말수가 적은 분

원래 한국어로도 말이 적고 과묵하신 내성적인 분들은 외국어를 배울 때도 사람을 좋아하고 수다를 좋아하는 분보다 불리합니다. 보통 성격이 과묵하신 분들은 특히 효율적 커뮤니케이션을 선호하십니다. 즉 쓸데없는 말씀을 싫어하시고, 이미 업무적으로 본인이 할 일들을 다 하고 계십니다. 따라서 업무적으로 스스로 알아서 잘하고 있어 말로 협력할 일이 상대적으로 적습니다. 한국어로 이뤄진 세계에서도 이렇게 효율적인 일처리와 최소한의 대화를 선호하시는 성격이시라, 불편한 외국어로 대화할 기회는 더더욱 만들지 않게 됩니다. 이런 분들은 상황을 효율적으로 잘 통제하시는 깔끔한 성격이 많습니다. 하지만 자잘한 묘사나 설명 최소한으로 하고 할 말만 딱딱 하게 되면, 영어로 말할 때 듣는 사람 입장에서는 논리의 빈 공간이 많아 대화가 분절적으로 들릴 수 있습니다.

사실 이런 분들은 남하고 되도록이면 말을 많이 안 하면서 업무를 처리하고자 하는 특성이 있어서 되레 업무에 장악력이 높은 경우가 많고 일을 잘하시는 분도 많습니다. 이런 분들은 업무에서 이해하고 있는 내용이 많기 때문에는 이러한 지식을 가리키는 절대적인 영어 표현의 양도 많습니다. 하지만, 평상시 영어로 말씀을 많이 안 하시기 때문에 말씀을 잘하시는 분들처럼 문장을 만들어 본 경험이 적어서 대화시 말이 fluent하게 잘 안 나오는 경우가 잦습니다.

이런 분들을 코칭 시에 만나면 가장 안타깝습니다. 이건 영어 공부의 영역이 아니라 개인 성격이라서 어떤 효율적인 코치나 선생님이 붙어서 영어 공부를 시켜도 투자한 시간 대비 효과가 잘 안 나올 수 있기 때문입니다. 이분들은 업무에서 '업무적으로 필요한 사람과 정서적이고 협력적인 관계를 맺는 데 도움이 되는 영어 실력을 키우자'라고 목표를 구체적으로 잡고 묘사적인 표현을 채워 나가면 영어 공부에 효과를 느낄 수 있습니다. 이런 분들의 영어를 들어 보면 형용사와 부사가 거의 없고 명사 동사로 이루어져 있습니다. 다음 장에서 묘사적 표현을 채우는 방법을 구체적으로 설명하겠습니다.

G그룹: 영어를 비즈니스 언어로 사용하고 관계를 맺는 정서적 언어로 사용한 적이 없는 그룹

외국에 오래 살더라도 영어를 업무나 공무 등 외적인 상황에서 비즈니스 언어로만 사용하고, 집이나 사적인 관계에서는 한국어로 한국 사람하고만 정서적 감정을 나누고 표현하는 경우가 많습니다. 그렇기 때문에 영어로 의사 소통을 못하는 건 아닌데 외국인과 대화 시 문화적으로 어색할 수도 있습니다. 한국어는 정서 언어이고 영어는 비즈니스 언어가 됩니다.

따라서, '얼마나 외국에 오래 살았냐'와 상관없이 본인의 세세한 감정이나 상황을 묘사하는 데 영어를 써본 적이 없는 경우가 생각보다 많습니다. 이런 분들은 과정을 설명하거나 상황을 묘사할 때 특히 영어가 잘 안 나옵니다. 예를 들어 회계사가 글로벌 기업의 연결 회계 보고를 어떻게 처리하는지, 의사가 새로운 신약이 어떻게 암 치료에 활용하는지, 소프트웨어 엔지니어가 어떻게 보안 시스템 상 버그를 잡는지 등등 어려운 전문 분야는 영어로 익숙하게 설명할 수 있습니다. 하지만 정작 어린 아이도 설명할 수 있는 이케아 가구를 조립하는 과정이라든지, 아이가 미끄럼틀을 타다가 어떻게 넘어져서 팔을 다쳤는지, 나만의 라면을 맛있게 끓이는 요령을 영어로 설명한다든지, 어제 회의에서 동료가 한 말에 왜 빈정이 상했는지 과정이나 절차를 묘사하거나 일상의 세세한 감정을 영어로 설명하는 데 어려움을 느낍니다.

더욱이 감정 표현을 세세하게 못한다는 것 외에도 내 영어가 정보 전달(비즈니스)에만 집중되어 있기 때문에 현지인들에게 내 영어의 톤(tone)이 어떻게 들리는지 잘 모릅니다. 회사에서 이야기할 때 의도치 않게 감정적인 표현이나 톤 조절을 못해 순간 동료와 대화에서 어색해져 당황하는 경우가 있습니다.

제 코칭 상담자 중에 본인이 회사에서 이야기할 때 가끔 분위기가 싸늘해지는 일을 경험하는데 뭐가 문제인지 모르겠다고 하는 분이 계셨습니다. 제가 앞뒤 맥락과 그분이 실제로 한 말을 들어 보니, 본인도 모르게 외국 사람들이 느끼기에 문화적으로 좀 급작스럽게 타인의 말을 끊고 본인의 생각을 강요한다고 느낄 수 있었습니다. 한국인들이 자기 말의 정보 값만 정리해서 머릿속에서 영작을 해서 말이 나가면, 듣는 외국 사람 입장에서는 맥락상 좀 뜬금없거나(abrupt) 단도직입적(too straight forward)이거나 강하게(aggressive) 받아들일 수 있습니다. 사람과 대화를 하는데 내 생각과 정보만 전달하면 사회적 혹은 문화적인 섬세한 뉘앙스를 놓칠 수 있습니다.

평상시에 외국인과 정서적인 교류가 자주 있었더라면 미국 문화에서는 어떤 태도와 말하는 방식을 좋아하고 어떤 말은 하지 말아야 하는지, 그 적절한 사회적 선을 시행 착오를 통해서 충분히 파악할 수 있습니다. 하지만 한국에서만 영어를 배우고 쓰는 대부분의 한국인 영어 학습자에게는 외국인과 친밀한 관계를 만들 수 있는 기회가 적어 톤과 뉘앙스를 조절해서 말하기가 어렵습니다. 사실 미국 사는 시간이 길어질수록 쉴 때 초반엔 있었던 외국 문화의 낯섦에 대한 호기심이 사라지면서, 한국인만 더 찾는 경향이 강해집니다. 이렇게 되면 외국에 오래 살더라도 뉘앙스에 맞는 톤 조절이 되는 영어를 사용할 기회가 적어, 생각보다 외국 체재 기간만큼 영어가 늘지 않습니다.

정리하자면, 영어를 비즈니스 언어로만 쓰고 있기 때문에 전문 분야와 관련된 표현을 많이 외우고 있지만, 관계를 맺는 정서적인 언어는 한국어만 씁니다. 이렇게 되면 뉘앙스나 톤을 조절하는 분야에 활성화된 능동 영어가 적어집니다. 따라서 톤과 뉘앙스를 조절할 수 있는 고급 영어로 업그레이드를 위해서는 정서적이고 묘사적인 표현을 보충해줘야 합니다.

지금까지 외국에서 일하고 공부하는 한국인들이 영어로 외국인과 커뮤니케이션을 할 때 느끼는 어려움과 이슈에 대해서 코칭 데이터를 정리해봤습니다. '어느 정도 영어로 말을 잘한다'라고 생각되는 외국에서 일하는 중급 영어 레벨 이상인 한국인도 대부분 A그룹에서 G그룹 중 하나에 속하는 반복되는 패턴을 발견했습니다. 꼭 외국에 계시는 분들이 아니라도 한국에서 영어를 공부해도 비슷한 문제에 맞닥뜨립니다. 이 글을 읽으시는 분들은 어떤 유형의 이슈를 겪고 계시나요? 현재 나의 상태와 이슈를 먼저 확실하게 파악해야 향후 영어 학습 목표나 전략을 효율적으로 수립할 수 있습니다.

고급 영어 =
영어 동의어가 많은 상태

먼저, 고급 영어 학습 전략을 짜기 위해 수동 영어, 능동 영어의 컨셉에 대해서 이해했습니다. 효율적인 고급 영어 학습을 위해서는 새로운 단어나 표현을 외우기보다는 기존에 이미 내가 알고 있는 단어나 표현(수동 영어) 중에서, 업무와 일상에서 사용 빈도가 높은 표현 위주로 단기 메모리로 끌어와 활성화(activate)하는, 능동 영어 늘리기에 집중해야 한다고 말씀드렸습니다.

우리는 동시통역사가 되기 위해서 혹은 원어민 수준으로 영어를 잘하기 위해서 영어 공부를 하지 않습니다. 그러면 거의 풀타임 수준으로 영어만 파고들어야 하는데 자기 직업이 있는 성인은 거의 불가능합니다. 나의 목표를 구체적으로 한정하고 분명하게 하는 것이 고급 영어 커뮤니케이션 셀프 코칭의 시작입니다. 우리의 영어 학습의 목표는 외국인이 구사하는 영어지만 듣는 사람이 내가 교육을 많이 받고 신뢰감가고 호감 가는 사람처럼 영어를 구사한다고 느끼게 하는 영어 커뮤니케이션 스킬을 갖추는 것입니다.

우리가 지향하는 영어 커뮤니케이션 스킬을 위한 학습 목표를 정의하자면 다음과 같습니다.

우리는 비(非)네이티브 스피커로 공적인 비즈니스 관계나 사적인 관계에서 내가 하고 싶은 말을 정확하고 간결하게 전달하면서, 상대에 따라 톤(tone)과 뉘앙스를 조절해 예의 바르고 배운 사람처럼 교양 있게 말하는 '교육받은 국제적인 영어(educated international English)'를 사용하기 위해 영어 학습을 합니다.

그렇다면 고급 영어를 입으로 말할 수 있으려면 내 영어가 어떤 상태로 머릿속에서 준비되어 있어야 할까요? 같은 정보를 전달하더라도 듣는 사람에 따라, 말하는 상황에 따라 적합한 표현을 빠르게 골라서 자연스러운 영어 문장을 입으로 말할 여유가 있으려면 그 앞 단에서 어떤 작업이 일어나야 할까요?

한마디로 이야기하자면, 고급 영어 수준으로 말과 글을 쓰려면 같은 정보 표현을 풍부하게 할 수 있는 다양한 동의어가 많아야 합니다.

고급 영어 = 동의어가 많고, 쓰기 편하게 정리된 상태

자, 풍부하고 정리된 동의어를 가지고 있는지 여부가 고급 영어 커뮤니케이션 수준을 결정하는지 그 이유에 대해서 알아봅시다.

:: 톤 조절에 중요한 같은 정보 다른 뉘앙스

노란색은 색깔 중 한 빛깔을 일컫는 정보입니다. 사전적 정의로는 "병아리나 개나리꽃의 빛깔과 같이 매우 밝고 선명한 색"을 말합니다. 한국어에서 노란색의 동의어는 다음과 같습니다.

노랑, 노리끼리, 노르스름, 노릇노릇, 샛노랑, 연노랑, 누런, 누리끼리, 누르스름, 누르죽죽, 개나리색, 병아리색, 레몬색, 황금색

노란빛을 가리키는 정보 자체는 큰 틀에서 같지만 각 **동의어**는 고유의 의미를 가지고 있고 그 말이 불러 일으키는 **시각적, 정서적 효과**도 제각각 다릅니다.

한국어는 영어보다 의성어와 의태어 같은 감각 형용사가 발달했습니다. 아/어와 오/우, 으/이 등 양성모음과 음성모음을 이용해 어감을 밝거나 어둡게 조절할 수 있고, 예사소리와 된소리를 이용해 강도를 조절해 다양한 소리와 모양의 의성어와 의태어를 만들어 낼 수 있습니다. 한국 문학이 노벨 문학상을 받기가 어려운 이유 중 하나가 의성어와 의태어를 포함해 섬세한 묘사가 많은 한국 문학 특성상 영어로 번역이 되면 형용사의 맛을 정확하게 살리기 어렵기 때문이라는 주장이 있어 왔습니다.

또한, 한국어는 한자어가 기본으로, 함축적 의미를 가진 표현이 많고 주어가 생략되는 경우가 잦습니다. 종종 꾸밈의 수식이 어디에 걸리는지 명확하지 않아, 의미의 해석이 다양하게 될 여지가 있습니다. 그

래서 영어보다는 의미의 구체성이 부족합니다. 국제 비즈니스에서 한국어와 영어로 법률 문서를 작성하면 '분쟁이 생겼을 때 영문 계약서를 우선으로 한다'라는 조항이 꼭 들어갑니다. 영어가 글로벌 비즈니스 언어이기도 하지만 영문 계약서가 한국 계약서 대비 해석의 모호성이 덜하고 더 정확하게 표현할 수 있기 때문이라 합니다.

예를 들어, 노랑색 계열이라는 표피적 정보는 같아도 노랑색과 누런색, 노르스름와 누르스름은 각기 다른 표의적 정보를 담고 있습니다. 한국어를 배우는 외국인이 노란색이란 큰 정보 내에서 세심한 묘사를 위해 노란색의 동의어 중에 하나를 골라서 쓴다고 해봅시다. 누르스름한 장판, 혹은 누리끼리한 이빨, 노릇노릇 누룽지, 샛노란 치마, 병아리색 모자, 레몬 빛 원피스 등 뉘앙스에 맞는 구체적인 형용사를 골라 써야 말의 맛이 살고 의미를 섬세하게 표현할 수 있습니다. 이처럼, 외국인인 우리가 영어 표현을 외울 때 yellow라는 한 가지 표현만 외워서 반복적으로 쓴다면 amber, golden, lemony, blonde, butter, honey, canary, daffodil 같이 다양한 빛깔의 구체적인 뉘앙스 표현이 불가능하고 영어가 중급 수준에 머무르게 됩니다.

고급 영어 수준에서는 색깔을 묘사하는 형용사가 아닌 명사와 동사도 뉘앙스에 따라 다른 동의어 중 골라 쓸 수 있어야 합니다. 예를 들어 '생각(thought/idea)'이라는 가장 사용 빈도 수가 높은 동사/명사 세트가 있습니다. 비슷한 동의어로 사색(contemplate/contemplation), 사고(conception/thoughts), 개념(notion/concept), 견해(view), 의견(opinions), 고려(consider/consideration), 의사(want/envision/vision/dream), 마음(heart), 결심(determine/determination, commit/commitment), 기분(feel/ feeling, emotion), 기억(memory), 믿음(believe/belief), 추측(guess/estimate) 등이 있습니다.

우리가 모국어인 한국어 말할 때는 상황에 따라 동의어 중에 뉘앙스와 의미 차이를 고려해 순간적으로 골라 씁니다. 영어의 경우에도 동의어 간 섬세한 차이를 이해하고 비슷한 의미별로 뇌의 메모리 속 같은 폴더에 정리되어 있어야 빠르게 골라서 톤 조절이 가능한 고급 영어를 말할 수 있습니다.

:: 동시통역사처럼 빠른 반응 속도

고급 영어를 말할 수 있기 위해 뇌 속에서 그룹 별로 동의어가 잘 정리되어 있어야 하는 이유 두 번째는 **'반응 속도'**입니다. 한영 동시통역사는 어떻게 한국어로 듣자마자 영어 문장으로 바로 통역할 수 있을까요? 앞에 언급한 'thought'를 말할 때 idea, thinking, notion, belief, opinion, view, concept, imagination 그리고 consideration이라는 동의어 중에, 어감에 맞는 말을 빨리 찾아 쓸 수 있을까요? 평상시에 동의어 정리를 꾸준하게 해 둬야 메모리에서 빠른 불러오기가 가능합니다.

앞 글에서 말씀드렸듯이 중상급까지 영어 공부를 해오신 분들은 지금까지 보고 듣고 외워서 뇌의 장기 메모리에 들어온(input) 영어 데이터를 한 번도 정리를 안 한 상태입니다. 뒤죽박죽 정리를 안 한 서랍처럼 어디에 무엇이 있는지 몰라서 쓸 수 없고, 반응 속도(output)도 오래 걸립니다. 고급 영어로 업그레이드하고 싶다면 새로운 표현을 집어넣기 전에, 뇌의 장기 메모리를 폴더 정리를 해야 합니다.

예를 들어볼까요? 미국 사람들은 타인에 대해서 긍정적인 말을 자주 합니다. 미국인들이 부정적인 대화를 피하고 왜 칭찬과 장점 위주의 대화를 주로 하는지 미국 역사와 문화적 유래는 뒷장의 영어 커뮤니케이션의 심리와 문화적 이슈에서 설명하겠습니다. 미국에서 비즈니스 미팅을 하거나 학교에서 혹은 친구끼리 대화를 할 때 타인의 의견에 동의나 격려를 해주는 표현으로 "That's a great idea!"라는 말을 참 자주 합니다. "a great idea"는 '참 좋은 생각이야. 네 말이 옳아, 네 의견에 동의해'란 의미로 일상 대화에서 사용 빈도가 매우 높습니다.

그렇다면 a great idea란 말에서 great(좋은)이란 형용사를 대체해서 다양한 뉘앙스를 표현할 동의어를 몇 개나 빠른 시간에 말할 수 있으세요. 예를 들어 "a good idea," "an amazing idea," "a wonderful idea" 등이 있습니다. 이렇게 great이라는 형용사 자리에 바꿔 쓸 수 있는 긍정적인 느낌을 주는 형용사 동의어를 10개 이상 빠르게 생각해보세요. 자, 지금부터 1분 안에 great의 동의어를 말해보세요.

구어체 (Spoken)	amazing, awesome, beautiful, brilliant, fabulous, fantastic, fascinating, good, gorgeous, great, incredible, marvelous, perfect, powerful, special, splendid, superb, wonderful
문어체 (Written)	classic, compelling, convincing, credible, critical, decisive, distinguished, essential, exceptional, imperative, important, impressive, invaluable, magnificent, noteworthy, outstanding, phenomenal, pivotal, remarkable, significant, solid, unprecedented, valuable
큰 의미에서 비슷한 뉘앙스	assertive, comprehensive, concrete, convincing, creative, innovative, inspiring, jaw-dropping, out-side-box, overarching plausible, probable, rational, reasonable, reliable, shocking, sincere, strong, stunning, surprising, think thought-provoking, trustworthy, unbelievable, unique, unthinkable, valid

여러분은 1분 안에 몇 개의 형용사 동의어를 말할 수 있었나요? 한

영 동시통역사인 제 경우에는 머릿속에서 동의어끼리 정리하고 그룹화하여 라벨을 붙여서 머릿속 폴더에 저장하는 작업을 수 년간 꾸준히 해 왔습니다. 그래서 비슷한 동의어를 말해보라고 하면 순간적으로 비슷한 뜻의 형용사, 동사, 명사가 주르륵 나올 수 있는 상태로 준비되어 있습니다.

여러분이 고급 영어를 말하기 위해서는, '내가 누구에게 어느 상황에서 이야기하나?' '어떤 커뮤니케이션 효과를 내고 싶나?'라는 가치 판단에 따라 빠른 시간 내에 머릿속의 표현 중에 세분화된 뉘앙스를 담은 표현을 골라 쓸 수 있어야 합니다. 이렇게 머릿속에서 영어가 뜻이나 카테고리가 비슷한 그룹별로 미리 준비가 되어야, 출력 버튼을 누르면 동의어가 쏟아지는 동시통역사 수준의 고급 영어를 빨리 말할 수 있습니다.

이미 우리 뇌 속에 들어있는 수많은 영어 단어와 표현들 중 내가 업무와 일상에서 자주 쓰는 의미들을 동의어 카테고리로 묶어서 라벨/인덱스/폴더 이름을 붙이는 작업을 평상시에 지속적으로 해 둬야 합니다. 표현들을 인덱스로 착착 정리해 놓아야 적재적소에 섬세한 표현을 빨리 골라 쓸 수 있게 됩니다. 따라서 동의어가 많아야 동시통역사처럼 순간적으로 반응 속도가 빠르게 말하는 게 가능합니다.

영어에 동의어가
많은 역사적 배경

왜 고급 영어를 말하는 데 동의어가 중요한지 사회언어적 측면도 살펴봅시다. 한국어도 한반도의 역사적 사회적 발전 단계에 영향을 받았듯이, 영어도 영국인과 세계사의 변동을 경험하며 발전해 왔습니다.

:: 고대 영어의 탄생

고대 영국 섬의 원 정착민은 스코트족(Scots)과 켈트족(Celts)이었습니다. 카이사르가 지금의 프랑스인 갈리아 정복길에 영국도 침공한 걸 계기로 로마인들은 1세기부터 약 300년 동안 토착민을 스코틀랜드와 웨일즈로 밀어낸 다음 지금의 런던 인근에 식민지(Londinium)를 건설했습니다. 다신교를 믿고 전쟁이 잦은 로마인은 정복지에 여신의 이름을 붙였는데, 로마인은 이 섬을 브리타니아(Britannia)라고 명명하고, 이 섬에 사는 사람들을 브리튼족(Britons)이라 불렀습니다.

서기 5세기 아시아 훈족의 침략으로 게르만족의 일파인 고트족(Goths)과 프랑크족(Franks)이 남하를 시작했습니다. 게르만족의 이동으로 로마제국이 무너지기 시작하자 로마인이 떠나고 안보 공백이 생긴 사이에 북쪽의 스코트족이 현 잉글랜드에 위치한 로마 식민지 내에서 평화롭게 살던 브리튼족을 위협해 옵니다.

브리튼족은 북쪽에 호전적인 스코트족의 침략에 대비하기 위해 현재 독일 북부 지역과 덴마크에 거주하는 앵글로족과 색슨족이라는 게르만 용병을 불러오게 됩니다. 이원복 교수의 《먼나라 이웃 나라》영국 편을 보면 영국은 산악지대인 서북쪽과 농사가 잘되고 유럽 대륙과 가까운 남동쪽으로 나뉘어 있습니다. 만약 영국이 서고동저(西高東低) 지형이 아니라 반대로 유럽과 가까운 동쪽이 쓸모 없는 산악 지역이었으면, 이민족의 침입이 없어 영국의 역사가 완전히 달라졌을 거라고 합니다. 대부분 나라의 수도는 국토의 한가운데 위치한 경우가 많은데 영국의 런던은 템즈강으로 배가 들어오기 좋은 지리적 위치도 있지만, 남동쪽이 농사가 잘되는 평지이기 때문에 영국 섬에서 유럽 대륙과 가까운 남동쪽에 치우쳐 있습니다. 유럽 대륙에서 보기에 가까운 영국 땅이 탐나는 농지이자 목초지였던 것입니다. 지리가 인간의 역사를 결정한다는 말이 영국에도 통합니다.

브리타니아를 지키기 위해 켈트족의 일파인 브리튼족에 의해 불려온 게르만 용병들은 춥고 해가 빨리 지고 습하고 농사 짓기가 척박한 고향 땅보다 영국이 훨씬 살기 좋다는 걸 알게 됐습니다. 그래서 고향에서 인근 부족 사람들을 불러오기 시작했습니다. 앵글로족과 색슨족은 스코트족을 북쪽 변방(스코틀랜드)으로 영구히 몰아냈으며, 자신들을 불러온 원주민인 켈트족조차 축출하여 북서부의 고원 지대를 제외한 영국 섬의 2/3를 차지하게 됩니다. 박힌 돌을 몰아낸 독일 북부에서 온 색슨족(Saxons)은 템즈강 이남 영국 남동쪽에 자리 잡았으며, 덴마크 지역에서 온 앵글로족(Angles)은 스코틀랜드 이남에서 템즈까지 차지했습니다. 이때 게르만에 의해 웨일즈로 밀려난 켈트족이 이민족과 맞서 싸우는 영웅담 서사가 바로 아서왕과 원탁의 기사 전설에 영향을 줬습니다. 따라서 고대 영어는 앵글로색슨 부족들이 쓰던 서게르만어의 한 분파로, 현대 독일어와 영어는 문법적 유사성을 공유하고 있습니다. 지금도 유럽에서 독일, 네덜란드 그리고 덴마크 사람들이, 로만어 계열인 이탈리아, 프랑스, 스페인 사람들보다 평균적으로 영어를 더 잘하는 것도 이와 관련이 있습니다.

한편 로마인이 떠나고 앵글로색슨족이 차지한 영국에 597년 한 로마 선교사가 십자가를 가지고 다시 돌아옵니다. 노예 시장에서 팔리는 아름다운 금발의 청년들이 영국에서 온 노예라는 걸 보게 된 로마의 그레고리 1세는 영국의 이도교들을 기독교인으로 개종할 것을 명령합니다. 그의 명을 받은 아우구스투스(Augustine of Canterbury, 영어로는 어거스틴)가 색슨 7왕조 중 하나인 동남쪽 켄트국의 수도 켄터베리에 40명의 수도사와 도착해 기독교를 전파합니다. 당시 에셜버트(Ethelbert) 왕은 기도교인인 프랑크 왕국의 공주였던 버르타(Bertha) 왕비의 영향으로 이미 궁전 내에 교회를 짓고 섬기고 있었기에 로마 수도사의 평화로운 선교 활동을 보장합니다.

앵글로색슨족이 그리스도교로 개종된 이후 성서와 성직자를 통해 라틴어가 도입됐습니다. 한국에서 사서삼경(四書三經)을 통해 한자어가 유입됐듯이, 당시 유일하게 글을 읽고 쓰는 지식인인 성직자를 통해 기독교 철학과 그리스도의 메시지들을 담은 라틴어의 차용어들이 영어에

도입되기 시작했습니다. 고대 영어는 [켈트족의 토착어] + [앵글로색슨의 서 독일어] + [로마 기독교의 라틴어]가 혼재된 상태였습니다.

라틴어 어원	의미	라틴어에서 파생된 영어 단어
ago, actum	do, drive	agent, act, action, actor, actual, exact, transact
annus	a year	annual, biennial, annals, anniversary
audio	I hear	audience, audible, obedience, auditor
caput	head	capital, caption, chapter, decapitate
clamo	I shout	claim, exclaim, clamor, proclaim, exclamation
claudo, clausum	I shut	include, exclude, cloister, enclose, clause
curro	I run	current, recur, occur, course, corridor
credo	I believe	creed, credible, credulous, credit

8세기에 이르자 소빙하기가 끝나고 스칸디나비아의 바이킹들 인구가 급증했다고 합니다. 이로 인해 농지가 부족해지고, 당시 남쪽의 이슬람 세계가 확장되면서 유럽과 무역이 증가하여 약탈 전리품이 쏠쏠해졌습니다. 이런 배경으로 바이킹이 적극적으로 남하하기 시작했습니다. 특히 더 멀리 나갈 수 있는 항해 기술이 발전해 노르드족 같은 스칸디나비아 지역 바이킹의 남하가 촉진됐습니다. 특히 지금의 덴마크에서 온 데인족(Danes)이 영국 동남부 요크셔 지방에 자주 출몰해 영국에 큰 위협이 됐습니다.

바이킹은 8세기 중반을 넘어 영국 땅을 자기네들이 차지하고 정착하려는 과감한 침략 의도를 드러냈습니다. 특히 이도교도인 바이킹은 당시 학문과 문화의 보고로 수많은 문서와 도서가 보관된 수도원을 주로 공격 대상으로 삼았는데, 수도원에는 금과 은, 보석으로 만들어진 성물이 많다고 알려졌기 때문이었습니다. 기독교인이 전쟁 중이라도 지키려 하는 신성한 수도원에 난입해 도끼로 수도사의 머리를 깨고, 여성과 아이를 노예로 끌고가고 성물을 약탈하는 잔혹한 행위는 영국인의 분노를 일으켰습니다. 몇십 년에 걸친 바이킹 침략의 피해가 극심하여 당시 앵글로색슨 7왕국의 존재 자체를 위협하는 수준으로 커졌으나, 남쪽 웨식스 지역에서 벌어진 대규모 전투에서 수적 열세를 극복한 알프레드 대왕(811~900)의 활약에 힘입어 지금의 영국이 이민족의 차지가 되는 걸 막을 수 있었습니다. 현대의 〈반지의 제왕〉이나 〈왕좌의 게임〉 등, 영미권 영웅 서사에서 공포의 대상인 적은 항상 '추운 겨울에 북쪽에서' 나타나는 데는 다 이유가 있습니다. 겨울에 남하하는 바이킹의 잔혹함이 영국인의 집단 잠재 의식에 아직도 공포로 남아 있나 봅니다.

하지만 계속해서 쳐들어오는 바이킹을 영원히 막을 수도 없고 앵글로색슨족은 유화책을 마련합니다. 요크셔(Yorkshire)를 포함한 런던 북부 지역을 데인로(Danelaw)라 지정하고 영토 내 정착지를 마련해주고 기독교로 개종시켜 공존하는 선택을 하게 됩니다. 바이킹의 대규모 이주로 옛 스칸디나어(Old Norse, 노르웨이, 스웨덴, 덴마크, 아이슬란드 언어에 영향을 줌)언어가 고대 영어에 편입됩니다. 주로 약탈로 살아가던 전투적인 이민족이 섞여 영어를 배우게 되자, 게르만어의 전통을 이어받은 복잡한 기존 영어 문법과 어려운 굴절 어미 변화가 먼저 떨어져 나갑니다. 원래 외국인은 복잡한 문법을 싫어하는 법입니다. 그리고 이동이 잦은 바이킹의 언어에 있던 방향성을 나타내는 전치사가 처음으로 영어에 유입되고 이에 고대 영어의 복잡한 어순이 과거 주어 + 목적어 + 동사(SOV)에서, 중세 영어의 주어 + 동사 + 목적어(SVO)로 정리되는 결과로 나타나 영어의 전체적 문법 구조가 근본적으로 변화했습니다. 전치사의 도입과 어순의 변화뿐만 아니라 바이킹의 언어에서 차용된 아래와 같은 단어들은 그 양은 그리 많지 않았지만 대다수가 현대 영어의 핵심 단어가 되었습니다. 이제 고대 영어는 독일어 방언 + 켈트족어 + 라틴어 + 바이킹어가 섞인 상태가 됐습니다.

✅ 바이킹 언어(Old Norse)에서 차용된 영어 단어

기본 동사	call, come, get, give, hear, seem, want, raise, cast, run, gain, shake, take, die, smile, sway, scrap, loose, lift, hit, hug, flat, equip, dump, cut, blend, are
명사	sister, kid, husband, wife, man, neck, cake, guest, fellow, skin, skill, sky, window, knife, leg, foot, shirts, skirts, dish, bull, bug, reindeer, skate, dirt, birth, law, wing, egg, gang, gift, steak, thing, mistake, loan, gap, gun, fog, club, band, sale, bag.
대명사	they, them, their,
형용사	ugly, tight, happy, same thrift, wrong, odd, cozy, weak, awe, ill, trust
부사	both, likely,
전치사	though, till, until

:: 중세 영어의 등장

1066년에 고대 영어가 중세 영어로 획기적으로 변화하는 역사적 사건이 일어납니다. 바로 노르망디 정복(Norman Conquest)사건입니다. 정복자 윌리엄(William the Conqueror)이 이끄는 프랑스 노르망디 공국이 영국을 정복했습니다. 영국 왕 에드워드(Edward Confessor, 참회왕 에드워드, 영국에는 같은 이름(first name)을 쓰는 왕이 많기 때문에 이름 뒤에 별명을 지어 구분)가 후사를 남기지 못하고 죽자, 섭정을 하던 신하의 아들 해롤드(Harold Godwinson)가 왕으로 즉위합니다. 이에, 에드워드 왕의 어머니가 영국 공주란 이유로 노르망디공 윌리엄이 영국 왕권에 대한 소유권을 주장하며 쳐들어갑니다. 윌리엄은 신하가 잉글랜드 왕위를 인정받으면 유럽의 전통적인 질서인 봉건 군신관계가 무너진다는 논리를 내세워 전 유럽에서 700여 척의 배와 8,200여 명의 기사와 병력을 모았고, 막대한 헌금으로 교황까지 같은 편으로 끌어 들여 명분을 확보했습니다. 윌리엄 왕이 영국을 차지한 이후 300년 간 영국은 프랑스 노르만 왕조의 지배를 받게 됩니다. 새로운 왕실이 불어를 공용어로 선포하고 사용하자 지배 계급의 언어는 불어가 되고 영어는 하층민의 구어로 전락합니다. 게다가 교육에는 라틴어를 사용하니 중세 영국은 서로 다른 삼중 언어를 사용하게 됐습니다.

문화 정치 역사, 군사, 법률, 예술에서 쓰는 상류층의 고급 언어와 문화는 아래로 흐르고 지배계급이 쓰는 세련된 말들을 흉내내서 쓰는 중간 계층이 늘어납니다. 불어의 1만 개 이상 단어가 피지배인이 쓰는 거친 영어 어휘에 대량으로 편입되면서 영어 역사에서 가장 드라마틱한 사건이 일어나게 됩니다. 예를 들어 smell은 고대 영어에서 smyllan, smiellan였지만, 불어가 들어오면서 냄새라는 정보가 aroma, fume, odor, scent, perfume, fragrance란 다양한 프랑스 동의어로 분화됐습니다. 이전 별다른 기록을 남기지 않았던 앵글로색슨족 대비 프랑스 노르만은 문서화를 중시했습니다. 기록을 꼼꼼하게 하는 문화를 가진 프랑스 지배 계급이 300년이나 지배하면서 영어 공문서가 Latin-French(라틴어 프랑스어)로 작성되었고, 그 결과 기록을 통해 살아남은 불어나 라틴어가 현재 영어 어휘의 45%를 차지하게 됩니다. 특히 불어에서 영어로 직접 편입된 단어 수는 10,000개라고 알려져 있습니다.

✅ 불어와 라틴어에서 기원한 영어 단어

	English	French	Latin
오르다	rise	mount	ascend
시대/시간	time	age	epoch
질문하다	ask	question	interrogate
불	fire	flame	conflagration
소/송아지	ox/calf	beef/veal	
양	sheep	mutton	
돼지	swine	pork	

- 도축을 하고 요리를 하는 노동 계급이 쓰는 영어 표현과, 그 요리를 먹는 지배계급인 프랑스인의 언어가 혼재하면서 고기 음식을 일컫는 데 영어와 불어 두 가지 동의어가 존재하게 되었다.
- attorney, merchant, diplomat, judge, architect, politician, artist 같은 상위 계층 직업군을 가리키는 말은 불어에서 유래됐고, cook, baker, fisherman, miller, smith, seamstress, shoemaker, maid, nanny 같은 노동 계급의 직업명은 독일어에 영향을 받은 영어에서 온 표현이 많다.

지배 계급인 노르망디인들은 초기엔 영국인을 하대하고 프랑스인끼리 결혼했으나, 시간이 지나고 노르망디 사람 수가 부족해져서 현지 영국인과의 결혼이 늡니다. 또한 당시 흑사병이 반발해 당시 영국 인구 1/3이 사망하고, 이는 노동 인구 감소로 이어져 노동력 부족이 생깁니다. 일손이 부족해지자 요리, 농사, 제련 등 기술을 가진 하위 노동 계급의 위상이 높아지고, 이들이 쓰는 영어가 힘을 얻게 됩니다. 또한 노르망디 정복 이후 몇백 년이 흘러 프랑스인들은 영국 토착민으로 완전히 정착했고, 마침 프랑스와 백년전쟁이 일어나자 영국인끼리 똘똘 뭉쳐 프랑스를 배척하는 민족 의식이 생겨납니다. 마치 한국인들이 일제강점기 이후 우리나라 언어에서 일본식 표현을 없애려고 노력한 것처럼 영국인들은 프랑스와 오랜 전쟁으로 프랑스어에 대한 반발이 생기고, 다시 영어를 회복하고자 하는 의식이 생깁니다. 이때 기본 영어 단어 + 전치사로 불어를 대체하는 구동사(phrasal verb) 수가 증가합니다.

:: 시성(詩聖) 셰익스피어가 영어에 미친 영향

16세기 엘리자베스 여왕 시대에는 그 유명한 영미권 문학 최고 천재 셰익스피어가 등장합니다. 셰익스피어는 문법이 표준화되지 않은 당시 영어를 문학적으로 유려하게 다듬어 세련된 현대적 영어로 발전하는 기틀을 마련했습니다. 지금도 전 세계 곳곳에서 영문학과 박사들이 어떻게 이런 표현을 쓸 수 있었을까 연구하고 감탄하는 셰익스피어의 어휘 구사력을 보면 스페인어, 프랑스어, 이탈리아어, 라틴어 등 외국어에서 차용한 말을 합쳐서 새로운 조어를 만들기도 하고, 명사를 동사로 바꾸거나 동사를 형용사로 바꾸는 품사 전화도 과감하게 시도합니다. 또한 접두사와 접미사의 변형 같은 말장난으로 전에 없던 새로운 말도 만들어 냈습니다. 셰익스피어가 52년의 생애 동안 만들거나, 발굴해 작품에 사용한 언어 중 현재까지 쓰이는 영어 단어 수가 1,700개라고 합니다.

✅ 셰익스피어가 처음 만들었다고 알려진 영어 단어

eventful, cold-blooded, inaudible, manager, uncomfortable, belongings, lonely, auspicious, bloody, baseless, generous, hurry, gloomy, critic, critical, sportive, frugal, laughable, suspicious, radiance, reliance, admirable, castigate, dawn, hostile, skim milk, watchdog, unaware, downstairs, majestic, silliness, rumination, accessible, fortune teller, countless

✅ 셰익스피어 연극 대사 중
   자주 쓰는 영어 관용어로 남은 사례

- All that glisters is not gold 모든 빛나는 것은 금이 아니다 〈베니스의 상인〉
- Break the ice 어색한 분위기를 깨다 〈말괄량이 길들이기〉
- Clothes make the man 옷이 날개다 〈햄릿〉
- Vanish into thin air 공중으로 사라지다 〈오델로〉
- Swagger 허세로 자랑하는 사람 〈헨리 5세, 리어왕〉
- Fair play 공정한 게임 〈템페스트〉
- What's done is done 이미 벌어진 일 〈맥베스〉
- A laughing stock 웃음 거리 〈윈저의 즐거운 아낙네들〉
- Come what come may 무슨 일이 일어나더라도 혹은 올 테면 와라
  〈멕베스〉
- Devil incarnate 악의 화신 〈티투스 안드로니쿠스〉

:: 미국식 영어가 영국식과 다른 이유

　1700년대가 되면 최초의 영어 사전과 문법서가 등장하고 미국이 식민지로 개척되면서 영어는 또 큰 변화를 겪게 됩니다. 아일랜드, 네덜란드, 프랑스 등 다른 유럽 국가 사람들이 미국으로 이주하고 계속 새로운 땅을 찾아 계속 서쪽과 남부로 이주하면서 스코틀랜드, 잉글랜드, 웨일즈 말처럼 다른 지역 영어가 한 곳에 고착될 틈이 없어 영국 영어와 다른 미국식 영어가 만들어지게 됐습니다.

　식민지 미국 영어가 달라지게 된 이유는 첫째, 지리적으로 광활한 땅이고 자연 환경이 달라졌기 때문에 영국에 없는 자연 환경이나 동물은 토착민인 아메리카 원주민의 말에서 빌려왔기 때문입니다. 예를

들어 terrain, canoe, skunk, chipmunk, bullfrog, sivide, watershed, moose, foothill 같은 미국의 새로운 자연 환경에서 차용된 단어들이 영어에 편입됐습니다. 또한 미시시피, 알래스카, 앨라배마, 오하이오, 켄터키, 미주리 등 미 50개 주 이름 중 28개가 원주민 말에서 왔습니다.

또한 발음적으로도 달라지게 되는데 영국 영어는 간결하고 악센트가 굴곡이 강하고 강약 차이가 분명한 반면, 미국 영어는 느리고 완만하고 /r/음을 마찰음으로 굴립니다. 미국식 발음은 말할 때 힘을 빼고 연구개(입천장 뒤쪽의 연한 부분)가 아래로 내려오도록 여유를 주기 때문에 숨이 약간 코로 흘러나옵니다.

미국 영어	영국 영어
railroad	railway
baggage	luggage
check	register
baggage car	luggage van
check-room	left-luggage office
freight train	goods train
automobile	motor car
windshield	windscreen
hood	bonnet

gas (gasoline)	petrol
gas station	filling station

  이렇듯 영어의 문법과 어휘 체제 그리고 발음은 영어의 역사에 영향을 받고 있습니다. 우리가 역사를 다 외울 필요는 없지만 최고급 영어를 구사하기 위해서는 영어의 언어학적 특성에 대해 대략적으로 이해할 필요는 있습니다. 영어의 역사를 보면 이민족의 다양한 말이 섞인 영어가 왜 동의어가 많은지, 캐주얼한 일상 영어는 토착 켈트, 게르만 독어, 바이킹의 노스어에서 왔고, 문어체나 교육받은 전문 표현은 지배 계급이었던 불어나 라틴어에서 온 표현들이 많다는 점을 알게 됩니다.

격에 따라 달라지는
표현 사용

혹시 영어는 사용하는 단어와 표현에 따라서 화자의 교육 수준, 출신지, 사회적 계급이 바로 드러난다는 말을 들어본 적이 있으신가요? 한국인이 모르는 사람을 만날 때 그 사람의 차림새나 소유품에서 읽히는 단서가 전혀 없는 상태에서, 음성 정보만 듣고 그 사람의 사회적 계층과 교육 수준을 알아 맞힐 수 있을까요?

예를 들어, 찜질방에서 모두 같은 옷을 입고 앉아서 연예인 가십 수다를 떨 때 그 사람이 외고를 나와서 서울대를 나왔는지, 지방대를 나왔는지 아니면 아예 대학을 안 나왔는지 추측할 수 있을까요? 아주 어려운 전문 주제에 대한 심도 깊은 대화가 아닌 이상, 일상적인 수다로 맛집 정보, 어제 본 TV 드라마 이야기, 스포츠와 정치 이야기를 듣고 말하다 보면 말 자체에서는 그 사람의 교육 수준이나 사회적 계층을 알아챌 수 없습니다. 하지만 영어 네이티브들은 일상 대화에서도 언어 정보만 가지고 그 사람의 교육 수준과 사회적 계층과 사는 동네를 금방 알아챌 수 있습니다. 왜 그럴까요? 한국어에서 드러나지 않는 사회적 계층 차이가 영어에서는 왜 쉽게 읽힐까요?

한국어가 한국의 역사와 문화에 영향을 받아 변화하고 발전해 왔듯이, 영어도 영국과 미국의 역사와 문화 변화에 영향을 받았습니다. 언어학에서 사용역(使用域) 혹은 격(register)은 계층이나 연령, 지역, 문체 등에 따라 달리 나타나는 언어변이형을 일컫습니다. 한국어는 이 '격'이 주로 나이와 사회적 관계의 권력 차이에 따라 조절하는 높임말로 나타납니다. 한국어에서는 학벌, 교육 수준, 사회적 계층에 따라 쓰는 높임말이나 어휘 수준의 격차가 크지 않지만, 영어는 동의어가 발달해 같은 정보라도 어떤 어휘나 표현을 골라 쓰는지에 따라 그 사람의 교육 수준, 사회 경제적 계층을 알 수 있습니다.

영어는 높임말이 한국어처럼 발달되어 있지 않지만 동의어를 골라 씀으로써 격을 조절합니다. 미국이라는 나라가 워낙 인종과 문화가 다양해서 단일민족인 한국과 직접 비교하기에는 무리가 있을 수는 있습니다. 하지만 미국에 살아보신 분은 맥도날드나 스타벅스 등 레스토랑에서 일하는 사람이 쓰는 영어와, 대기업 직원이나 대학 교수의 말은 어휘, 문장 구성, 추임새나 바디랭귀지가 다르다는 걸 알 수 있습니다. 사는 주에 따라 사투리가 제각기 다르지만, 같은 도시 내에서도 우편번호(zip code)에 따라 소득 수준이 달라지면, 말투나 사용하는 영어가 다르다는 걸 확실히 느낄 수 있습니다.

제가 사는 뉴욕은 5개의 구로 이뤄져 있는데, 맨해튼도 서울 사투리처럼 고유 사투리가 있다는 걸 뉴욕에 산 지 5년이 넘어가니 어렴풋이 알게 되군요. 이민자가 많아 뉴요커 고유의 사투리가 있겠냐 싶겠지만, 뉴욕시 어퍼이스트와 브롱스 그리고 퀸즈의 커피숍에 앉아서 들어보면 영어의 스타일과 엑센트가 확실이 다르다는 점을 느낄 수 있습니다. 미드 Suits와 Billions(맨해튼), Ugly Betty(맨해튼과 퀸즈), Awkwafina is Nora from Queens(퀸즈), 그리고 Brooklyn Nine Nine(브루클린)을 보면 똑같이 뉴욕시가 배경이지만 주인공의 직업, 교육 수준 그리고 경제 사회적 계층에 따라 쓰는 영어의 스타일이 다릅니다.

한국 학교에서 배우는 영어는 미국식 스탠다드 영어라서 특정 지역의 사투리나 억양이 반영되어 있지 않습니다. 우리가 수능이나 토익 듣기 평가에서 들었던 영어 억양은 오하이오, 미시간, 일리노이주 등 북동부 미국인들이 사용하는 표준 혹은 일반 영어(general English) 발음을 구사한다고 알려져 있습니다. 비네이티브인 한국인들은 영어를 공부하고 말할 때 의미 전달에 최우선순위를 둡니다. 따라서 만나는 사람과 장소와 상황에 따라서 다른 표현과 문장을 골라 쓰는 네이티브 스피커에게 본인이 말한 표현이 주는 정서적 커뮤니케이션 효과까지는 계산하지 못합니다.

하지만, 단순히 영어를 말하는 수준을 넘어서서 조직에서 리더가 쓰는 고급 영어를 목표로 하고 싶다면, 그리고 궁극적으로 미국인을 포함한 외국인에게 나를 어필하는 커뮤니케이션을 하고 싶다면, 영어의 격과 언어의 사회적 역할에 대해서 고민해봐야 합니다. 영어는 동의어에 따라 다른 사용역 혹은 격이 존재합니다. 듣는 네이티브 입장에서는 외국인인 한국인 영어 사용자가 어떤 수준의 단어를 사용하고 어떻게 문장을 만드느냐에 따라 교육 수준, 세련미, 신뢰감에 대한 인상을 줄 수 있다는 점을 고려해야 합니다.

:: 내 영어에 계층이 드러난다고?

영어는 켈트족의 언어 + 앵글로색슨족의 독일어 방언 + 바이킹의 올드 노스어 + 라틴어 + 노르만 왕실의 불어가 섞인 언어입니다. 현대 영어 어휘의 45%는 불어에서 유래됐다고 알려져 있습니다. 불어도 많은 부분 라틴어와 그리스어에서 영향을 받았습니다. 따라서 영어는 그리스어/라틴어/불어의 영향을 많이 받았다고 할 수 있습니다. 여러 민족의 말이 오랜 기간 섞이다 보니 한 가지 정보를 여러 말로 부르는, 즉 동의어가 많아졌습니다.

계층에 따른 사회적 언어로서 영어의 특성에 대해 알아보겠습니다. 왕실과 귀족이 있는 영국은 지금도 자신의 계층을 확실하게 인식하고 다른 계급 행동을 보이고, 언어를 쓴다고 알려져 있습니다. 2013년 BBC가 영국인 161,000명에 실시한 영국민 계층 서베이에 따르면, 영국인은 소득, 자산 가치, 사회 문화적 자산에 따라 자신을 7개 계급으로 분류한다고 합니다.

- 엘리트(Elite) – 최상위층. 대대로 부자. 명문 학교 출신. 평균 연령 57세. 인구의 6%.
- 기성 중산층(Established middle class) – 대대로 부자는 아니지만 사회적 문화적 자본과 자산을 가진 계층.
- 기술적 중산층(Technical middle class) – 자산은 어느 정도 축적했으나 인맥 같은 사회적 자산이나 문화적 교양 같은 문화적 자산이 상대적으로 적은 계층. 파일럿, 약사, 연구직.
- 풍족한 신노동자(New affluent workers) – 소득 수준은 중간 정도지만 문화적 소양이 높은 젊은 사람들. 영업, 유통, 부동산 종사자.
- 전통적인 노동자(Traditional working class) – 사회 문화적 자산이 적은

전통적인 노동자 계급으로 평균 나이 66세.
- 신흥 서비스 노동자(Emergent service workers) – 도시 젊은이들로 서비스업에 종사하며 소득이 낮지만 유행에 민감함. 평균나이 34세. 요리사, 음악가, 간호조무사, 유치원 선생님.
- 불안정 노동 계급(Precariat) – 인구의 15%. 택시 운전사나 상점 계산원. 인도나 중동 이민자들이 많음.

영국의 7개 계층에 대한 기사를 읽고 나서, 만났던 영국 사람마다 실제로 영국에 계급 의식이 있고 이에 따른 계급 문화와 행동이 있는지 물어봤습니다. 그러자 꽤 많은 영국인들이 자신을 앞의 7개 카테고리로 직접 일컫는 사람은 없지만, 보니까 자기가 어떤 계급에 있는지는 알겠다며 영국은 계급 정체성(class identity)이 확실히 있다고 말했습니다. 그래서 영국인은 서로 말을 듣다 보면 사용하는 말에서 상대의 계층을 알 수 있다고 합니다.

영국 영화나 드라마를 보면 휴 그랜트, 콜린 퍼스, 키이라 나이틀리, 베네딕트 컴버배치는 상류층의 발음이라고 알려진 posh 엑센트 혹은 RP(received pronunciation)란 소위 BBC English 발음으로 말합니다. 실제 발음으로 드러나는 출신이 직업에 영향을 주기도 합니다. 게리 올드만은 영화계 데뷔 초기 런던에서 그의 워킹 클래스 발음 때문에 캐스팅이 안 되자 할리우드로 진출해 성공을 거뒀습니다. 다른 예로, 영국 북부 공업도시 출신으로 워킹 클래스 엑센트를 썼던 제 지인이 스코틀랜드의 명문 대학에서 생화학 박사를 받고 포스닥 자리를 찾을 때였습니다. 그에게 옥스브리지(옥스포드+캠브리지) 연구실에서 인터뷰 전화가 왔는데 5분 만에 끊더랍니다. 연구 분야에 대한 질문은 별로 하지 않았기 때문에 왜 자신이 인터뷰에서 탈락했는지 금세 알 것 같았다고 합니다. 아마 본인의 이력서만 보고 '그들과 비슷한 백그라운드 중 하나'라고 생각했는데 말투 때문에 잘린 것 같다고 말해서 "정말 영국이 아직도 그 정도야?"라고 놀라 반문한 적이 있었습니다. 극단적인 사례이긴 하지만 영국인이 영어를 말할 때는 출신 계층과 지역, 교육 수준이 드러납니다.

영드에서 봐서 익숙한 posh(RP) 혹은 Queens English 외에도, 런던 동부 노동자/서민 계층의 코크니(Cockney) 엑센트, RP와 코크니가 섞여 새로운 표준어로 등장하고 있는 런던 남부 말투인 에스추리(Estuary English) 엑센트도 있습니다. 일례로 발음이 계층을 반영하기 때문에 데이비드 캐머런 전 영국 총리는 의회에서는 RP 발음으로 말하고, 국민을 상대하는 방송 인터뷰는 에스추리로 말했다 합니다. 격식 있는 RP 발음에서 점차 제이미 올리버나 케이트 모스가 쓰는 에스추리가 영국 중산층의 말투가 되자 BBC 뉴스, 오버워치 같은 게임의 말투나, 캠브리지 대학의 유명 문법서인 Grammar in Use의 발음 교재도 에스추리 엑센트를 차용하고 있다고 합니다.

:: 오바마 vs 트럼프의 영어

한국인은 미국식 영어를 배우기 때문에 영국식 발음을 하는 사람의 수도 적고, 계층별로 다른 발음을 하는 영국 영어가 우리의 영어 학습에 영향이 있을까 하는 의문을 가지실 수 있습니다. 영국 지배계층의 압제를 피한 청교도로 시작된 미국은 자유로운 이민자 국가로 구대륙과 같은 계급 의식은 덜합니다. 하지만 이민자이고 영어를 잘 못하는 한국인이 접할 기회가 적어서 그렇지, 미국도 확실한 사회적 계층이 존재하고 이에 따라 사용하는 어휘와 표현이 다릅니다.

미국에서 슈퍼나 스타벅스에서 쓰는 영어와 대학원 수업이나 기업 경영자의 인터뷰에서 쓰이는 영어가 완전히 다르다고 앞서 말씀드렸습니다. 한국에 계신 분이라도 미드 중 정치드라마인 House of Cards와 법정 드라마인 Suits, 그리고 월가가 배경인 Billions에서 쓰는 영어와, 범죄 스릴러 Breaking Bad나 각종 리얼리티 쇼의 말투나 쓰는 표현이 완전히 다르다는 것을 알 수 있습니다. 미드 중 쉐도잉 자료로 Friends와 Modern Family가 가장 많이 사용됩니다. 그 이유는 드라마가 재미있기도 하지만, 여기에 쓰이는 말투나 표현이 동부와 서부의 중산층의 말투로 외국인이 배워서 써도 예의에 어긋나거나 무리한 표현이 없기 때문입니다.

요즘 미국 정치가 극단적으로 양극화되고 있다고 하는데, 현재 미국 사회의 양 끝단의 두 세력을 대표하는 오바마 대통령과 트럼프 대통령의 커뮤니케이션 스타일 분석을 통해 미국 계층별 언어 차이를 살펴봅시다. 유튜브로 트럼프와 오바마의 스피치를 들어보면 둘의 영어가 완전히 다르다는 것을 알 수 있습니다.

먼저 트럼프는 짧은 문장을 사용하고, 같은 표현을 계속 반복하며 강조합니다. 쉬운 동사를 선택하고, "Believe me" 같은 표현을 자주 쓰며 자신의 말에 호소력을 더하려 합니다. 트럼프가 쓰는 형용사는 great, spectacular, lots of, incredible, big 같은 단순하고, 구체적이지 않지만 긍정적인 감정을 고양시키는 표현입니다.

오바마는 말을 잘하는 정치인들 사이에서도 미국 역사상 가장 위대한 연설자 중 하나라고 평가받습니다. 오바마 스피치를 들어보면 정서적인 효과를 불러 일으키는 장치가 많습니다. 먼저 개인적인 경험담이나 일반 미국인들의 사연을 소개하며, 나를 지키는 군인, 가족 중 첫 번째로 대학을 간 아이 등 듣는 청중이 스토리에 감정 이입을 할 수 있는 구체적인 주인공을 드러냅니다.

오바마도 파워풀한 캐치프레이즈를 반복하는 것은 여느 정치인과 다르지 않지만, 오바마는 의도적으로 호흡을 멈추고 침묵을 통해 특별한 연설 효과를 만들어 냅니다. 수만 명의 관중이 환호하는 와중에서 조용히 침묵(pause)하면서 관중이 충분히 반응하게 하는 동시에 청중의 이목을 집중시킵니다. 스피치의 리듬을 조정하는 능력이 탁월합니다. 연설문은 프로 작가가 써준 것이라 일부러 쉬운 동사나 짧은 문장 구조를 리듬감 있게 사용하지만, 기자 회견이나 인터뷰를 보면 오바마가 평상시에 쓰는 동사, 명사, 형용사는 트럼프의 그것보다 훨씬 구체적이고 의미가 세분화되었으며, 고급 표현이 많다는 걸 알 수 있습니다.

왜 오바마와 트럼프 영어는 다를까요? 오바마는 하버드 법대 출신 변호사이자 교수 출신이어서 그럴까요? 오바마가 더 교육을 많이 받고 책을 많이 읽어서 쓰는 어휘 양이 달라서 그럴까요? 오바마는 아버지가 부재했고 중산층 조부모 손에 자랐지만, 트럼프는 나름 뉴욕의 백만장자 집안에서 자랐고 같은 아이비리그인 펜실베니아 대학의 와튼(Wharton) 비즈니스 스쿨 출신입니다. 아버지가 상당한 부를 물려줬음에도 전통 어퍼이스트(Upper East) 올드 머니 사이에선 퀸즈 출신의 촌뜨기로 여겨졌지만, 본인의 수완으로 뉴욕의 심장인 5번가의 트럼프 타워 프로젝트로 미국에서 가장 유명한 부동산 개발업자로 성공한 사람입니다.

트럼프가 교육 수준이 낮거나 무식해서 어려운 단어를 못 쓰는 게 아닙니다. 두 사람의 영어가 다른 건 바로 목표로 삼은 지지자 층이 달라서입니다. 오바마가 대도시의 교육받은 중산층 이상의 민주당 지지자와 중도층에 연설을 했다면, 트럼프는 소득과 교육 수준이 낮은 노동 계층, 이민자와 좌파에 반대하는 백인을 공략하기 위해 일부러 쉬운 표현, 짧은 문장, 같은 표현 반복을 커뮤니케이션 전술로 사용한 것입니다.

이 두 대통령은 자신의 지지층의 영어를 사용합니다. 생각해보면 이들이 타겟으로 한 미국인들이 서로 다른 영어 표현, 영어 문장 구조를 사용하고 있다는 말입니다. 트럼프와 오바마의 영어 스타일에서 동의어가 중요한 이유를 눈치챌 수 있는데요. 왜 그럴까요?

∷ 영어의 격과 동의어의 관계: 사회적 언어의 중요성

이 책을 읽으시는 분들이 고급 영어를 사용하고 싶다면 이제부터는 사회 언어적 격과 스타일에 대해서도 생각해봐야 합니다. 단순히 정보만 전달하는 게 아니라 본인이 이민자로서 외국에 살고 일하면서 어떤 사회적 계층에 속하고 싶다면 그 계층의 언어로 말하고 행동해야 합니다. 혹은 한국에서 일을 하면서 외국의 비즈니스 파트너에게 신뢰감 있는 커뮤니케이션을 하고 싶다면 상대가 어떤 사람인지에 따라 톤과 스타일에 유의해야 합니다. 상대가 쓰는 그리고 내가 속하고 싶은 준거 집단의 사회적 언어 습관을 나도 비슷하게 맞춰줘야 하기 때문입니다.

트럼프와 오바마 지지자의 영어, 그리고 슈퍼마켓과 대학교 수업에서 쓰는 표현의 차이, 정치 미드, 시트콤과 리얼리티 쇼에서 쓰는 영어에 차이가 있다는 점을 눈치채셨다면, 내가 누굴 만나느냐에 따라 어떻게 영어를 말해야 하는지 고민해봐야 합니다.

미국 대학원 입학 시험인 GRE와 GMAT은 어휘(verbal) 시험이 있습니다. 유학을 위해 이 시험을 준비하면서 한국 대학원 시험에는 단어 시험이나 한자 시험이 없는데 미국은 왜 단어 시험을 보는지 의문이 들었습니다. 즉 미 대학원에 입학해 학업을 수행할 수 있다는 수학능력(修學能力)을 보여주기 위해는 어려운 단어를 많이 알고 있음을 증명해야 한다는 의미입니다. 라틴어 기반이 많은 GRE 수준 단어를 원어민들도 잘 모르고 공부를 해야만 알 수 있는 정도라는 것도 알게 됩니다. GRE도 외국인의 영어 실력을 평가하는 TOEFL의 단어를 봐도, 그리고 전공 서적이나 논문의 단어를 살펴봐도 문어체이면서, 라틴어나 불어를 어원으로 하는 구체적인 명사, 동사, 형용사, 부사임을 알 수 있습니다.

시트콤과 슈퍼마켓 등 일상에서 쓰이는 말은 구어체로, 앞서 영어의 역사에서 언급했듯이 기본 영어 어휘는 주로 고대 영어(게르만, 노스어)에서 온 경우가 많습니다. 하지만 학교 수업이나 직장의 전문 분야에서 쓰는 동사, 형용사, 부사는 문어체로 전문 분야를 가르치는 책이나 신문 기사에서 본 표현들이 쓰이는데, 중세에 편입된 불어나 라틴어에서 왔습니다. 외국어로 영어를 배우는 한국인 학습자는 이 차이를 인지하고 본인의 영어를 업그레이드할 때 캐주얼한 영어 표현 따로, 그리고 전문가 집단과 지식인 어휘를 따로 적절한 리딩 자료를 찾아서 동시에 채워 나가야 합니다. 따라서 고급 영어로 업그레이드하기 위한 학습법에서는 한 가지 정보에 대한 동의어 각각에 대한 톤을 세세히 구분해서 듣는 사람에 따라 뉘앙스를 골라 구체적으로 표현할 수 있어야 합니다.

예를 들어 '말하다'라는 의미로 일상 회화에 자주 쓰이는 영어 동사는 say, tell, talk, speak입니다. 문어적으로 신문 기사나 글에서 자주 보이는 동사 동의어로는 state, comment, mention, present, announce, declare, convey, deliver, describe, converse, explain, inform, notify, express, instruct, consult, discuss, voice, respond, answer, communicate, elaborate, assert, claim, argue, allege, rebut, report, reveal, spill, advise, confess, utter, whisper, discourse, question, chat, sound, pronounce, articulate, shout 등이 있습니다. (읽으시면서 세밀한 뉘앙스의 차이를 구분할 수 있나요?)

명사형으로 받는 동의어는 discourse, dialogue, presentation, chat, conversation, communication, debate, consultation, discussion, exchange, hearing, speech, remark, comment, expression, revelation, correspondence, advice, telling, declaration, talk, questioning, interview, statement, account 등이 있습니다.

위의 동의어들은 이미 여러분의 머릿속에 있습니다. 다만 글로 읽을 때 알지만 말이 나올 때 빠르게 골라 쓰지 못한다는 문제가 있습니다. 중급 영어 학습자는 뇌의 장기 메모리 속에 수동 영어로 존재하지, 능동 영어로 빨리 불러와 쓰지 못하는 이 연결이 깨진 이슈를 정밀 조준하는 영어 학습을 해야 고급 영어로 업그레이드될 수 있습니다.

나의 뇌의 메모리에 여기저기 분산되어 널려 있는 이 동의어 표현들을 리딩을 통해서 메모리 서랍에서 꺼내서 탈탈 털어 비슷한 의미의 동의어들의 미세한 의미 차이를 구분하여 다시 정리해야 합니다. 뜻이 비슷한 단어를 다 끄집어내서 그중 대표적 표현으로 '라벨링(labeling)'을 합니다. 여기서 다시 동사와 명사 세부 폴더를 나누고 긍정적/부정적 혹은 강하기/약하기로 스펙트럼을 나눠서 쫙 폴더 정리를 해 둡니다. 이렇게 머리로 정리하면서 손으로 적고, 입으로 소리내어 읽어서 혀 끝에 붙여야 합니다.

이 과정을 통해 장기 메모리 속에 깊이 잠겨 있던 표현을 끄집어내 단기 메모리로 올려 놓습니다. 하루 최소 10분 리딩을 통해 능동영어로 올라온 표현들을 내일 업무에서, 친구와 수다를 떨다가, 아니면 이메일을 쓸 때 바로 써봐야 성인 뇌에서 장기로 살아남을 수 있습니다. 이 책에서는 이 과정을 리딩을 통한 영어 튜닝으로 부릅니다. ESL로서 평생 이런 과정을 조금씩 끊임없이 반복하면서 내 영어를 튜닝해 둬야 합니다. 다음 장에 이 과정을 구체적으로 설명하겠습니다.

스트라디바리우스 같은 세계적인 명기(名機)도 연주 전에 튜닝을 하지 않으면 아름다운 소리를 낼 수 없듯이, 동시통역사들은 매일 영어 튜닝을 통해 다양한 표현을 빠르게 쓰는 훈련을 하고 있습니다. 이 영어 튜닝 훈련은 학원 수업 같은 외부인이 만들어 놓은 콘텐츠를 활용하기보다는, 본인이 공부 방법을 익히고 스스로 필요한 자료를 찾아 자신의 필요에 맞게 셀프 코칭으로 가능합니다.

제4장

글로벌 조직에서 살아남는
고급 영어 커뮤니케이션 전략

영어만 생각하면 놓치는
한국인의 영어 커뮤니케이션 이슈

북미, 유럽, 아시아에서 공부하시고 일하시는 300명 이상 한국인을 1:1로 고급 영어 커뮤니케이션 전략을 코칭했습니다. 영어로 외국인과 대화가 잘 통한다는 느낌이 들고 어느 정도 본인의 말에 통제력과 자신감을 느끼기까지는 영어 공부를 통해서 좋은 표현도 외워야 합니다. 하지만, 글로벌 조직에서 언어적 숙련도만으로는 한계가 있다는 점을 느꼈습니다. 커뮤니케이션은 듣는 사람과 말하는 사람이 있기 때문에 사람의 감정과 입장 그리고 목표에 따라 그 효과가 달라집니다. 따라서 언어적 숙련도뿐만 아니라 문화적 맥락과 인간의 심리에 대한 이해도 같이 높아져야 종합적으로 영어 커뮤니케이션 스킬이 업그레이드될 수 있다고 생각합니다. 말을 잘하고 싶으면 결국 사람을 이해하고 지혜롭게 대하는 리더십을 갖춰야 합니다.

동방예의지국의 나라, 예의와 체면이 서구보다 상대적으로 중요한 한국 사람들이 되레 직설적이라고 생각하는 미국 사람들 눈에 무례하고, 무뚝뚝하고, 남에게 관심이 없고, 어떤 땐 심지어 공격적으로까지 보일 수도 있다는 점을 아시나요? 왜 우리의 인식과 한국인을 바라보는 외국인의 평가는 다를까요? 왜 친절하고 예의 바르도록 노력하는 한국인이 영어를 쓸 때 왜 직설적이고 무례하게 보일 수도 있을까요?

이번 장에서는 한국인이 영어로 외국인과 커뮤니케이션을 할 때 전달력과 호감, 신뢰감, 그리고 설득력과 같은 커뮤니케이션 효과에 영향을 주는 사회적, 심리적 요인에 대해 생각해봅니다.

고급 영어로 업그레이드를 위해 언어 외적으로 점검해야 되는 이슈에 대해 체크리스트를 다시 확인해 봅시다.

카테고리	문제점	우선 순위
언어적 이슈		
표현/발음	제한된/한정된 표현 수준	
	쓰는 단어/표현만 반복적으로 씀	
	전공/일 분야 영어보다 일상 small talk가 어려움	
	설명, 묘사, 감정 표현이 어려움	
Fluency	문장 구조가 단순함	
	머릿속에서 한국어로 생각하고 영어로 번역해 말하는데 시간이 걸리고 버벅거림	
Listening	어떨 땐 잘 들리고 안 들리고 그때그때 다름	
발음	발음이 안 좋고 엑센트가 문제라고 생각함	
메시지 구조	말이 두서없이 늘어짐. 간결하고 분명(clear & concise)하지 않음	
	의식의 흐름으로 말하다 보면 포인트를 놓침	
	이메일로 설명하면 깔끔한데 말은 중구난방 중언부언임	

비언어적 이슈	
공부전략	책을 읽고 유튜브, 넷플릭스를 보면서 공부를 하긴 하는데 느는 것 같지 않음
	원어민 온라인 튜터와 회화 연습을 하는데 느는 것 같지 않음
	외국에 오래 살았는데 영어가 제자리
커뮤니케이션 효과	말하고 싶은 건 다 말할 수 있지만 세련되고 배운 사람처럼 고급 표현을 못 쓰는 것 같음
	너무 직설적(straightforward)인 것 같음. 부드럽게 톤 조절이 어려움
	거절이나 부정적 표현을 에둘러 외교적으로 못해서 너무 세게 나가는 거 같음
	결정을 내려야 할 때 내가 책임을 다 뒤집어쓰지 않게 정치적이고 전략적으로 말하고 싶은데 잘 모르겠음
	자기 주장을 펴거나, 논쟁이나 협상 때 어려움
	Presentation은 준비해서 잘할 수 있는데 질문이나 순발력을 요하는 순간 영어가 버벅댐
문화적 요인	나는 내 영어에 문제가 있다고 생각하는데 주변에 물어보면 다 괜찮다고 함
	Slang/idioms/고유명사 못 알아들음
	잡담(small talk)이 어색하고 귀찮음
	일 잘하는 걸 티 내고 널리 소문 내는(self-promotion & taking credit) 미국 문화가 어색하고 불편함
	내 커뮤니케이션 스킬에 대한 피드백을 받기 어려움

심리적 요인	완벽주의(실수하는 것을 피함. 실수할 것 같거나 틀릴 것 같아서 말을 안 함)
	자신감 결여(Imposter Syndrome)
	타인의 시각으로 나를 감시(눈치 보기)
	영어가 문제라고 생각하지만, 한국어로 말하더라도 타인과 관계를 맺고 커뮤니케이션을 하는 데 본인만의 이슈가 존재함
	영어로도 한국어로도 직장에서 잡담(small talk)이 귀찮고 원래 타인에 관심이 없음
	효율성에 대한 정의(굳이 이걸 꼭 말해야 돼?)가 사람 마다 다르다는 점, 특히 한국과 미국 혹은 나와 타인 간 일이 되게 하는 방식이 다르다는 점을 놓침
	폐 끼치고 싶지 않음(도움을 청하기보다 스스로 열심히 하는 편을 선택)
	내 권리를 적극적으로 주장하는 게 어렵다. 갈등 회피

논리적이고 완벽한 영어에 대한 강박을 버려라

:: 요점 없이 중언부언 나오는 영어

영어 표현 하나하나를 고급스럽게 쓰는 것 못지 않게, 콘텐츠를 논리 정연하게 말하는 것도 쉽지 않습니다. 영어 커뮤니케이션 코칭 시 영어로 말할 때 어려운 부분에 대한 질문을 하면 가장 첫 번째로 "영어로 말할 때 간결하고 분명한 포인트로 말하지 않고 만연체로 중언부언한다"는 문제를 꼽았습니다. 목표로 하는 이상적인 영어 수준을 묘사해보라고 하면, "어느 상황에서나 자신감 있게 통제력을 가지고 프로페셔널 느낌을 주는 동시에 간결하지만 임팩트 있게 말하기"라고 하셨습니다.

모국어인 한국어로도 요점이 명확하고 자신감 있는 말솜씨는 쉽지 않습니다. 하물며 영어로 때와 장소와 듣는 사람에 맞게 말을 잘하는 것은 더 어렵게 느껴집니다. 제가 이 책의 목적은 단순히 영어를 가르치는 게 아니라 영어로 말하는 커뮤니케이션과 리더십 스킬에 대해 생각할 거리와 전략을 제공하겠다고 말씀드리는 이유입니다. 고급 영어를 잘 말하기 위해서는 단순히 고급 영어 표현만 많이 안다고 말로 나오지 않습니다. 효과적인 메시지 전달을 위한 구조에 대해서 살펴봅시다.

- 첫째, 영어를 외국어인 ESL로 배우는 한국인은 원어민과 커뮤니케이션 할 때 가장 강조하고 싶은 핵심 요점을 두괄식으로 말하는 게 좋다. (Critical messages first)
- 둘째, 이메일이나 프레젠테이션 시 중요 포인트를 뒷받침하는 포인트들은 bullet point나 숫자나 데이터로 정렬해서 말하는 것이 청자의 이해를 돕는다. (Use bullet points)
- 셋째, 이메일이나 프레젠테이션을 마무리할 때 앞에 언급한 내용을 짧게 요약하면서 처음에 말한 주요 포인트를 한 번 더 강조하면 좋다. (Summarize to wrap up)
- 넷째, 이메일의 수신자와 프레젠테이션을 듣는 관중에게 기대하는 행동이 있거나, 업무 역할 분담 상 차후 follow-up이 필요하면 상대가 해줘야 할 일을 마지막에 따로 직접적으로 언급해주는 것도 필요하다. (Call to action)

그동안 프레젠테이션 방법을 가르치는 다양한 교육에서 들어본 전략입니다. 쉬워 보여도 사실 중요한 사람들 앞에서 말하려고 하면 알면서도 적용하기 쉽지 않습니다. 긴장한 상태에서 머릿속에서 번역을 하느라 신경을 써야 하고, 현장에서 벌어지는 상황이나 질문들에 대해 순발력까지 발휘해야 하기 때문입니다. 따라서 보고나 프레젠테이션 메시지를 구성하면서 미리 리허설이 필요합니다.

앞서 고급 영어가 말해지는 상황은 대화에 참여하는 사람들의 교육 수준이 높고 논의하는 내용이 전문적인 경우가 많다고 말씀드렸습니다. 학회나, 기업의 프레젠테이션과 취업 인터뷰 등에서 우리는 프로페셔널하고 자신감 있게 말하고 싶습니다. 이렇듯 고급 영어에 담겨야 될 논리와 콘텐츠는 어때야 할까요? 아래 실제 상담 사례를 통해 생각해 보겠습니다.

은수(가명) 씨는 학벌이 좋은 학부 졸업생이 많이 간다는 세계적인 전략 컨설팅 회사에서 3년차 주니어 컨설턴트로 일하고 있습니다. 그가 저에게 영어 이슈 진단을 받고 싶다고 코칭을 의뢰했을 때 의외라는 생각이 들었습니다. 좋은 미국 대학을 졸업하고 살아남기 치열한 컨설팅 회사에서 3년이나 일했다는 것 자체가 영어 실력을 입증한다고 생각했기 때문입니다. 실제로 확인해보니 이분의 영어 실력은 상당했습니다. 고등학교부터 대학까지 미국에서 공부했다는 점을 고려해봤을 때 고등 교육을 영어로 받았고 실제 영어 표현이나 문장을 만드는 구사력이 거의 모국어 수준인데 왜 본인 영어에 대해서 자신이 없었던 걸까요? 은수 씨는 같이 일하는 파트너(컨설팅 회사의 임원)가 본인이 보고하면 갸우뚱한 표정을 짓고, 본인을 신뢰하지 않는 것같이 느껴져서 혹시 원어민 동료들 대비 ESL인 본인 영어 때문인지 불안하다고 말했습니다.

저도 영어 코치로서 이미 고급 수준의 영어를 말하는 이분이 왜 스스로 영어를 못한다고 스스로 자신 없어 하는지 궁금했습니다. 문제의 원인을 찾기 위해 계속 질문을 하면서 영어와 한국어로 이야기를 듣다 보니 왜 그 직장 상사가 만족스럽지 않았는지 알 것 같았습니다. 이분은 말을 할 때 포인트 없이 늘어지고 장황하게 말하는 습관이 있었습니다. 꽤 길게 이야기를 들었는데 듣고 나면 기억나는 핵심 정보가 없는데 그 이유를 아느냐고 물어봤습니다.

여러 주에서 다양한 업계의 클라이언트를 상대하며 다수의 기업 프로젝트를 동시에 관리하는 멀티태스킹을 해야 하는 전략 컨설팅사의 파트너(임원)가 주니어 컨설턴트에게 보고를 받으며 기대하는 건 무엇일까요? 신속한 정보 전달? 파트너도 본인 성과를 측정하는 KPI를 맞춰야 하는데, 이 임원이 본인 역할을 성공적으로 수행하는 데 가장 부족하고 귀한 자원이 무엇일까요? 바로 시간입니다.

파트너는 주니어 컨설턴트가 본인이 시간만 있으면 직접 찾아볼 수 있는 데이터를 길게 늘어져서 나열해 보고하는 걸 원하지 않습니다. 대신 주니어가 자료(raw data)를 찾아서 처리(processing)한 다음에 분석된 결과(analysis)를 가져오길 기대합니다. 더 나아가에 이에 대한 자신의 의견(view/opinion)과 그 이상 역량이 된다면 본인만의 통찰력(insight)이 담긴 정보를 보고에서 듣길 기대합니다.

이렇듯 미팅, 프레젠테이션, 인터뷰 등 고급 영어가 말해지는 상황에서는 커뮤니케이션 당사자들이 뚜렷한 목적을 가지고 만납니다. 청자는 화자에게 듣고 싶은 정보가 명확히 있고 본인이 듣고 싶은 정보를 화자로부터 찾을 것이라고 기대하며 듣습니다. 말하는 콘텐츠에서 이 정보가 빠져 있으면 아무리 영어가 유창해도 원어민에게 커뮤니케이션을 잘하는 사람이라는 인상을 줄 수 없습니다. 영어가 아직은 불편한 한국인 입장에서는 직장에서 외국인 상사나 임원들과 보고, 인터뷰, 프레젠테이션을 해야 되는 경우 긴장이 되어 말해야 하는 영어 표현을 미리 번역해서 준비해서 갈 수도 있습니다. 하지만 영어 실력이 영원히 원어민 수준에 도달할 수 없는 한계를 인정하고 글로벌 조직에서 그들과 경쟁해야 한다면 언어 외적인 고급 콘텐츠로 승부를 봐야 합니다.

ESL로서 영어가 영원히 우리의 약점이라면, 외국인과 일할 때 그 말에 담긴 말의 콘텐츠가 흥미로워야 상대가 우리의 말에 상대가 집중해서 듣습니다. 따라서 고급 영어를 말하는 느낌을 주려면 내 영어 커뮤니케이션에 raw data가 아닌 내가 프로세스한 생각(analysis)을 담아야 합니다. 한국 사람이 영어로 외국인을 상대할 때는 커뮤니케이션에 의견(opinion/view)과 통찰(insight)이라는 내 식으로 프로세스한 데이터와 정보, 그리고 동료나 상사가 들어본 적이 없는 전문적이고 뻔하지 않은 새로운 이야기와 문제 해결 방식이 담겨 있어야 합니다. 이러면 영어가 원어민 대비 부족하다 한들, 듣는 사람이 흥미가 있어서 한마디라도 놓치지 않으려고 집중하면서 듣게 됩니다.

AI가 빠르게 발달하면서 raw data를 분석하고, 분석 결과를 비주얼로 보여주는 역할도 사람이 아닌 컴퓨터 툴로 대체되고 있습니다. 영어도 AI가 실시간으로 통역과 번역을 해주기 때문에 시간이 지날수록 영어의 언어적인 질 자체가 커뮤니케이션에 영향을 미치는 비율이 적어질 수도 있습니다. 그렇기 때문에 고급 영어를 말하기 위해서는 메시지 전략도 함께 생각해봐야 합니다.

일상 생활에서 항상 그럴 순 없지만 프레젠테이션, 미팅, 인터뷰 등 내가 외국인에게 평가받아야 되는 중요한 자리에서 영어로 말 할 때, 말에 담긴 정보 가치가 약하고 늘어진 raw data 정보가 아닌, 수준이 높고(high-level), 정보 가치가 무게감이 있고(valuable), 촘촘한(intensive) 분석/의견/통찰인지 한번 점검해봐야 합니다.

말이 쉽지 한국어로도 어려운데 영어식 논리를 담아 커뮤니케이션 효과가 있게 콘텐츠 구성을 하는 것이 쉽지 않습니다. 따라서 통찰력이 담긴 콘텐츠를 머릿속에서 구성해서 영어로 자연스럽게 말하기 위해서는 평상시에 분석적이고 의견을 개진하는 잘 쓴 영문 작가가 쓴 글을 찾아서 정독하며 구조를 분석해 가면서 읽어야 합니다. 영미권의 오피니언 리더나 식자층이 자주 읽는 Economist, Harvard Business Review, Atlantis, New Yorker, New York Times 칼럼이나 논설을 추천 드립니다. 이런 글을 정독하다 보면 고급스러운 영어 표현도 배울 수 있지만, 영미권 사람들의 논리 구조와 글의 스타일도 배울 수 있는 좋은 교재입니다. 뒤에 고급 영어 학습법에서 어떤 글을 어떻게 분석하며 읽어야 유려한 영어 표현으로 영미권 문화적 논리를 담은 의견 개진을 할 수 있는지 구체적으로 설명 드리겠습니다.

:: 항상 부족해 보이는 내 영어

저에게 코칭을 의뢰하시는 분들 중에 가끔 저도 깜짝 놀랄 만큼 영어를 잘하는 분들이 계십니다. 그때마다 코칭을 하는 저도 너무 궁금해서 "왜 굳이 영어 실력을 진단받고 싶다는 생각이 들었는지" 물어봤습니다. 국제 기구, 언론사 기자, 변호사, 전략 컨설턴트로 이미 현업에서 일하고 계신 분들이 영어를 못할 리가 없고, 주변에서 영어를 꽤 한다는 평가를 들었을 텐데 왜 본인이 부족하다는 생각을 했을까요? 그리고 왜 제3자에게 한번 본인의 영어 실력을 검증받고 싶었을까요? 이분들은 검증(assessment)이 필요했을까요? 아니면 확인(assurance)이 필요했을까요?

영어로 말하면서 글로벌 조직에서 일하고 싶거나 이미 일하고 계신 분들은 영어 공부를 하긴 하는데 늘지 않고 정체되는 것 같아서 공부가 재미가 없습니다. 문득 내 영어에 자신감이 없고, 외국인을 대하는 데 불편한 마음이 올라옵니다. 이런 고민을 나만 하는 게 아닙니다. 300명 이상의 한국인 중급 영어 학습자를 1:1로 코칭하면서 한국인들이 영어를 공부하고 외국인을 대할 때 공통적인 심리적 패턴과 이슈가 있다는 걸 발견했습니다. 이 심리적 이슈는 한국 문화와 미국 및 서구 문화의 차이에서 많은 부분 기인한다고 생각합니다.

✔️ 항상 부족하다고 느끼는 "I am not enough" 심리

- 완벽주의자(perfectionist): 실수하는 것을 피함. 실수할 것 같거나 틀릴 것 같으면 아예 말을 안 함
- 자신감 결여(imposter syndrome): '내 영어는 부족해'라고 스스로에 대한 평가가 박하고 영어를 못하는 걸 사과하는 듯한(apologetic) 태도
- 타인의 시각으로 나를 평가 감시(눈치 보기, self-critical): 발음이 너무 한국식인데 외국인의 완전하지 않은 영어로 원어민 대비 무시당할까 불안함(insecurity)

해외여행에서 외국인을 만나거나 외국 생활하시면서 외국인과 대화를 나누다 보면 문화 차이로 인해 생각이 시작되는 근본적인 세계관이 완전히 다를 수도 있다는 생각을 하신 적이 있으실 겁니다. 한국 문화와 미국을 포함한 서구권 문화의 눈에 띄게 다른 점 중 하나는 피드백을 주거나 평가를 하는 방식입니다. 미국에서 학교에 다녀 보셨거나 아이를 외국 학교에 보내시는 분들은 학교에서 부정적인 피드백을 거의

주지 않고, 긍정적인 피드백은 호들갑스럽게 자주 표현한다는 느끼실 겁니다.

저는 한영 동시통역으로 한국에서 대학원을 다녔고, 미국에서는 HR/조직 심리 석사를 하면서 대학원을 각각 두 번 다닌 경험이 있습니다. 한국 통역대학원 수업의 대부분이 통역한 내용을 동료와 교수님에게 구체적인 비평을 받고 수정하는 식이었다면, 미국 대학원 토론 시간엔 서로 좋은 이야기만 하니 배우는 게 없는 듯 느껴졌습니다. 되레 교수님의 지적을 기다리는 저를 보면서 '아 내가 한국에서 강하게 컸구나⒂'란 생각이 들었습니다. 한국 사람은 자라면서 부모님, 선생님, 친구, 어른들에게 지적이나 평가를 자주 받고, 성인이 되어 사회생활을 하면서도 보완해야 할 단점 위주의 피드백을 받습니다.

한국은 빠른 경제 성장을 거치면서 '오늘보다 더 나은 내일'을 위해 현재의 즐거움을 유보할 수 있다는 생각이 지배적이었습니다. 이런 세계관에서는 내가 가진 장점은 당연하게 생각합니다. 더 빨리 성장하기 위해서 이미 가진 장점을 즐길 시간은 없습니다. 대신 단점을 빠르게 찾고 보완하는 데 집중합니다. 효율을 중시하고 성장 지향적인 한국의 사회적 문화적 분위기에 우리도 모르게 젖어 있습니다.

미국에서 살면서 한국인에 대한 긍정적인 평가를 듣는 경우가 종종 있습니다. 한국인 친구가 있거나 한국 사람과 직접 일해본 경험이 있는 분들은 한국인은 신뢰할 만하다(reliable), 교육 수준이 높다(educated), 세련됐다(sophisticated)란 말을 하는데 한국 사람인 우리도 무슨 말인지 알 것 같습니다. 더불어 제가 인상 깊다고 느낀 말은 한국인은 성장 지향적(growth mindset)라는 평가입니다. 우리는 잘 모르지만 미국과 유럽 평균과 비교하면 한국인의 DNA에는 '성장'이 새겨져 있는 듯합니다. 그래서 학교 교육이나 양육에서 현재 상태의 만족이 아니라 현재 부족한 부분을 찾아 보완해 빨리 성장하는 데 더 집중합니다. 아니 그럼 미국과 다른 나라 사람은 안 그렇단 말이야? 라고 물으신다면 생각보다 '그렇지 않을 수도 있다'라고 말씀드릴 수 있습니다.

뉴욕이나 샌프란시스코같이 교육 수준과 소득 수준이 높은 대도시에 사는 사람과 교육 수준이 높은 성취 지향적(high achievers) 그룹을 제외한 대다수의 미국과 유럽 사람 세계관은 '오늘과 내일이 크게 다르지 않다'라고 생각합니다. 그래서 매사에 급하지 않고 무리하지도 않습니다. 평균 경제 성장률이 8~10%여서 오늘의 노력에 따라 내일의 모습이 크게 달라지는 개도국이었던 한국에서 자란 우리와, 경제 성장률이 1~2%로 올해와 내년이 삶의 질이 크게 다르지 않았던 선진국의 마인드 셋은 다를 수밖에 없습니다. 요즘 워라밸을 중시하는 Gen G세대와 기존 조직 문화가 충돌하는 세대 갈등도 70~80년대 '개도국 한국'에서 자란 윗세대와 2000년대 이후 '선진국 한국'이란 다른 나라에서 사는 어린 세대가 가진 성장과 개인의 삶에 대한 태도가 달라 그런 게 아닌가 싶기도 합니다.

특히 영어를 더 잘하고 싶어서 이 책을 읽고 계시는 분들은 성인이 되어서도 영어 공부를 통해 자기계발이나 커리어 성장을 하고 싶은 분들입니다. 기본적으로 성장 마인드를 다 가지고 있는 한국인들 중에서도 특히 성장 마인드 지수가 더 높은 사람입니다. 이런 분들은 자신이 이미 가지고 있는 장점이나 성취한 건 당연하거나 특별하지 않다고 생각하고, 자신의 부족한 점을 보완하는 데 더 집중하는 경향이 강합니다. 이런 마인드로 평생을 노력해 오셨기 때문에 지금까지 개인적 성취도 가능했습니다. 본인에게 엄격하고 더 나아지기 위해서 단점을 끊임없이 찾고 보안하는 절차탁마의 태도가 커리어와 개인의 성장에는 좋습니다. 하지만 실수에 엄격하고 스스로 지적하는 태도가 영어 공부에는 방해가 될 수도 있습니다.

:: 생각보다 내 영어는 괜찮아

코칭을 하면서 가장 많이 듣는 고민은 '영어 발음이 안 좋다'와 '한국 엑센트'입니다. 미국, 유럽, 중국에서 다양한 나라 사람과 만나서 영어로 대화하면서 본인 영어 발음이 안 좋다거나 영어를 못해서 미안하다는 식의 표현을 하는 사람들은 한국인(그리고 일본인 정도)밖에 못 봤습니다. 한국인 못지 않게 엑센트가 강하고 발음이 알아듣기 힘든 프랑스와 이탈리아 사람이 본인들 영어 수준이나 발음에 대해서 사과하는 경우는 거의 못 봤습니다. 같은 동북아 사람 중에서도 중국인은 한국인보다 영어를 못해도 되레 자의식 없습니다. 문법이 틀려도 표현이 어색해도 생각없이 내뱉고 보는 경우가 많은데, 훨씬 표현도 많이 알고 영어 공부도 오래 한 한국인들은 본인이 실수할까 걱정이 많습니다. 또한 남들이 본인 실수를 눈치채면 어떻게 할까 걱정해서, 되도록이면 말을 하는 상황을 줄이려고 합니다. 혹시나 말을 이상하게 한 것 같으면 꽤 오랫동안 마음이 불편합니다.

본인에 대해서 이상적인 준거 기준이 높아 만족이 쉽지 않은 점, 그 수준에 미치지 못하면 부족한 점을 더 크게 의식하는 것, 타인의 평가를 의식하는 점이 우리도 모르게 젖어 든 성장 지향적인 한국 문화의 영향입니다. 이렇듯 내 안의 '나를 평가하는 제3의 눈'으로 항상 본인의 영어가 충분치 않다고 평가하니 계속 자신감이 없고 영어 공부를 지속할 동기가 약해집니다.

자기에 대한 의식, 타인의 눈으로 자신을 평가하는 것을 멈춰보세요. 말이 쉽지 평생 해온 습관을 고치기는 쉽지 않다는 걸 잘 알고 있습니다. '나는 영어를 못해, 내 발음은 안 좋아, 문법이 틀렸네, 표현이 정확하지 않고 뭉뚱그렸네, 머릿속에서 번역을 할 때 적합한 표현이 떠오르지 않네'같이 내 영어의 단점을 찾는 '머릿속의 목소리'가 계속 나를 평가합니다. 사실 이 자아 비판 목소리는 내 목소리도 아니라 영어를 배울 때 피드백을 준 선생님, 엄마 그리고 같이 공부했던 스터디 파트너의 목소리입니다. 이렇듯 한국인이 영어를 말할 때 '내 안에 내가 너무 많아' 자신감과 커뮤니케이션 효과가 떨어집니다.

여러분이 머릿속에서 영어 단어를 고르는 데 신경을 쓸 때, 상대방은 여러분의 목소리, 표정, 태도, 메시지 등 커뮤니케이션 본질에 집중하고 있습니다. 혹여 실수를 하더라도 아무렇지 않게 쓱 넘어가면 아무도 모르고, 머쓱해하거나 자신 없는 태도를 보이면 그제서야 실수를 눈치챕니다. 그렇기 때문에 '외국인인데 영어 실수하는 게 당연하지'라고 좀 뻔뻔한 태도를 가져보면 어떨까요?

성인학습에서는 동기 유발이 다라고 했습니다. 내적 동기 유발은 끊임없이 자기 자신을 달래고 북돋아야 가능합니다. 실수를 용인해야 말이 늡니다. 완벽한 문장을 쓰고 말로 하겠다는 생각을 버려야 합니다. 다문화 국가인 북미, 호주, 영국의 영어 원어민은 나 아니어도 이미 이민자나 영어가 모국어가 아닌 사람과 대화한 경험이 많습니다. 따라서 나와 대화하는 미국 사람이나 외국인은 이미 내 모국어가 영어가 아니라는 사실을 감안하고 듣습니다. 한국 사람도 한국어를 배우는 외국인과 대화를 나눌 때 한국어 문법이 깨지고 말이 이상하더라도 내용은 다 알아듣습니다. 다만 그 사람의 진정성과 태도 의도가 무엇인지 파악해주려고 노력하며 들어줍니다. 영어에 자신이 없거나 실수할까봐 조심스럽다는 마음이 드시면, 이런 생각이 나만의 자의식일 수 있다고 생각해보면 어떨까요?

단기적으로 이미 내가 가진 영어를 가지고 '내일 당장' 영어를 잘하게 들리도록 하고 싶다면 '내 영어는 지금도 충분하다.' '비원어민이 쓰는 영어지만 상대가 원하는 정보를 잘 전달하면 된다'라고 좀 가볍게 생각해보세요. 맨날 '살 뺀다 뺀다' 하고 못 빼 듯이 맨날 '영어 공부한다 한다' 해놓고 안 하듯이 지금 당장 부족하다 생각하면 앞으로도 계속 못합니다. 영어 공부를 해야겠다는 생각을 오늘 하고, 당장 시작해야 합니다. 당장 마음가짐을 바꾸겠다는 생각을 시작해야 변화의 에너지를 끌어들일 수 있습니다. 생각이 모든 것의 시작입니다. 생각을 하면 그 생각이 이뤄질 수도 있고 아닐 수도 있는 50:50의 확률이지만, 생각을 안 하면 안 이뤄질 확률 100%입니다.

따라서 '내가 영어에 자신감이 없는 건 위에 설명한 여러가지 한국문화적 요소 때문이니 괜찮다'고 먼저 자기 긍정을 먼저 하세요. '뭐 어때. 난 어차피 영어가 모국어가 아닌데'라고 자의식없이 가볍게 생각하세요. 외국어를 배우는 사람은 다 한 번씩 겪는 자신감이 떨어지는 정체기일 뿐이고 다 지나간다고 생각해보세요. 지금은 영어를 잘하는 건 아니지만 내년엔 지금보다 영어를 더 잘할 거니까 괜찮다고 생각하세요. 실수하는 걸 두려워하고 완벽한 문장을 뱉으려 하는 것보다, 자의식없이 말을 많이 하는 게 중급에서 고급으로 업그레이드되는 데 더 효과적입니다.

성인학습에서 중요한 동기 유발 이론의 가장 핵심 이론인 리차드 라이언과 에드워드 데시의 '자기 결정론'에 따르면 내적 동인을 유지하는 요소 중에 '자신을 능력 있는 존재로 인식하는 유능성(competency)'이 중요하다고 합니다. 영어 공부를 지금 당장 시작하기 위해 성인은 "지금까지 잘하고 있다 하지만 더 나아지고 싶다"라는 멘탈 챙김도 필요합니다. 정신 승리도 성인 학습에 중요합니다.

정리 영어로 커뮤니케이션이 자신 없다고 느끼는 경우

원인
- 영어를 틀릴 것 같다는 불안감에 자기 검열을 하느라 커뮤니케이션 효과를 결정하는 콘텐츠와 메시지 전략을 놓침
- 스스로 부족하다고 생각하며 영어를 못한다는 자의식이 외국인과 소통을 방해

해결책
- 영어 자체보다도 듣는 이의 의도를 파악하고 커뮤니케이션 목표에 맞는 컨텐츠를 전략적으로 구성하기
- 남들은 나의 영어 발음과 문법에 크게 신경 쓰지 않는다는 사실 인지하고 자의식 버리기

미국인에게는
미국식으로 대하자

:: 한국인은 어려워하는 스몰 토크

요즘 유튜브 피드에 한국에 사는 외국인을 대상으로 한국에 와서 느낀 문화 충격을 물어보는 콘텐츠가 자주 뜨는데, 그중에 저도 모르게 박장대소를 한 한국인만의 문화가 있었습니다. 바로 '한국인은 표정이 없고, 모르는 사람에게 말을 걸지 않는다. 표정이 엄격해 보여 화난 것처럼 보이지만 막상 말을 걸면 그 누구보다 친절하다'입니다.

미국에 와서 제일 어색했던 점이 모르는 사람들이 어디서든 말을 걸고 인사를 한다는 것이었습니다. 아파트 엘리베이터, 공원이나 식당이나 바, 기차 등 어딜 가도 "Good Morning"이나 "Hello"라고 말을 걸고 대화를 시작합니다. 처음 미국에 가서는 이런 미국식 잡담(small talk) 문화가 잘 적응이 안 됐습니다. 한국은 아파트 앞집에 누가 사는지도 모르는 경우가 파다한데, 미국은 아파트 모든 사람이 엘리베이터나 복도에서 마주칠 때마다 친절하게 인사를 하고, 이름(first name)을 외우고 부릅니다.

제가 뉴욕에 사는 아파트에서 한국처럼 경비 아저씨와 눈을 마주치면 "Hi"라고만 하고, 말을 안 걸고 조용히 지나다니다 미국 친구의 지적을 받은 적이 있습니다. 매일 보는 경비원에게 인사를 하지 않고 빠르게 지나가거나, 웃지 않고 오갈 때 간단하게라도 말을 걸지 않으니 무례해 보인다고요. 저는 어색해서 그랬지만 친밀한 스몰 토크가 문화인 미국에서는 모르는 사람과 할 말이 없어서 소극적이었던 제 태도가 무례하거나 혹은 냉담하게 느껴지는구나 싶었습니다.

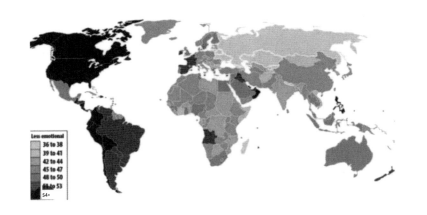

전 세계 감정 표현 지수, 2009년 갤럽

전 세계 국가의 일상 감정 표현 여부를 수치화한 2009년 갤럽의 조사에 따르면 미국은 가장 감정 표현을 적극적으로 하는 나라 중 하나인 반면에, 한국은 같은 동북아 문화권의 중국과 일본보다 감정 표현이 더 적은 국가 중 하나로 밝혀졌습니다. 위 그림을 보면 구소련 연방 국가를 제외하고 전 세계에서 한국이 가장 무뚝뚝한 나라 중 하나인 것입니다. 반면 우리 생각에 날씨도 좋고 성격이 더 활발할 것 같은 멕

시코와 호주보다도 훨씬 감정 표현을 더 많이 하는 지역이 미국과 캐나다입니다. 세계적으로 일상에서 감정 표현을 가장 많이 하는 지역이 북미 지역이기 때문에, 영어로 미국에서 사람을 대할 때 감정을 가볍게 표현하는 일상 수단인 small talk가 문화적으로 중요합니다.

따라서 한국에서 북미권으로 이주해서 생활하는 경우 한국에서처럼 웃지 않고 단도직입적으로 용건만 말하면 무뚝뚝하거나 불친절하다고 오해를 살 수도 있습니다. 스타벅스에서 커피를 사거나 식당에서 주문을 하거나, 우체국에서 소포를 보낼 때도, 엘리베이터에서 처음 보는 사람에게 말을 걸 때도 항상 웃으며 "Hi, how are you?"라고 먼저 ice-breaking을 하고 본론에 들어가야 합니다. 미국 사람들의 목소리 크기나 몸 동작 같은 에너지 텐션이 기본적으로 한국 사람보다 몇 배는 높다 보니, 고급 영어 커뮤니케이션 코칭 시 많은 한국분들이 업무 때 쓰는 전문적인 영어보다는 일상의 small talk가 더 기가 빨리고 힘겹다고 말씀하십니다. 특히 낯을 가리시는 내향적 성격이거나, 혹은 굳이 쓸데없는 잡담은 불필요하다고 생각하시는 효율적인 사고를 가진 분들은 이 미국의 small talk 문화에 이물감을 느낀다고 토로하십니다.

긍정적이고 밝은 이야기만 하는 스몰 토크

낯선 사람에게 스스럼없이 말을 걸고 친절함을 드러내는 미국의 small talk 문화를 한 꺼풀 더 깊이 들여다보면 주로 긍정적인 이야기만 얕게 한다는 걸 느낄 수 있습니다. 미국에서 "Hi, how are you?"라고 지나가는 말로 인사를 할 때 대부분 "Great" 혹은 "Pretty good"이라는 긍정적인 짧은 대답을 경쾌하게 하고 넘어갑니다. 모르는 사람끼리는 날씨, 동네 스포츠 팀이 이긴 이야기, 새로 오픈한 레스토랑 등 가벼운 이야기를 스치듯이 말하지 더 이상 깊은 대화는 하지 않습니다. 직장 동료나 자주 보는 사람끼리는 주말을 어떻게 보냈는지, 아이가 어느 대회에 나가서 상을 탔다는 등, 가벼운 인사와 일상을 공유하긴 합니다.

혹시 아주 친한 사이가 아니고 공적인 관계나, 안 친한 미국 사람이 "How are you?"라고 물어볼 때, "No, I am not well" 혹은 "I feel bad" 같은 부정적인 대답을 해보신 적이 있으신가요? 저는 예전에 미국 문화를 잘 몰랐을 때 제 부정적 감정에 대해서 솔직히 말한 적이 있는데요. 그러자 고장 난 로봇같이 삐걱거리며, 어떻게 이 대화를 끝내지 하는 얼굴로 당황해하는 상대방을 보고 제가 더 당황했습니다. 당연히 가벼운 긍정적인 대답이 나올 거라 생각했는데 갑자기 알고 싶지 않은 개인의 부정적이고 깊은 사정이 나오니까 어색해합니다. 미국 문화에서는 부정적인 감정 표현을 아주 친하지 않은 사이에서는 거의 하지 않습니다. 설사 친하더라도 한국만큼 깊이 들어가지 않습니다. 반면 한국은 "요즘 어떻게 지내요"라고 물어보면 친하지 않은 공적인 사이에서도 좋다는 긍정적인 표현보다는 "죽겠어요," 혹은 "정신없어요"라는 부정적인 표현도 스스럼없이 합니다. 왜 한국과 미국의 안부를 묻는 방식은 다를까요?

그 이유를 나중에 미국에 온 지 1년 만에 대학원 수업에서 알게 됐습니다. 대학원 수업에서 그룹 토론이 있었는데 예전 회사 상사에게 당했던 억울한 점을 토로하는 제 이야기를 교수가 지나가다 듣고 수업이 끝나고 "네가 당했던 상황이 권력에 의한 학대 같은데 괜찮냐"라고 물어보는 이메일이 왔습니다. 이메일을 받고 저는 '아, 미국은 약자의 감정을 보살펴주는구나'하고 내 과거 상황과 시간이 지나서 배운 교훈 위주로 개인적 사연을 담은 장문의 사연을 교수에게 보냈습니다. 그랬더니 "네가 잘 극복해서 다행이야"라고 짧은 답장이 왔습니다. 뭔가 더 이상 알고 싶지 않다는 선을 확실히 긋는다는 느낌이 들었습니다. "아니 먼저 물어봐 놓고? 그래서 말해줬는데?" 괜히 솔직하게 개인 사정을 속속들이 토로했다가 내가 털린 느낌(feel vulnerable)이 들어서 낮에는 직장생활을 하고 대학원을 다니는 사회생활을 많이 한 미국 친구에게 내가 문화적으로 어색하고 부적절한 점이 있었는지 조언을 물었습니다.

같은 수업을 들었던 친구 말이 그 교수는 조직이나 학교의 가이드라인에 따라 뭔가 피해를 본 것 같은 학생의 안부를 체크하는 역할을 한 것뿐이라고 합니다. 학생이 괜찮은 걸 확인하는 자신의 역할을 다했으면 그 뒤에는 구체적인 학생의 감정에 관심이 없다고 말해줬습니다. 상담이나 그 이상의 스토리를 듣고 조언해주는 건 자신의 역할이 아니라고 생각할 수 있다고 합니다. 그 교수를 아는 친구는 그 사람이 미국 평균에 비해 정서적이거나 친절한 사람은 아니어서 그럴 수도 있다고 다른 친절한 미국 사람도 많다고 말했습니다.

그 경험 이후 미국 사회에서 인간 간에 적절한 거리란 무엇인지 생각해봤습니다. 미국인들이 겉으로는 무표정하고 인사를 안 하는 한국인들보다 더 친절해 보이지만, 가벼운 small talk 그 이상은 들어가지 않는 적정한 선이 있는 것 같습니다. 개인마다 타인에 대한 호기심과 친절함도 다르기 때문에 어디가 적절한 선인지는 미국인과 대화하면서 스스로 테스트를 해봐야 합니다.

부정적인 감정은 이야기하지 않는 것, 모르는 사람이나 안 친한 사람에게도 스스럼없이 자신의 이야기를 가볍게 하는 것, 하지만 깊은 이야기로는 들어가지 않고 겉핥기 식으로 좋은 이야기만 유쾌하게 하는 이 북미권의 small talk 문화에 대해서 한국인들은 어렵다고 생각합니다. 한국인은 모르는 사람이나 안 친한 사람에게는 자신의 이야기를 거의 하지 않지만 알고 난 이후엔 아주 깊은 개인적 사정도 쑥 들어갈 때가 있습니다. 평상시에는 무뚝뚝한 한국인들이지만 같이 술 한잔 걸치고 풀면(?) 갑자기 내적 친밀도가 높아지기도 합니다.

당연히 미국에서 성인이 돼서 만난 친구들이 한국 친구만큼 깊은 관계가 될 수도 없지만, 그래도 인간은 속상한 감정이 들면 주변 사람에게 토로하고 싶은 욕구도 생깁니다. 아무리 긍정적인 이야기만 하려고 하는 미국인들도 친구끼리는 직장이나 연애의 속상한 일이나 짜증 나는 일, 가정사 스트레스를 이야기합니다. 하지만 이 경우에도 한국 사람들 대비 날 것의 솔직한 감정보다는 이미 한번 정리된 감정을 말해주는 듯한 느낌이 들었습니다.

제가 뉴욕에서 한 친구와 만났는데 만나기 직전에 집안일로 심한 마음의 동요가 일어난 듯 보였습니다. 제가 무슨 일이냐고 물으니, 엄마와 어릴 때부터 심한 갈등이 있어서 오래 심리 상담을 받았던 그는 오랜만에 부모님 집을 방문했다가, 다시 엄마와 다투고 오랜 트라우마가 되살아났는지 좀 불안해 보였습니다. 그래서 어차피 만났고 저는 그의 사정을 이미 알고 있고 잘 들어주는 사람이라 이야기를 해보자고 했더니 괜찮다면서 바로 제 앞에서 그의 심리 상담사에게 전화를 걸어서 가장 빠른 상담 약속을 잡았습니다. 그때 '아, 미국 사람들은 이렇구나'

하고 문화 충격을 받았습니다.

교육 수준이 높은 빅 테크 회사의 엔지니어였던 그는 어차피 회사에서 제공되는 의료 보험이 좋기 때문에 비싸지 않은 가격에 정신과 의사나 심리 상담사와 전화 상담 세션을 가질 수 있습니다. 눈 앞에 있는 친한 친구보다 오랫동안 상담을 받아서 과거 히스토리를 다 아는 심리 상담사가 더 효율적인 상담을 해줄 수 있겠죠. 미국에선 친구보다 상담사에게 개인 이야기를 하는 건 특수한 경우가 아닙니다. 제가 만났던 뉴욕의 좋은 직장에 다니는 고학력의 미국인일수록 자기 감정을 솔직하게 말하지 않고, 특히 부정적인 감정일수록 세련되게 감추는 인상을 받았습니다.

하지만 그들도 인간이기에 스트레스나 부정적인 감정을 프로세싱해야 합니다. 한국에서처럼 친구나 가족과 술 한잔하면서 풀기보다는 부정적인 감정은 정신과 의사나 상담사 같은 전문가에게 외부 용역으로 '아웃소싱'하는 것 같습니다. 요즘 한국에서도 개인간 거리감을 지키는 것이 중요해짐에 따라 정신적 스트레스와 갈등을 가족 친구끼리 직접 해결하려다가 상호 감정이 악화되는 것보다는, 제3자 전문가의 개입과 도움을 받는 게 더 유용하다는 공감대가 늘고 있습니다. 이렇듯 미국의 문화 사회적 특성이 있기 때문에 영어로 대화를 나눌 때 부정적인 감정일수록 아주 친한 사이가 아니고서는 공적인 관계인 회사나 동네 사람들과는 나눌 일이 없습니다.

미국에서 스몰 토크 문화가 발달한 까닭

앞의 갤럽 리서치처럼 왜 같은 영어권인 호주, 영국, 아일랜드 사람들보다 미국인이 더 낯선 사람에게 친절한 태도를 보이고 낯선 이에게 인사를 잘 하는지 생각해본 적이 있습니다. 예를 들어, 영국 사람들은 reserved(조심스럽고) 그리고 unemotional(감정 표현이 적은)한 걸로 유명합니다. 사실 영국 엑센트가 조곤조곤 더 다정하게 들리기도 하지만 왕실과 귀족, 중산층 등 계층 의식이 지금도 확연히 존재하는 영국 사회의 경우 사회적 매너와 격이 미국보다 많기도 해 사회적 관계에서 격식에 맞춰 말 하는 느낌이 있습니다. 비가 많이 내려 어둡고 일조량이 적은 날씨도 영국인의 침착하고 냉소적인 말투와 관련 있다고도 합니다.

그렇다면 캘리포니아 못지 않게 날씨가 좋은 호주보다 왜 미국인들이 small talk를 더 많이 할까요? 확실히 날씨의 영향은 무시 못하는 것 같습니다. 영국과 날씨가 가장 비슷한 보스턴이 속한 뉴잉글랜드 지역이나 동부의 뉴요커보다는 일조량이 많은 텍사스와 캘리포니아 사람들이 훨씬 더 친절하고 낯선 이에게 스스럼없이 말을 더 잘 겁니다. 미국 전역에서 뉴요커가 무례하고 냉정한 걸로 욕을 많이 먹기는 하는데, 제가 살아보니 그래도 서울 사람보다는 '겉으로는' 말투와 태도가 더 다정하고 상냥한 듯 보입니다.

미국은 건국 초기 이후 서부 개척을 하면서 총기 소지가 자유로웠고 '법보다 총이 더 가까운' 힘의 논리가 우세했던 역사를 가지고 있습니다. Gun Violence Archive에 따르면 2023년 미국에서는 매일 평균적으로 117명이 총기 사고로 사망했고, 210명의 사상자가 발생했습니다. 일반 총기가 아닌 초당 수십 발 연사가 가능한 대량 살상 무기도 동네 총포상에서 구할 수 있는 실정입니다. 우리 집에 총기를 든 침입자가 있을 때 경찰을 불러 집에 도착하길 기다리는 시간이 오래 걸리기 때문에, 스스로를 방어하기 위한 총기 소유가 주요한 민권(civil rights)이라고 옹호하는 미국인들이 많습니다.

서부 개척 시기인 1791년에 제정된 총기 소유를 허용하는 미국 수정 헌법 제2조(Second Amendment)를 시대에 맞게 개정하고자 많은 움직임이 있었지만, 총기 소유 제한은 난공불락처럼 미국 정치인 그 누구도 손을 못 대고 있습니다. 막강한 로비 단체인 전미총기협회(NRA: National Rifle Association)가 공화 민주 양당에 대규모 정치 자금을 지원하면서, 눈을 부릅뜨고 총기 소유를 규제하는 의원을 낙선시키고자 노력하고 있기 때문입니다. 미 의회 선거나 대선에 개별 후보마다 꼭 수정 헌법 제2조에 대한 태도를 묻고 입장을 밝히는 것이 선거 자금 모금이나 당선 여부에 중요 변수로 작용하기도 할 만큼 미국 사회에서 뜨거운 이슈입니다.

이런 역사 사회적 배경에서 서부개척 시기부터 미국에서는 낯선 사람에게 '내가 당신을 해칠 의도가 전혀 없습니다'를 아주 적극적으로 보여 줘야 할 필요가 있지 않을까 싶습니다. 상대가 자켓 안에 총기를 숨기고 있을지 알 수가 없기 때문입니다. 그리고 성(family name)만 듣고도 아버지와 할아버지 때부터 뭐하고 살았는지 짐작할 수 있는 전통이 있는 old world인 유럽과 다르게 미국은 내 눈앞의 상대가 과거에 뭘 하고 살았는지 전혀 추측할 수 없는 이민자의 나라입니다. 서로 민족, 문화, 언어가 달라 상대에 대한 이해도가 낮습니다.

단일 민족이고 문화가 같은 한국 사람은 대충 상대의 고향, 학벌, 사는 동네 등의 정보와 관상(?)을 보면 추측되는 데이터가 많은 고맥락(high context) 사회라 모르는 사람에 대한 신뢰가 높습니다. 하지만 다민족 국가인 미국은 저맥락(low context) 사회로 타인에 대한 상호 신뢰가 낮습니다. 이런 문화적 배경에서 타인을 믿지 못하니 미국 사람들은 낯선 이에게 웃고 친절해야만 하고, 한국은 낯선 이가 안전하다 생각하니 웃지 않을 여유(?)가 있는 게 아닌가 하는 생각이 듭니다.

그리고 현대에는 총도 총이지만 미국은 마약과 의약품 남용 문제도 심각하고 정신적으로 건강하지 않은 사람도 상대적으로 한국보다는 많습니다. 노숙자(homeless people)와 최근에는 멕시코 국경을 건넌 밀입국자 수도 늘고 있고, 점차 빈부 격차도 커져서 더 이상 인생에 잃을 게 없는 사람들도 늘고 있습니다. 따라서, 낯선 이에게 거리를 두고, 나의 무해함(harmless)을 보다 적극적으로 보여야 합니다. 대부분의 경우 안전하지만 그래도 누가 총을 들고 나를 겨눌지 모른다는 경계심이 있기 때문에, 타인과 깊게 얽히지 않습니다. 그리고 상황이 부정적으로 흐르는 것을 경계하며, 갈등을 회피하고, 겉으로만이라도 환한 친절함을 보여야 하는 게 미국인의 집단 심리가 아닐까 싶습니다. 서부 개척 시대부터 미국 사회에서 나를 지키는 '가장 안전한 방법'이 타인에게 무해함을 보여야 했기 때문에 낯선 사람에게 웃으며 인사부터 시작하는 small talk 문화로 발전한 게 아닌가 하는 생각이 듭니다.

한편, 제가 독일에서 살 때, 독일 사는 미국인이나 다른 나라 사람들이 독일 사람의 특이한 점으로 말하는 게 "모르는 사람에게 지적하는 문화"였습니다. 베를린은 자전거를 많이 타고 자전거 도로가 바로 인도에 붙어 있는데, 처음 베를린을 방문하는 사람은 인도와 자전거 도로의 구분이 쉽지 않아 의도치 않게 자전거 도로 위를 걷거나, 서서 신호등을 기다리는 경우도 있습니다. 베를린 생활 초기 전속력으로 다가오는 자전거가 내가 피하면 그냥 지나가면 될 것을, 제가 자전거 도로를 침범했다고 화가 나서 손짓을 크게 하며 꼭 욕을 하고 지나갈 때마다 독일은 '성격파탄자만 자전거를 타나'하고 기분이 나빴습니다. 현지인에게 물어보니 "아, 그게 독일 문화야. 누가 규칙을 어기면 반드시 지적하고 넘어가는 것"이라고 합니다. 살면서 보니 레스토랑에서 혼자 밥 먹으면서 핸드폰 동영상 본다고 옆에 앉아 계신 독일 할머니한테도 혼났습니다. "밥 먹을 땐 TV 보지 마."

사실 한국에서는 남에 일에 지청구가 잦은 일이라 한국 사람은 이게 뭐가 이상하냐는 생각이 들겠지만, 뉴욕에서 살다 온 저는 큰 문화 충격을 받았습니다. 같은 서구권이지만 구대륙인 유럽과 이민자의 나라 신대륙인 미국은 정말 다르다는 것을 깨달으면서 미국 문화가 더 선명히 보이게 됐습니다. 뉴욕 같은 대도시나 미국에서는 절대 옆에서 남이 무엇을 하든지 간에 참견하지 않기 때문입니다. 독일과 한국 그리고 미국 문화를 직접 겪어 보면서, 남에 일에 참견을 하는 게 그나마 타인에 대한 관심이지 않을까 하는 생각이 들었습니다.

한국과 독일은 총기가 없습니다. 강력 범죄율도 낮습니다. 따라서 물리적으로 또 심리적으로 안전하기 때문에 타인의 공간(personal space)과 행동을 침해하거나, 지적을 하는 행위가 가능한 게 아닐까요? 적어도 내가 길에서 시비가 붙었을 때, 혹은 내가 남에게 뭐라고 부정적인 이야기를 했을 때, 상대가 체격에 상관없이 순간적으로 치명적인 공격을 할 수 있는 총 같은 무기는 들고 있지 않을 거라는 안심이 있기 때문에 개인이 타인에 행위에 참견이라는 말로 '사적 제제 행위'를 할 수 있는 것이 아닐까요?

반면, 미국에서는 옆집에 무슨 일이 생겨도 절대 개인이 나서지 않습니다. 무조건 경찰이나 경비실에 전화합니다. 아파트 윗집에서 담배를 피우거나 옆집에 소음이 심해도 내가 직접 말하거나 찾아가면 안 됩니다. 사적 제제는 위험하고, 규칙을 지키는 역할을 하는 경비원이나, 경찰 같은 공권력의 힘을 빌려야 합니다. 이렇게 미국과 한국의 타인에 대한 태도는 다릅니다.

이러한 역사, 문화, 사회적 이유로 미국 사람들은 한국과 유럽에 없는 스몰 토크(small talk) 문화를 가지며, 타인에게 잘 웃고 친절하고, 갈등을 만드는 부정적인 감정 표현을 회피합니다. 미국에서 공부하시며 일을 하시는 분들, 미국 파트너와 일을 하시는 분들은 영어를 잘하는 것도 필요하지만, 이런 미국 문화를 이해하고 먼저 가볍게 다가가야 합니다. 한국 사람이 스몰 토크 없이 일만하면 '진지하다(serious, formal)'는 평가를 받을 텐데, 미국 문화에서는 진지함(too serious)은 노잼(no fun)이고 friendly(친절), easygoing (무난한), casual (격식 없음)이 매력으로 더 권장되기 때문입니다.

스몰 토크 하는 방법

코칭 시 처음 보는 사람이나 직장 동료와 무슨 말로 스몰 토크를 해야 할지 몰라서 말이 끊기고 어색하다고 토로하시면 저는 스몰 토크를 주도할 필요가 없다고 답합니다. 오히려 상대에게 질문을 많이 하고 맞장구를 많이 쳐주기만 해도 스몰 토크에 적극적으로 참여하는 느낌을 줍니다. 타인에게 말이 잘 통한다는 느낌을 주는 게 꼭 내가 말을 많이 하는 것, 내가 주제를 주도하는 것이 아닙니다. 둘이 이야기하는데 상대가 자기 이야기만 90%를 말해도 서로 감정만 잘 통하면, 남은 내가 10%만 적게 말한 것도 모르고 '이 사람하고 참 말이 잘 통하네' 혹은 '대화가 재미있네'하고 집에 돌아갈 수 있습니다. 우선 잘 웃고 친절하게 인사하고, 스몰 토크 주제가 없을 때는 상대 근황에 대해 질문하고, 잘 모르는 고유명사나 상황이 나오더라도 호기심을 가지고 질문하고 맞장구를 쳐줘 보세요. 원래 북미식 스몰 토크는 가볍고 유쾌한 톤으로 겉만 훑고 지나가는 게 미덕입니다.

스몰 토크로 적합한 주제	스몰 토크로 적절하지 않은 주제
날씨	재정 상황
예술, 오락	정치, 종교
스포츠	성생활
가족	죽음
음식	외모
일, 직장	사생활
여행	모욕적인 농담
연예계 가십	특정 화제에 관해 계속 캐묻는 것
취미	과거 관계
고향	건강 문제

미국 사람도 스몰 토크가 어색한 사람이 많습니다. 그래서 원어민을 상대로한 스몰 토크를 잘하는 테크닉을 가르치는 스피치 수업까지 있습니다. 이를 conversation threading(대화 말 잇기)이라고 말합니다. 앞 사람이 말한 말에 나온 토픽이나 사람 이름, 장소, 행위 등을 적극적

으로 듣고(active listening) 그중 하나를 골라 yes or no로 대답하는 단답형이 아닌 open-ended question으로 물어보라고 합니다. 예를 들어서 아들이 주말에 축구 시합에 나가서 응원을 갔다는 말을 한다면. "Oh, how's his team?" "How does he like it?" "How long has he played for the team?" 등등 앞 대화에 말을 이어 나가는 질문을 던지고 맞장구를 치거나 혹은 자신의 느낌이나 경험을 덧붙이는 테크닉입니다. 또한 원어민들에게도 모르는 사람을 만나서 어색하지 않게 스몰 토크에 물어볼 만한 질문을 검색해서 외우라고 가르칩니다.

✅ 스몰 토크 질문 예시

- "Where are you from?"
- "Are you having fun?"
- "Are you having a nice time?"
- "Isn't this great?"
- "How's your summer going?"
- "Are you cold?"
- "What do you like better, A or B?"
- "What do you do for a living?"
- "Do you have other siblings?" "Are you the oldest or youngest?"

원래 효율성 떨어지는 걸 싫어하는 한국 사람들은 스몰 토크가 너무 귀찮고, 기가 빨리더라도 이런 icebreaking은 미국 문화에서는 숨쉬듯이 자연스럽고, 사회적 매너처럼 여겨지기 때문에 필수적입니다. 웃지 않고 무표정인 한국인이 스몰 토크 없이 단도직입적으로 일 이야기만 하면 다가가기 어렵고 차가운 friendly하지 않은 사람이라는 인상을 줍니다. 가뜩이나 공적인 자리에서 정서적 감정 표현을 하는 문화가 아닌 한국에서 와서 영어도 서툰데, 스몰 토크가 부담스럽다고 포기하거나 놔 버리면 안 됩니다.

따라서 업무적으로 또는 사적으로 사람을 만날 때 단기적으로라도 없던 에너지를 끌어 올려서 음표 '솔' 높이로 목소리를 경쾌하게 높이고, 크게 입 끝을 올리고 환하게 미소를 지으며 "Hi how are you?", "How's your weekend?", "You look great today!", "Any good news?", "When's your kid's upcoming tennis match?" 등 선빵(?)처럼 질문을 날리세요. 나머지 대화는 상대가 주도하게 되면 oh really, wow, good to hear, great, amazing 등등 환한 표정으로 긍정적인 맞장구만 잘 쳐 줘도 스몰 토크를 어색하지 않게 이어 나갈 수 있습니다.

하지만, 인간인지라 항상 좋은 이야기만 할 수 없고, 업무나 일상에서 불편한 감정, 곤란한 상황 회피, 책임 지지 않게 말하는 법, 필요시에는 반박이나 거절하는 영어 표현도 알고 있어야 합니다. 다음 장의 영어 공부법의 '추천 영어 리딩 콘텐츠' 장에서 부정적인 감정도 섬세하게 표현하기 위해 어떤 영어를 찾아서 익혀야 하는지에 대한 구체적인 해결책을 드리겠습니다.

∷ 나대기(Self-Promotion)를 권하는 미국 사회

왜 미국 사람들은 자기소개를 잘 할까?

미국 사람이 신기하다고 느끼는 점 중 하나는 자기소개를 참 잘한다는 점입니다. 연습이 많이 되어 있는지, 누가 물어도 회사에서든 학교 수업이든 술집에서든 자기가 어떤 사람인지 소개 멘트가 자연스럽게 착 나옵니다. 반면에, 한국 사람에게 자기 소개를 시키면 어디에서 왔는지, 소속이나 직업이 뭔지, 나이가 몇 살인지 사는 동네나 주로 자신이 속한 사회적 집단에서 본인의 역할로 설명합니다. 개인적인 이야기는 잘 안 합니다.

미국도 직업이나 동네, 나이 등 소속과 역할로 자기 소개를 하기도 하지만 이에 더해 '자기 취미가 주말 밴드 활동'이라든지, '뉴욕 메츠 팬' 이라든지, '풀 타임 마라톤을 3번 뛰었다'든지, '비건'이라든지 자신의 개인적인 관심 분야, 애완동물, 가족 관계 같은 개인적인 특징을 더하기도 하면서 개인적인 개성을 부각합니다. 어디 다들 '자기소개 학원'을 다니나 싶을 정도로 자기에 대해서 설명하는데 자연스럽고 한두 번 해본 솜씨가 아닙니다. 왜 미국 사람들은 왜 이렇게 자기소개를 많이 해본 것처럼 참 잘할까요? 심지어 남의 소개도 잘합니다. 회사에 누가 새로 들어오거나, 학회나 행사 같은 데서 타인을 말로 혹은 이메일로 소개하고 칭찬하는 것도 세련되게 참 잘합니다.

미국에서 당황할 때가 어디 행사에 참석할 때 bio라고 불리우는 자기소개를 보내라 할 때입니다. 영어도 영어지만 콘텐츠를 어떻게 써야할지 모르겠습니다. 꼭 경력만 적는 것도 아닙니다. 참가할 이벤트 성격과 참석자에 따라서 나의 이력을 수정할 때면 참고 삼으려고 전년도 참석자의 바이오를 찾아 읽어봅니다. 역시나 미국 사람들은 참 있어 보이게 잘 썼습니다. 동료나 아는 사람의 링크드인 프로필이나 이력 설명을 봐도 '이 사람이 이렇게 말을 잘해?'하고 감탄합니다. 이 사람은 나랑 같은 팀에서 같은 일을 하는데 왜 이렇게 있어 보이게 자기 역할과 지위를 잘 포장하는지 부럽기만 합니다.

뉴욕의 첫 직장인 부동산 개발 회사는 3대로 이어진 패밀리 회사였는데, 35살인 부사장이 업계 사람을 만나면 본인을 20년 경력의 뉴욕 부동산 개발 전문가로 소개할 때마다 미국인의 무한 자기 긍정(?)이 부럽기까지 했습니다. 그는 자신이 15살부터 할아버지 사무실로 출근했고, 가족 비즈니스에 어릴 때부터 관여했기 때문에 본인의 20년 전문성을 진심으로 믿고 자신감 있게 말했습니다. 한국이면 과연 저렇게 이야기할 수 있을까 싶은 진심으로 믿는 자기 확신(?)이 부럽기도 했습니다. 나이와 경력이 상관없는 그의 실력을 이미 알고 있던 저는, 그를 보고 자기 '주제 파악'에 엄격한 한국인보다 차라리 '저렇게 무한 자기 긍정과 확신(?)의 자아상'을 가진 미국인이 더 행복하게 정신적으로 건강하게 사는거 아닐까?'라는 생각도 들었습니다.

미국 사람들이 일반적으로 자신의 소개를 잘하고 자기가 하는 일을 잘 포장해서 말하는 걸 한국 사람보다 잘 하는 이유는 무엇일까요? 역시나 미국이 이민자의 나라라는 특성 때문입니다. 한국 사람은 어느 학교, 고향, 동네, 가족, 직장에 대한 단편적 정보 몇 개를 가지고 한 사람에 대한 그림이 대충 그려집니다. 한국이 단일민족에 문화적으로 동질성이 높아서 비슷한 체험을 했기 때문에 처음 보는 타인의 프로필이나 호구조사에서 읽히는 데이터가 많다고 할까요?

하지만 전 세계에서 이민자가 몰려드는 미국에서는 중동에서 유럽에서 온 사람이 출신 학교 이름을 말해도 어느 정도 수준인지, 살던 지역을 이야기해도 어디인지, 아버지가 뭐하는 사람이라는 정보를 들어도 사회적 소득이나 수준이 어느 정도인지 알 수가 없습니다. 그리고 나라가 크니 이 사람이 과거 다른 주에서 사기나 범죄를 저지르고 이

도시에 왔는지 안전한 사람인지도 믿을 수 없습니다. 제 미국 친구는 그래서 자기도 어릴 때부터 아버지에게서 배운 낯선 사람을 대하는 미국인의 기본 태도는 'give people the benefit of the doubt(사법제도의 무죄 추정 원칙에서 나온 말로 유죄로 밝혀지는 증거가 있기 전까지는 의심은 하되 선의로 해석해 준다는 의미)'라고 한 말이 인상깊었습니다. 근본적으로 사람을 믿지 않고 경계하는 심리가 읽힙니다.

이러니 지리적으로 넓고, 다인종 다문화 이민자 국가인 미국에서 타인의 신뢰를 얻기 위해서 자신이 어떤 사람인지 먼저 상대에게 정보를 줄 필요가 있습니다. 미국에서는 자기를 알리고 신뢰를 얻을 의무가 스스로에게 있는 셈입니다. 미국인들은 자기에 대한 정보가 백 가지가 있더라도 학교에서 직장에서 만난 듣는 상대에 따라 자기 정보 중 관련 있는 내용을 골라 편집해 빠른 시간에 상대가 필요하다고 생각하는 만큼만 자신을 소개하는 연습을 많이 한 것입니다. 취업 인터뷰나, 네트워크 이벤트에서 미국인들은 자신을 소개하고 알리는 엘리베이터 피치(elevator pitch)를 준비해 새로운 사람을 만날 때 자기를 잘 드러내라고 교육을 받습니다. 글로벌 조직에서 우리 한국인과 마찬가지로 같은 서양권인 영국, 호주, 유럽 사람도 미국인들이 나대는 게 "too much"라고 평가하는 걸 보면, 미국식 자기 홍보가 신대륙 사람들의 생존 전략인가 봅니다.

링크드인 효과(THE Linkedin EFFECT)

현실(Real Life)　　　　　링크드인에 올린 또 다른 자아(Linkedin Alter Ego)

JANE
REGIONAL CHIEF LEADER,
SOLUTION EVANGELIST, PROJECT
MANAGER, BUSINESS GURU,
TEAM GUIDING SPIRIT

JANE
SUPERVISOR

CARLOS
SALES MANAGER, AREA
DIRECTOR, PRO-CLIENT IDEA
CREATOR, PASSIONATE SOLUTION
DELIVERING LEADER

CARLOS
SALESMAN

AMER
INNOVATION HEAD HUNTER,
VISIONER OF THE POTENTIAL,
CAREER ENABLER, TALENT
EXPORTER, EMEA

AMER
RECRUITER

HANNA
FREELANCER

HANNA
CEO OF MY OWN DESIGN STUDIO,
ENTERPRENEUR, CRAFTING THE
AWSOME

링크드인에 있어 보이게 포장을 잘하는 미국인을 비꼰 밈(meme)

내 밥그릇을 알아서 챙겨야 하는
미국의 나댐(Self-Promotion) 문화

앞 장에서 언급했지만 미국 학교를 다녔거나 자녀가 미국 학교에 다니는 분들은 미국 학교에서는 개인에 대한 부정적인 피드백을 거의 받지 않고 대체로 잘한다는 긍정적인 피드백만 듣는다는 점을 아실 겁니다.

특히 개개인의 가치를 있는 그대로 인정하고 긍정적인 기운을 불러 일으켜주는 empowerment(자존감 충족)를 받고 자란 세대가 미국의 Gen Z(MZ 세대)입니다. 코칭해 드린 분들 중에는 대학 교수님이 꽤 계시는데, 20대 초반과 커뮤니케이션을 하는 직업 특성상 2000년대 이후에 태어난 미국 Gen Z와 수업을 하면서 관찰해보니 그들이 쓰는 말이 좀 다르더랍니다. 저도 20대 초반 미국인을 만날 일이 없으니 궁금해서 어떻냐고 물어보니, 팀 프로젝트를 시키면 서로에게 지시와 부탁을 하는 것을 무척 어려워한답니다. 자라면서 학교와 부모에게 부탁만 받았지 남에게 이래라저래라 의무를 지우는 경험이 없어서 타인에 무엇인가 '강제'하는 표현을 꺼리고 피한답니다.

미국의 Gen Z 세대는 자식의 문제를 적극적으로 해결해주는 헬리콥터 부모(helicopter parenting)의 양육 스타일로 자랐고, 소셜 미디어에서 보이는 성공한 삶에 자주 노출되니 성공에 대한 야망이 큽니다. 이들은 자신이 직접 틱톡이나 유튜브에 콘텐츠를 올리며 자신만의 목소리를 내는 데 주저함이 없습니다.

이렇듯 자신의 가치를 매우 높게 평가하고, 대접받는 것이 당연한 이들이 학교와 직장으로 편입되면서 미국 사회에도 세대 간 커뮤니케이션 문제가 있습니다. 하지만 한국 사람 입장에서는 미국 사람은 세대를 불문하고 한국 사람보다 훨씬 자신의 권리에 대한 특권(sense of entitlement)을 강하게 인식하는 것처럼 느껴집니다. 자기 권리가 침해되는 것도 잘 못 참지만 자기 이득에 대해서도 한국 사람들보다 훨씬 잘 주장합니다. 가뜩이나 외국인이라서 영어도 딸리는데 외국인과 경쟁해서 취업하고 승진해야 하는 한국 사람으로서는 영어가 부족해서 내가 조직에서 공정한 내 몫을 지키지 못할까 걱정됩니다.

겸양과 겸손이 덕목인 문화에서 자란 한국 사람은 외국 회사나 외국에서 직장생활을 할 때 이러한 문화 차이로 마음에 불편함이 있습니다. 일하는 티를 팍팍 내서 조직에서 자기 몫(taking credit)을 잘 받아가는 외국 동료나 상사를 볼 때 부럽거나 얄밉게 느껴집니다. 얄밉고 치사하지만 그렇다고 나도 그러면 되는데 내가 정말 그렇게 할 수 있느냐는 또 다른 문제입니다. 위계 질서가 있는 전통적인 한국 조직 시스템에서는 상사나 팀의 성공에 조력하면 내 차례가 되면 승진을 합니다. 이런 호봉식 조직 문화에서는 나대고 잘난 척하는 사람을 튀거나 부정적으로 생각하고, 겸손하고 자기를 드러내지 않고 조직의 질서에 순응하며 묵묵하고 성실한 사람은 조직이 알아서 헤아려주는 나름의 보상이 있습니다.

하지만 한국 주재원으로 일하다 미국 현지 기업으로 이직하거나 한국에서 직장생활을 하시다가 유학 후 혹은 직접 해외 취업하시는 분들은 영어도 영어지만 미국 사람들의 '나댐(self-promotion)'에 기가 눌린다는 분들이 많습니다. 한국어로 나댄다는 게 부정적인 느낌이지만, 미국에서는 나대지 않는 게 생존에 치명적입니다. 이렇듯 서로 다른 한국과 미국의 문화 차이에서 속앓이를 합니다.

한국인인 본인은 "영어가 약하고 자신감이 없어서 꼭 필요한 말을 한다" "나는 생산적인 말만 하지 쓸데없는 말은 안 한다"라고 말씀하셨는데. 마치 제가 그 회의에 있는 듯 그림이 그려졌습니다. 쓸데없이 회의 시간 길어지고 시간 낭비하는 걸 젤 싫어하신다는 효율적이고 성실한 한국 분들은 '회의에서 일하는 티를 꼭 내야 해?' '직장 관계에서 치사하게 아첨하는 말을 꼭 해야 해?' '나는 일을 잘하고 있는데 일의 결과와 데이터로 증명하면 안 되나?'라는 질문을 코칭해서 많이 하셨습니다. 안타깝게도 미국 문화에서는 '가만히 있으면 가마니인 줄 안다'라고 답해 드렸습니다.

미국 조직에서는 일을 성실히 하는 것도 내 의무지만, 내가 무슨 일을 하고 있고, 어떤 일을 잘하고, 어떤 스킬을 회사에 제공할 수 있으며, 내가 일을 해 내는데 앞으로 회사의 어떤 자원(돈, 시간, 사람)이 필요하고 등등을 적극적으로 커뮤니케이션 하는 것도 내 업무 역할에 들어간다고 기대합니다. 혼자 맡은 일을 잘 하는 사람보다는 팀의 목표와 가치를 같이 이루는 팀 플레이어를 높이 평가하기 때문입니다. 이런 기대치가 있기 때문에 일만 묵묵히 하고 티를 팍팍 안 내면, 커뮤니케이션 스킬이나 리더십 능력이 떨어진다는 평가를 받을 수 있습니다. 이러니 회의에서 원어민들이 한국 사람들 보기에 쓸데없어 보이는 자기 이야기를 많이 하는 것입니다(소위 CYA: cover your ass, 자기 방어적 케이스 미리 만들어 놓기).

글로벌 조직의 팀장이나 리더는 한정된 자원으로 다양한 우선순위를 다뤄야 하기 때문에 자신이 리더십 역할을 잘 수행할 수 있도록 팀원이나 중간 매니저 지원을 기대합니다. 따라서 글로벌 조직에서 일할 때는 나에게 어떤 어려움이 있는지, 내 일을 성공적으로 수행하는 데 어떤 회사 자원이 필요한지, 향후 커리어 개발 계획은 뭐가 있는지, 하고 싶은 프로젝트가 뭐가 있는지, 지금 무슨 일을 하고 있는지를 적극적으로 남에게 알리고, 효율적으로 자주 상사와 동료와 커뮤니케이션해야 합니다.

한국 조직에서처럼 엉덩이 무겁게 묵묵히 일하고, 폐 끼칠까 봐 알아서 미리 헤아려 불평 불만 없으면, 만약 정말 좋은 상사를 만나면 알아서 잘 챙겨줄 수도 있습니다. 성실한 사람은 어느 조직이나 다 좋아하고 인정해 줍니다. 하지만, 일을 많이 하기보다는 입을 잘 털며 매일 시끄럽게 꽹과리를 치는 미국인 동료보다 인정(taking credit)을 받는 데 시간이 오래 걸릴 수 있습니다.

외국인인 한국 사람이 글로벌 조직에서 혹은 외국인과 협업을 할 때는 내가 생각해서 너무 과하다 싶을 정도만큼 자신을 알리는 커뮤니케이션을 해야 한다고 마음을 먹으세요. 한국 사람 입장에서 아무리 '나 댄다'란 느낌이 들어도 미국인 평균 대비 겸손한 편이라는 점을 꼭 기억하세요. 또한 회의나 직장 내 커뮤니케이션에서 외국인 동료가 자꾸 자기 일한 티를 내고, 자기 몫을 잘 챙기는 말(self-promotion or CYA)을 한다 싶으면 "아, 저 사람이 장구를 치고 있네. 그럼 나도 꽹과리를 칠 때가 왔구나"라고 생각하며 팀에서 내가 나를 어필하기 위한 커뮤니케이션을 어느 정도 하고 있는지 점검해보세요.

:: 부담스러운 미국식 네트워킹 문화

마지막으로 고급 영어를 말하는 데 필요한 마음 준비 중, 직장 내 네트워크에 대해서 말씀드리고 싶습니다. 미국에서는 네트워크가 중요하고 네트워크 능력도 리더십의 중요한 능력이라고 말합니다. 그렇다면 미국식 네트워크란 무엇일까요?

한국 사람들 생각에 권위주의적인 한국 조직 문화가 업무 외적 대인 구속이 심하고 아부를 많이 한다고 생각합니다. 어느 정도 맞는 말이긴 하지만 대량 해고가 빈번하고 직업 안정성이 떨어지는 미국 조직에서도 결정을 내리는 파워가 있는 사람에게 아부(긍정적 커뮤니케이션)

를 열심히 합니다. 미국이나 글로벌 조직에서 일하는 한국인들은 영어로 상사나 동료와 관계를 친밀하게 하는 말들을 어떻게 해야 할지 몰라 어색하다고 말씀하십니다. 어떤 분들은 "데이터로 결과로 승부하면 됐지 아부가 비겁하고 치사하게 느껴진다"라고 하는 분들이 계셨습니다. 동시에 매니지먼트 레벨로 승진을 준비하시는 분들은 "일로만 승부를 보면 된다고 생각하고 미국 직장생활을 했는데 그것만 가지고는 한계가 보인다"라고 말씀하셨습니다.

미국 조직에는 대나무 천장(bamboo ceiling)이라는 말이 있습니다. 여성이 리더십 포지션으로 승진이 어렵다는 유리 천장(glass ceiling)이라는 표현에 빗대어 아시아인이 글로벌 조직에서 승진하는데 한계가 있는 현상을 일컫는 말입니다. 아시아에서도 한중일 동아시아 인재가 미국인이나 인도계 대비 실리콘밸리 글로벌 테크 기업에서 리더로 성장하지 못하는 이유에 대해서 구글 HR에서 근무하면서 해당 연구를 주도한 황성현 퀀텀 인사이트 대표의 유튜브 영상이 화제가 됐었습니다. 그는 다음과 같은 동아시아의 문화적 특성이 아시아인들이 글로벌 조직에서 리더로 성장하는데 방해가 된다고 합니다.

- 권위에 대한 복종(Deference to Authority): 남에 의해 주어지는 목표 달성은 잘하지만 자신의 비전을 제시하고 타인을 이끌어가는 리더십은 약하다.
- 동료와 관계 맺음(Relationship Building): 조직에서 타인을 평가할 때 따뜻한지(warmth)와 능력이 있는지(competency)를 기준으로 보는데, 동아시아인은 본인을 능력 있고 인정 있다고 생각하지만 남들은 능력은 있는데 차갑다고 생각한다고 한다. 웃지도 않고 관계 맺음을 위한 소소한 대화도 안 해 관계를 맺기 어렵다. (앞에서 언급했듯 스몰 토크를 잘 안 하는 한국인의 효율적인 업무 지향적 사고가 미국인에게 이런 인상을 주는 위험이 있다.)

- 취약성을 보여주는 용기(Vulnerability): 체면을 중시하기 때문에 모르는 것도 아는 척 질문을 잘 안 하고, 약점을 감추고 실패를 피하려고 한다. 때문에 무난한 일을 선택하고 모험을 하지 않아 경영진의 눈에 띄기 어렵다. (앞에서 언급한 스스로를 강하게 비판하는 엄격함과, 미국 사람처럼 self-promotion과 taking credit에 적극적이지 않은 배경)

이처럼 한국인을 포함한 중국과 일본의 문화적 특성 때문에 글로벌 조직에서 동아시아인이 인도계와 미국 내 다른 마이너리티와 비교해 리더십 포지션으로 승진을 못하는 대나무 천장(bamboo ceiling) 상황이 벌어지고 있는 것입니다.

그렇다면 외적으로 한국과 미국의 문화적 차이로 인한 한계를 해소하고, 내적으로는 마음의 불편함을 극복하고 개인의 리더십을 인정받아 글로벌 조직에서 한국 인재들이 리더십 포지션으로 승진하고 부각될 수 있을지 네트워크 전략에 대해서 함께 생각해봅시다.

스폰서(Sponsor)를 찾아라

하버드 비즈니스 리뷰(HBR)는 2021년부터 커리어 개발을 위해 직장 내, 외부에 스폰서(sponsorship, 후원자)를 적극적으로 찾으라는 여러 기사를 선보였습니다. 우리는 그동안 멘토(mentor)를 찾으라는 이야기를 많이 들어왔습니다. 멘토와 스폰서의 차이는 무엇일까요? HBR의 2021년 10월 20일 자 기사 "What's the difference between a mentor and a sponsor"에 따르면 기존의 멘토링은 나보다 경력이 많은 상사나 선배에게 조언, 피드백, 코칭을 받는 것이고, 스폰서는 거기에서 더 나아가 본인의 영향력과 리더십을 발휘해서 적극적으로 승진을 도와주고, 기회를 주며, 스폰서를 받는 대상(protégé)을 자신의 네트워크에 실어서 조직 내 상위 경영진의 눈에 띌 수 있도록(visibility) 해준다고 합니다. 보통 멘토를 해주다가 멘티가 성장하거나 잘 따라오면 더 적극적인 스폰서 역할을 해주며, 스폰서 받는 대상이 미팅에 없는 상황에서도 적극적인 방어와 소개를 해준다고 합니다.

한국에서는 '스폰서'라는 말의 어감이 부정적이고, 비즈니스에서는 잘 쓰이지 않는 말입니다. 그동안 한국 조직에서는 지역, 혈연, 학연의 부작용이 많아서 이를 철폐하려고 노력을 해왔으며, 가족과 지인 인맥으로 취업 되는 것을 막기 위한 블라인드 채용까지 등장했습니다. 하지만 미국에서는 내부 직원 referral(소개)을 통한 신규 고용을 선호합니다. 미국 잡서치 사이트인 Glassdoor 통계에 따르면, 84%의 미국 기업이 referral 프로그램을 통해 고용을 하고 있다고 합니다. 그 이유는 소개로 고용된 사람들이 그렇지 않은 사람보다 1년 뒤 회사에 남을 비율이 40% 높고, 직무 만족도도 18% 높으며, 리쿠르팅 비용과 인재 유지(retention), 그리고 비용 절감에도 도움이 되기 때문입니다.

인재 전쟁이 치열한 상황에서 신규 고용에 드는 비용 절감과 직원 만족도와 충성도에도 유리한 이유로 글로벌 기업은 네트워킹을 통한 소개로 고용하는 데 적극적입니다. 나라가 작고 물리적 거리가 좁고 지나치게 밀접하게 얽힌 한국은 인맥을 통한 고용에 따른 부정적인 폐해에 대해 주의를 기울이고 있지만, 경제 규모가 커서 다양한 일자리가 있고 지리적인 거리가 먼 미국의 경우에는 아는 사람을 통한 고용이 가장 빠르고 효율적인 전략인 것입니다.

사실상 외부 고용뿐만 아니라 기업 내부에 빈 자리가 났을 때 내부 추천과 이동을 통한 고용은 더 많이 이뤄진다는 것을 고려해봤을 때 글로벌 조직에서 생존과 성장을 위해서는 '누굴 아느냐'가 중요합니다. 미국 사람들이 입버릇처럼 자주 말하는 "Who you know, not what you know matters more"가 여기서 등장합니다. 상황이 이렇다 보니 기업에서도 내부 인재 성장을 통한 차기 리더십 풀 개발을 위해 적극적으로 sponsorship 프로그램을 운영하고 시니어 레벨의 경영진에게 스폰서 해줄 주니어를 찾아 성장을 지원하라고 독려하는 게 최근 미국의 HR 트렌드입니다.

나를 도와줄 사람은 어떻게 찾아야 하는가?

미국에서 생활하면서 처음 맞닥뜨리는 가장 시급한 문제 중 하나는 비자 문제입니다. 취업 비자는 해외 체제를 위해 어찌할 수 없는 외국 생활의 첫 관문이고, 직접 경험해보니 응당 학위나 스킬 같은 자격도 필요하지만, 자격이 된다고 얻을 수 있는 것도 아닌 것 같습니다. 트럼프 대통령 이후 미국 취업 비자 상황이 더욱 힘들어졌는데 노력도 해야 하지만, 운도 많이 작용합니다. 특히 취업 비자나 영주권같이 시간과 돈이 많이 들고, 불확실성이 큰 경우 각 과정에서 문제가 발생할 때마다 스폰서를 해주는 현지인이나 과거 같이 일했던 분들의 적극적인 도움이 필요합니다. 저도 미국에서 일하면서 이 문제를 해결하기 위해 많은 고생을 했는데 그때마다 느낀 게 있습니다. 바로 특히 외국에서는 '사람을 통하지 않고는 아무 문제도 해결할 수 없다'입니다.

외국인은 비자를 스폰서해주는 고용주를 찾기 어렵고, 인터넷에 뜨는 공고에 지원을 해봐도 첫번째 단계인 이력서 제출 시 "당신은 미국에서 고용 허가를 받았습니까?" "향후 취업 비자 스폰서가 필요합니까?"란 질문을 받습니다. 누구도 인정하지 않지만 이 질문은 대부분의 경우 외국인을 시스템으로 자동으로 걸러내기 위한 절차임을 압니다. 소프트웨어 엔지니어 같은 전문직, 박사 과정의 전문가, 혹은 특수 자격이 있거나, 미국 내에서 인재가 적어서 찾기 힘든 직군이 아닌 이상 외국인 고용에 드는 비자 비용과 비자 승인과 관련된 불확실성을 감수하려는 미국 기업은 적습니다.

미국에서 유학을 하고 나서 취업을 위해 지원하는 고용 비자인 H1B의 경우 매년 6만5천 개의 쿼터에 대해 추첨을 통해 배분하는데 2023년 추첨 당첨율이 14.6%에 그쳤습니다. 많은 한국 유학생들이 이 문턱에 걸려서 포기하고 한국에 돌아갑니다. H1B 추첨에서 떨어지면 OPT 취업 허가 만료 시 회사에서 나가야 되는 경우가 대부분입니다. 1년에 한 번 기회가 있는 취업 비자 추첨에 떨어지면 이 직원의 능력이 꼭 필요한 기업이거나, 혹은 정말 인간적으로 이 직원을 도와주고 싶어서 권한을 가진 매니저 혹은 고용주가 적극적으로 나서서 해결책을 마련해 주는 경우가 있습니다. 제가 주변에서 지켜보니, 1) 큰 회사의 경우 내년 비자 추첨 때까지 기다렸다가 다시 지원하라며 다른 나라 지사로 보내주거나, 2) 작은 회사의 경우 학생 비자를 연장해 다음 해 추첨을 기다리면서 워킹 비자가 없는 동안 현금으로 돈을 주거나, 3) 워킹 비자가 아닌 영주권 신청을 해주거나, 4) 자신의 회사에서 불가능하면 주변에 비자 문제 해결이 가능한 다른 기업에 소개해서 도와줍니다.

즉, 외국에서 살다 보면 현실적으로 개인의 노력으로만 해결하기 어려운 돌발 상황이 발생할 때마다, 사정을 잘 알거나 문제 해결 능력이 있는 현지인의 도움을 받지 않고는 곤란한 일이 종종 발생합니다. 앞이 막힌 것 같은 느낌이 들 때 개인적 필요나 인정으로 적극적으로 나서서 도와주시는 분을 만나야 실마리가 풀리는 경우가 있습니다. 이민자로 미국에 살면서 가끔 "아, 내가 물에 떠내려 가는 구나" 하는 망연자실한 느낌이 들 때가 있습니다. 이때 꼭 나의 재주나 재능 때문에 나를 필요로 하기도 하지만, 진심으로 나를 도와주고 싶어서 기존 규정을 적극적으로 해석하고, 방법을 찾아주는, 마치 '물에 떠내려 갈 때 뭍에서 손을 내밀어 구해주는' 그런 조력자가 간절히 필요한 순간이 있습니다. 이때 타국에서 외국인으로 사는 데 인간관계 네트워크란 무엇인가란 성찰을 하게 됩니다.

이 책을 읽으시는 분들은 고급 영어 수준으로 영어를 끌어 올려서 외국 사람과 비즈니스를 하고 외국에서 일하면서 커리어 성장과 개인적인 성장을 도모하는 분들입니다. 외국에 살거나 외국인과 일을 할 때는 내 삶이나 커리어에 결정적 영향을 미치는 결정자가 외국인일 때가 있습니다. 네트워크에 대해서 거창하게 생각하지 말고 내 일을 성실히 하면서 주변 사람을 돕고 팀에 기여하며 신뢰를 쌓고, 내가 팔 수 있는 기술이나 지식이 있다고 적극적으로 홍보해서 상대가 나를 어떻게 쓸 수 있는지 알려 주는 과정이라고 생각해봅시다. 미국인 포함 외국인은 한국인들보다 눈치가 느리고, 큰 나라라 다양성이 크고 상호 이해도가 낮습니다. 그러니 내가 나를 적극적으로 알리지 않고서는 바쁜 남이 나를 알기 어렵다고 생각해 보세요. 외국에 혼자 와있는 나를 홍보하는 건

나쁠일 수밖에 없고, 네트워크에 노력하자고 생각을 전환해보세요.

동시에 우리는 모두 감정적인 인간인지라 내가 힘이나 자원이 있다면 나에게 필요한 '재주가 있는 사람'을 도와주기도 하지만 종국에는 우리가 '좋아하는 사람'을 도와줍니다. 인간은 합리적인 선택을 하려고 하지만 결국 사람에 대해서는 호불호가 갈리는 감정적인 결정을 합니다. 글로벌 조직에서 능력 있는 사람이라는 증명은 한국 사람들이 언제나 잘하듯이 일로 보여주면 됩니다. 하지만, '인간적인 매력이 있고 같이 있으면 즐거운 사람'임을 주변 외국인에게 알려주는 것은 개인적인 시간을 꾸준히 가지면서 친밀한 관계를 맺고 신뢰를 쌓아야 가능합니다.

① Relationship Mapping: 관계 지도 그리기

제가 새로운 상황에 들어가서 네트워크를 해야 하거나 혹은 도움을 받아야 할 때 도와줄 사람을 찾는 방법이 있습니다. Y축은 나를 도와줄 능력이 있는 사람들, X축은 나를 도와줄 의지가 있는 사람으로 정하고 4분면에 내 주변에 아는 사람이나 회사 동료 이름을 쭉 배치해봅니다.

제2사분면	y축	제1사분면
나를 도와줄 의지는 없지만 능력은 있는 사람		나를 도와줄 의지도 있고 능력도 있는 사람
나를 도와줄 의지도 없고 능력도 없는 사람		나를 도와줄 의지는 있지만 능력은 없는 사람
제3사분면		제4사분면

(X축)

살면서 내가 필요할 때 도와줄 능력과 자원이 있는 사람에게 도움을 받는, 1사분면에 있는 사람을 만나는 운 좋은 기회는 몇 번 안 오는

것 같습니다. 그러니 잠재적으로 나를 도와줄 '내 팬(sponsor)'을 많이 만들기 위해서는 나를 도와줄 의지가 있는 사람들을 적극적으로 찾고 그들에게 도움을 주면서 상호 네트워크를 유지해야 합니다.

능력이 있지만 나를 도와줄 생각이 없는 2사분면 사람보다는 나를 도와줄 마음이 가득하지만 아직 능력이 없는 4사분면 지인들을 위해 최선을 다해야 합니다. 영어에서는 이를 favor bank(호의 적금)라고 하는데 한국의 정과 비슷할 수 있고, 미국 사람은 "You scratch someone's back, and they'll scratch yours at some point(네가 남의 등을 긁어 주면 언젠가 그도 네 등을 긁어 준다)"라고 말합니다. 이 분들과 상호 신용을 쌓은 후 나를 도와주고 싶다는 생각이 생기면 본인이 능력이 없더라도 1) 주변에 그 능력 있는 다른 지인을 수소문해서 도와준다, 2) 시간이 지나서 본인이 능력이 생기면 도와준다는 두 가지 시나리오가 생깁니다. 하지만 능력이 있는 2사분면 사람이 나를 도와줄 생각이 아예 없으면 시간이 지난다고 도움을 받을 확률은 적습니다.

② 정기적인 연락

글로벌 기업에 다니다 보면 보직 이동이나 이직으로 다른 나라나 도시로 이동하는 지인들이 많아집니다. 따라서 나를 도와줄 스폰서와 favor bank에 상호 적금을 부을 수 있는 나를 도와줄 의지를 가진 사람을 꾸준히 찾고 관리해야 합니다. 자주 인사는 못 드리더라도 정기적으로 연락을 해서 네트워크를 유지할 필요가 있습니다. 내가 지금 무슨 일을 하고 어떤 분야에 관심이 있고 내가 잘하고 있는 부분이나 도움이 필요한 부분에 대해서 지인들에게 정기적인 업데이트를 해두면 생각지 못한 곳에서 나를 도와주고 기회를 연결해주는 경우도 있습니다.

제가 뉴욕 부동산 회사에서 일할 때 맨해튼에서 상업용 부동산을 가장 많이 판 전설적인 여성 브로커 중 한 분과 함께 일한 적이 있었는데 이분이 일하는 걸 옆에서 지켜보면서 배운 네트워킹 테크닉이 있습니다. 건물을 팔려면 브로커는 건물주에게 exclusive sales rights(독점 판매권)를 받아야 합니다. 브로커 간 경쟁이 치열하기 때문에 건물주의 마음을 사는 것이 부동산 브로커리지 비즈니스의 가장 중요한 경쟁력입니다. 아이를 낳고 키운 후에 부동산 업계에 늦게 뛰어든 이분은 피도 눈물도 없을 것 같이 냉정하고 돈만 밝히기로 유명한 맨해튼 브로커 이미지와 다르게 푸근하고 다정한 50대 후반 옆집 친구 엄마같이 생긴 분이었습니다.

이분에게 가장 중요한 일은 매일 회사에 출근하자마자 누구에게 전화를 거느냐였습니다. 출근하자마자 구글 캘린더를 켜면 그날 전화할 사람의 이름이 적혀 있습니다. 6개월 전 마지막 전화를 건 이후에 다시 전화를 걸기 위해 날짜를 계산해서 고객의 이름을 오늘 캘린더에 미리 적어 놓은 것입니다. 그리고 매일 구글 연락처에 들어가서 오늘 전화 걸 고객 프로파일을 보면, 고객의 생일이나 가족과 관련돼 기념할 만한 사건이 기록된 걸 확인합니다. 이 정보를 훑어보고 과거 통화에서 나눈 내용을 다시 확인한 뒤 팔로업 전화를 겁니다.

전화 통화를 들어 보니 비즈니스 이야기보다는 주로 가족 이야기, 공통 지인 이야기 같은 건강 문제 등 가벼운 일상 스몰 토크를 합니다. 하지만 맨해튼의 건물을 가지고 있는 건물주 할머니의 손자가 대학을 졸업한 이야기를 듣다 보면 그녀의 상속 계획에 대해서도 그녀의 건강 문제에 대해서도, 그녀의 근처 건물주들의 동향도 수집할 수 있습니다. 맨해튼은 커 보이지만 좁은 사회라 특정 동네의 건물들은 또 소수의 가문이나 그들의 회사 혹은 그들의 지인들이 다니는 회사가 소유하고 있는 경우도 많습니다. 한 번의 전화로는 세일즈로 이어지지 않고 전화를 안 받는 사람도 있지만 그 브로커분을 지켜보니 거절당하든 아니든 신경 쓰지 않고 매일 꾸준히 네트워크를 하려는 노력을 기울이는 데서 저도 많이 배웠습니다. 건물주가 갑자기 건물을 팔고 싶을 때 수많은 맨해튼 브로커 중에 누가 생각이 날까요?

영업이 직업인 분처럼 연락을 할 필요는 없지만 시사하는 점이 크다고 생각됩니다. 이직이나 취업 등 커리어 변경을 앞두거나 팀 이동을 앞둔 직장인이나, 투자자와 사업 파트너를 찾아야 하는 분들께서는 정기적으로 주변인에게 연락을 취해 인간적인 친분을 유지하고 내가 어떤 상태이고 어떤 목표를 가지고 있는지 알리고 업데이트를 해두는 것은 미국식 네트워크에서 중요하다고 생각됩니다.

③ Cold Calling

모르는 사람에게 말 거는 걸 가뜩이나 피하는 한국인에게 네트워크를 위해 모르는 사람을 찾아가서 만나거나 온라인으로 연락하라고 하면 마음의 저항감이 상당합니다. 학교를 졸업하고 취업을 하려는 주니어 레벨은 경력이 적어 아는 지인도 많이 없고 어디서부터 취업 정보를 얻고 노력해야 하는지 막막합니다. 이직을 알아보시는 시니어 레벨 분들도 기존 지인이 추천해준 자리가 아니라, 새로운 회사를 찾아 지원하려고 할 때 내부 정보를 아는 사람이 있으면 좋겠다는 아쉬움이 듭니다. 그때 미국 사람들은 링크드인 프리미엄에 등록해서 관련 회사에 다니는 모르는 사람에게 메시지를 보내는 cold calling을 합니다.

모르는 분께 접근해서 정보를 구할 때 내가 어떤 사람인지 소개하는 말을 elevator speech/pitch라고 합니다. 엘리베이터가 위에서 아래로 내려갈 시간인 30초 안에 8~10문장으로 자기를 소개하는 말로, 특히 대학 졸업 전 career fair를 다닐 때 많이 연습합니다. 엘리베이터 피치 안에는 1) 내가 어떤 사람이고 2) 내가 어떤 기회를 찾고 있는지, 3) 내가 가진 기술, 서비스 혹은 상품으로 어떤 문제를 해결할 수 있는지, 4) 내가 상대방에 줄 수 있는 장점이 무엇인지, 5) 상대에게 궁금한 점은 무엇인지 질문 혹은 부탁하는 점을 담고 있어야 합니다. 아래는 제가 리더십 커뮤니케이션 코치로 제 소개를 하는 엘리베이터 피치의 예시입니다.

Hello. I am Hyemi Kwon, a leadership educator and communication coach. I have been helping 300+ Asian professionals and entrepreneurs to improve their communication and leadership skills. Based on my 15+ years of experience as a Korean–English conference interpreter and navigating corporate environments in both Asia and the United States, I deeply understand the unique challenges faced by Asian leaders in Corporate America and have empowered them to achieve their personal and professional goals. I am happy to work with growth-minded people and support them to unlock their full growth potential. I would be thrilled to connect with people looking for a breakthrough in their career and life.

모르는 사람에게 들이대는 cold calling을 시도하실 때에 구체적으로 어떤 말을 담아야 하는지는 상황에 따라 다르겠지만, 이 점을 꼭 기억해주세요. 원래 cold calling은 거절이 디폴트입니다. 가뜩이나 용기를 끌어 모아서 겨우 연락했는데 상대가 링크드인 메시지나, 이메일, 인스타그램이나, 트위터 메시지를 무시하면 상처를 받고 의욕이 꺾입니다. 하지만 cold calling의 성공률은 원래 2%라고 합니다. 100명에게 기회를 찾아 연락을 하거나, 직접 만나서 follow-up을 해도 나에게 다시 연락이 올 확률은 한두 명이 당연하다고 생각하면 거절에 상처를 덜 받을 수 있습니다. 다만 나는 내가 원하는 기회에 조금이라도 가까워지기 위해 나에게 정보를 주거나 도와줄 누군가를 찾아 꾸준히 해보는 겁니다. 아무것도 안 하면 잘 될 확률이 0이지만, cold calling이라도 하면 확률이 2%가 늘어납니다. 그중 운이 좋아 한 명만 잘 만나면 기업 내부 정보도 얻고 나를 채용 관련자에 추천해줄 수 있다면 취업 확률이 100%입니다.

또한, 콜드 콜의 일종으로 사내에 안면은 없는 다른 부서 사람 혹은 지인의 소개로 정보를 듣기 위해 연락하는 것은 커피챗(coffee chat)이라 합니다. 직접 만나 커피 한잔하면서 30분 정도 이야기할 수도 있고 요즘에는 온라인 미팅으로도 진행합니다. 소개를 해 주면 중간인의 책임이 큰 한국과 다르게, 미국에서 네트워크를 위한 소개는 연락처만 전해주고 나머지는 서로 알아서 하라고 하는 자율성(?)이 상대적으로 큰 것 같습니다. 그래서 소개해 주는 사람도 소개받는 사람도 거절을 쉽게 할 수 있고 가볍게 응하기도 합니다. 그래서 생각보다 커피챗을 요구하는 게 어렵지 않고 부탁하는 사람을 봐서 모르는 사람에게 15-30분 정도 수다 떨듯이 전화에 쉬이 응해주는 사람도 많습니다.

스탠포드 대학의 마크 그라노베터(Mark Granovetter) 교수의 1972년 사회 네트워크에 대한 기념비적인 연구인 약한 유대의 힘(strengh of weak ties)에 따르면 친구나 가까운 사이보다는 느슨하게 연결된 사람들이 네트워킹, 직업 찾기, 지식 전파에 효과적이라고 합니다. 실제로 링크드인에서 2천만 명의 네트워킹과 구직 데이터를 조사해 2022년 Science 지에 실린 "A causal test of the strength of weak ties(약한 연결 관계의 강점에 대한 간략한 테스트)"란 연구에 따르면, 테크 업계 구직 시 링크드인에서 공통 지인이 10명 이하인 한 다리 건너 아는 사이(moderately weak ties)가 구직에 가장 도움이 됐다고 합니다. 나의 링크드인 일촌의 친구 리스트를 보고 이직이나 취업에 도움이 될 경력이 있는 분을 찾으셨다면 지인을 통해 커피챗 할 수 있게 소개해 달라고 부탁해 보세요.

네트워크를 방해하는 한국인의 내적 갈등

한국에서도 내가 필요한 기회를 찾기 위해서는 주변 사람들의 도움이 필요합니다. 하물며 혼자 외국으로 유학을 가서 현지에 자리를 잡아야 하거나, 취업을 해서 해외로 이주를 하거나, 외국 투자와 사업 파트너를 찾거나, 한국에서 외국인 비즈니스 파트너를 상대하시기 위해 고급 영어 실력이 필요하신 분들은 외국인의 신뢰를 얻어서 필요한 기회를 지속적으로 만들어 내야 합니다.

앞서 말씀드렸듯이 해외 생활을 하면서 영어를 쓰고 외국인을 상대해야 하는 스트레스를 받기 때문에 사적 영역에서는 한국 사람만 만나고 한국 예능이나 드라마를 보면서 시간을 보내는 분들이 많습니다. 저에게 코칭을 의뢰하셨던 분들이 토로하셨던 인간적인 한계와 어려움을 이해합니다. 저도 일은 외국인과 하더라도 정서적인 부분은 한국 사람과 해결하는 게 더 편안하니까요. 그렇다고 해서 미국 및 다양한 나라 사람들과 일을 하고 글로벌 조직 안에서 성장하고 힘을 키우려면 나를 도와주는 내 사람을 위아래로 확보하는 노력을 게을리하면 안 됩니다. 조직 내, 외부 네트워킹을 신경 쓰지 않고 내 할 일만 하면

subject matter expert 같은 기술적인 영역에 전문가로는 인정을 받지만 communication skills와 people management가 핵심 역량으로 필요한 리더로서 글로벌 조직 내부에서 받는 평가는 약할 수 있습니다.

요즘 유튜브에 글로벌 테크기업에 근무하시는 분들이 실리콘 밸리 조직 문화에 대해서 인터뷰한 영상이 자주 뜹니다. 그중 아마존에 다니시는 분이 옆 팀에 자리가 나서 뛰어난 개발 실력을 가진 지인을 추천해서 인터뷰에서는 합격을 했다고 합니다. 아마존 인사팀이 지인의 전 회사 동료들에 reference check를 해보니 '그분을 평가할 만큼 잘 알지 못한다'라는 평이 많아 team work가 없는 사람이라며 최종 오퍼를 받지 못했다는 스토리를 봤습니다. 아마 영어가 불편하고 문화적으로 어색해서 일만 하고 회사 사람들과 스몰 토크나 개인적인 관계에 미처 신경을 못 쓴 게 아닌가 추측해봅니다.

이렇듯 미국에서는 커리어에서 다음 단계로 업그레이드되는 취업과 승진할 때 평판 조회가 중요합니다. 일뿐만 아니라 일상 생활에서도 프라이빗 스쿨에 아이를 입학시킬 때, 좋은 골프 클럽이나 사교 클럽에 들어갈 때 주변의 추천서를 받아야 합니다. 미국은 주민 등록도 없고 땅 덩어리가 크고, 다인종 이민자 사회로 다양성이 높아서 스탠다드한 평가 기준이 한국만큼 명확하지 않습니다. 따라서, 내가 새로운 일을 도모하려고 하고 자격 통과 심사를 받을 때 서류에 의한 신용 조회뿐만 아니라 같이 지냈던 사람들의 입을 통한 긍정적인 평가가 미국에 살면 살수록 그리고 미국인을 대할수록 중요하다는 생각이 듭니다.

따라서 영어와 외국인이 불편한 마음이 들고, 심리적 이물감 때문에 '일, 영어, 외국인 vs 일상, 한국어, 한국인'으로 나뉜 심리적 파티션이 있다는 걸 인정하고 comfort zone을 벗어나려는 의식적 노력을 추가로 기울여야 합니다. 내 사고 방식과 태도에 드러나는 한국 문화의 영향을 이해하고, 다양한 문화권 사람에 대한 호기심을 마음 속에서 좀 더 내고, 외국 사람과 친밀한 관계를 맺는 연습을 해봐야 궁극적으로 고급 영어를 말하는 환경에 갔을 때 말이 편안하고 자신 있게 나옵니다.

고급 영어를 말하는 환경에는 결국 사람의 마음을 사는 설득력 있는 커뮤니케이션 스킬과 상대의 니즈를 읽고 이를 해결해주는 리더십이 필요합니다. 언어학적인 영어야 혼자 공부하면 어느 정도 늘 수 있지만, 듣는 사람을 편안하고 자신감 있게 대하는 세련된 영어 커뮤니케이션은 영어로 꾸준히 사람을 대하면서 문화적 심리학적 장벽을 뛰어넘는 노력을 통해서 가능합니다.

정리 한국적 사고방식과 문화적 습관이 효과적인 영어 커뮤니케이션을 저해할 때

원인
- 낯선 사람과 가벼운 대화를 즐기는 스몰 토크가 어색함
- 겸손을 미덕이라고 여기는 한국 문화에 비해 '나대는' 미국 문화가 익숙하지 않음
- 효율성과 업무 성과로만 승부를 보려고 해 정서적 커뮤니케이션을 등한시함

해결책
- 스몰 토크도 비즈니스 일부임을 기억하기
- 나를 적극적으로 알리고 네트워크 하는 것도 업무 능력이라고 생각 전환하기
- 내 태도와 사고에 관여하는 한국 문화의 영향을 인지하고 문화 심리적 장벽을 해소하려는 노력하기

제5장

리딩으로 튜닝하는 고급 영어 공부법

리더(Leader)는
리더(Reader)다

:: 왜 고급 영어는 리딩을 통해서 익혀야 하는가

성인에게 영어 공부 방법을 물어보면 1) 학원이나 온라인 강의 등 교육 수료 2) 넷플릭스 드라마, 유튜브, 뉴스 등 영어 콘텐츠 시청 3) 원어민 선생님과 회화 연습 4) 영어 책 읽기, 5) 스터디 그룹 참여를 뽑습니다. 어떤 영어 공부 콘텐츠, 선생님, 방법을 찾아서 공부하든 최소한 3~ 6개월 이상 꾸준히 하면 영어 실력이 느는 효과가 있다고 생각합니다. 하지만 성인 학습에서 제일 큰 문제는 3개월 이상 동기를 유지하면서 꾸준히 포기하지 않고 공부하는 것입니다.

하지만 현실적으로 공부나 생업에 바쁜 성인의 경우 해야 될 업무뿐만 아니라 가족이나 개인사 등 우선순위가 많기 때문에 중, 고등학교나 대학생 때처럼 1시간씩 집중해서 공부할 시간을 만들거나, 영어 수업에 꾸준히 돈을 투자하기엔 부담이 됩니다. 게다가 영어 공부는 완성된 단계가 있는 학문도 아니고, 끝이 정해진 범위가 없어서 평생 공부해야 합니다. 평생 매일 조금씩 악기처럼 내 영어를 꾸준히 튜닝을 해 둬야 필요한 순간에 좋은 소리를 낼 수 있습니다. 그렇다면 학원 프로그램이나 몇 가지 표현이나 문장을 알려주는 유튜브 콘텐츠에 의존하기보다는 본인이 필요에 맞는 영어 공부 콘텐츠를 골라서 혼자 매일 꾸준히 10분이라도 영어 공부를 할 수 있으면 좋지 않을까요? 타인에 의해 만들어져서 수동적으로 주어지는 공부보다는 나에게 맞는 학습 콘텐츠나 방법을 찾는 게 공부 효과도 좋고 평생 가성비도 좋습니다.

이 책은 중급 레벨에서 수동적으로 주어지는 수업이나 영어 공부 콘텐츠를 통해 공부를 해도 영어 실력 정체가 해소되지 못하시는 분께 상위 단계인 고급 영어로 업그레이드할 방법으로 영어 셀프 코칭이라는 답을 드립니다.

리딩이 영어 공부에 도움이 된다는 걸 많은 분이 아시기 때문에 좋아하시는 소설이나 책을 통해 영어 공부를 하시는 분들도 계십니다. 앞서 말씀드렸듯이 소설이나 좋아하시는 책을 읽는 공부 방법도 3개월 이상 꾸준히 최소 3권 정도 정독하시면 하면 도움이 됩니다. 어떤 영어 공부 방법도 꾸준함이 동반되면 다 옳고 효과적입니다.

동영상을 통해 영어 공부를 하는 것이 재미도 있고 쉽게 접근할 수 있는 좋은 방법입니다. 하지만 고급 영어로 업그레이드를 위해서는 반드시 영어 텍스트를 분석해 가며 읽는 정독 과정을 거쳐야 합니다.

과학 기술의 발전으로 뇌 스캐닝과 해부가 가능해짐에 따라 기억력과 학습 과정의 과학적 원리를 밝히는 여러 연구가 있었습니다. 치매나 ADHD처럼 기억력에 문제가 생기거나, 사고로 신체 능력 저하가 일어났을 때 동작 기억을 되살리는 뇌의 기저로 신경 가소성(neural plasticity)

이 주목을 받고 있습니다. 과거에는 인간의 뇌의 능력이 태어나는 것이고 성인이 되면 뉴런 등 뇌세포가 고정된다고 생각했던 반면, 신경 가소성에 대한 연구가 진행될 수록 뇌가 새로운 학습이나 경험에 따라 기존의 신경망을 새롭게 구축하면서 뇌세포가 계속 성장하거나 쇠퇴한다는 점이 증명되고 있습니다. 특히 기억을 담당하는 해마에서 끊임없이 오래된 신경세포는 쇠퇴하고 새로운 신경세포가 생겨나는 등 활발한 뇌 가소성을 보입니다.

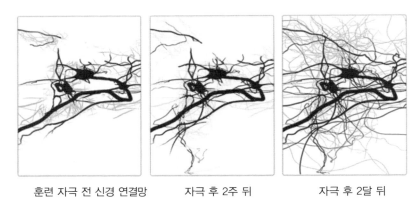

| 훈련 자극 전 신경 연결망 | 자극 후 2주 뒤 | 자극 후 2달 뒤 |

출처: www.cognifit.com

  뇌의 뉴런을 연결하는 시냅스는 새로운 언어나 운동기능의 습득이 왕성한 유년기때 최대 활동성을 보이다 성년기 이후에는 약간 감소합니다. 하지만 새로운 언어나 운동기술을 어느 정도까지는 습득할 수 있는 뇌신경 가소성을 평생 유지합니다. 신경 가소성의 특성에 대해 영어로는 fire together, wire together 혹은 use it or lose it이라고도 하는데, 시냅스가 전기화학적인 신호(fire)를 내보내면 새로운 신경망이 연결(wire)되고(리딩과 리스닝을 통해 데이터를 입력), 반복적으로 연습(스피킹과 라이팅으로 출력)하지 않으면 회로 연결이 약화되고 소멸된다는 점입니다. 뇌 과학에서 학습의 원리를 어렵게 설명했지만, 요약하자면 사실 이미 우리 모두가 잘 알고 있는 상식처럼 '공부하면 영어가 늘고 공부를 안 하면 안 는다'입니다.

정독을 통한 영어 공부가 중요한 이유는 고급 영어로 전반적인 영어 실력의 향상을 도모하기 위해서는 표현이나 문장을 한두 개를 기존 어휘에 추가하는 방법보다는 문법, 스타일, 영어식 논리 전개, 동의어의 다른 뉘앙스와 격 같은 영어의 틀을 전반적으로 익히는 데 정독만 한 공부 방법이 없기 때문입니다. 지속적인 영어 텍스트 리딩을 통한 자극이 들어가면 뉴런 세포에서 시냅스들이 자라나면서 연결이 빨라지는 것처럼, 하나씩 띄엄띄엄 떨어진 저장된 장기 메모리 속의 개별 표현들이 빠르게 서로 연결되면서 전반적인 영어 실력이 늘어나는 경험을 할 수 있습니다. 3~6개월만 다음 방법대로 영어 정독 연습을 해보시면 내 영어에 근본적인 화학적 변화(transformation)가 생겼다는 점을 이해할 수 있습니다.

:: 무엇을 읽어야 하는가?

리딩의 중요성에 대해서 이해한 뒤에는 이제 무엇을 어떻게 읽어야 하는지 궁금해집니다. 책을 읽는 것도 도움이 되나, 저는 책보다는 신문이나 잡지 온라인 미디어 글을 읽으라고 추천을 드립니다. 그 이유는 다음과 같습니다.

✅ 신문 기사 리딩이 책보다 영어 공부에 효과적인 이유

1) 책보다 미디어 기사가 호흡이 짧고 빨리 읽을 수 있다. 다 읽었을 때 성인의 동기 유발에 중요한 빠른 승리(quick win)의 성취감을 느낄 수 있다.
2) 책처럼 한 가지 주제가 아닌 다양한 주제의 글을 읽을 수 있어 질리지 않고 읽고 싶은 주제를 매일 바꿀 수 있어 흥미 유지가 된다.
3) 다양한 기자가 쓴 다양한 주제를 바꿔 가며 읽으면서 분야마다 다른 용어와 표현 그리고 논리와 문체(스타일)를 익히게 된다.
4) 세상의 변화의 속도가 빠르기 때문에 만들어진 지 몇 년 된 책보다는 매일 트렌디한 정보와 최신 유행어나 시사 표현을 배울 수 있다.

다만, 기사는 정보 전달이나 논리를 주장하는 내용들을 담고 있기 때문에 문학적인 표현과 정서적인 효과를 불러 일으키는 시와 소설 그리고 에세이를 읽으면 문학적인 영어와 스타일을 접하는데 도움이 됩니다. 한국 문학 작품도 정보보다는 재미와 즐거움을 위해서 읽듯이, 공부보다는 머리를 식히거나 재미로 읽기에는 소설과 에세이 리딩도 추천 드립니다.

주간지/월간지를 읽어라

그렇다면 어떤 미디어 기사가 고급 영어 공부에 제일 도움이 될까요? 코칭 시 이 질문을 많이 받았는데 New York Times, Wall Street Journal, Chicago Tribunes, Financial Times 같은 일간지를 읽는 것도 좋지만 저는 The Economist나 Times, Harvard Business Review 같은 주간지나 월간지를 읽는 것이 시간 대비 공부 효과가 좋다고 생각합니다.

한국에도 조선이나 중앙일보 같은 일간지와 시사저널이나 신동아 월간조선 같은 주간지와 월간지가 있습니다. 일간지와 주간지는 어떻게 다른가요? 일간지는 빠른 정보 전달과 신속 보도를 목표로 합니다. 반면에 주간지와 월간지가 매수가 많고 두껍기도 하지만 더 비싸게 팝니다. 왜 그럴까요? 주간지와 월간지는 일주일이나 한 달 동안의 수많은 뉴스 중에 편집자가 의도를 가지고 광범위하게 취재하고, 분석한 후 잡지사의 논조와 의견 그리고 인사이트를 담은 기사를 씁니다. 예를 들어, Wall Street Journal 같은 영문 일간지의 경우 기자가 그날 일어난 사건을 의견을 담지 않고 신속하게 사건 나열 위주의 짧고 단순한 문장으로 써서 마감을 보내고 편집을 합니다. 반면, The Economist나 Times 같은 주간지와 월간지의 기사는 나름 글을 잘 쓴다는 기자와 컬럼리스트들이 시간을 가지고 정보를 분석하여 논리가 촘촘한 의견이나 인사이트를 내놓고, 편집자가 시간을 들여 문장을 가다듬습니다. 그렇다면 영어 학습자로서 영어 표현의 질이나 콘텐츠의 논리적 구성이 더 우수한 글은 어떤 글일까요? 시간이 있다면 주간지와 일간지를 다 읽는 것이 이상적이지만, 성인은 시간에 쫓기고 집중력도 약하기 때문에 기왕이면 영어 공부 교재로 주간지를 읽는 것이 가시비(시간대비 가치)가 좋습니다.

글로벌 기업에서 커리어가 성장해 나가면서 영어 커뮤니케이션을 통해 리더십을 발휘하기 위해서는 고급 영어 표현과 동의어라는 언어적 콘텐츠도 보강해야 합니다. 동시에 논리적이고, 지적이며, 공적 자리에서 쓰기에 예의와 품의가 있는 세련되고 문화적으로 적합한 영어식 논리 전개와 문장 스타일도 함께 익혀야 합니다. 따라서 고급 영어에 담는 고급 콘텐츠와 영어식 논리를 익히는 데 영미권 주간지와 월간지같이 공들여서 잘 쓴 글을 읽는 것이 시간 대비 가시성을 높이는 방법입니다.

고급 영어 업그레이드에 도움이 되는
추천 영어 리딩 콘텐츠

:: 격식 있는 표현이 많은 읽기 자료

① The Economist

영국에서 발행되는 주간지로, 정치, 경제, 과학, 예술 등 주제를 다루는 종합지입니다. 통번역 대학원 시험을 준비하는 수험생들이 cover-to-cover로 읽으면서 공부를 해야 합격한다는 동시통역사에게 는 필독 고급 영어 학습 교재로, 미국의 Times나 Newsweek에 비해서 한국인이 영어 공부하기 좋은 다음의 장점을 가지고 있습니다.

- 문장이 짧고 간결하여 흉내 낼 수 있을 것 같은 느낌을 준다. 리듬감 있는 스타일의 글을 배울 수 있다.
- 쓰이는 단어의 격이 높고, 동의어를 익히는 데 좋다.
- 분석글(논설이나 리뷰)의 논리가 견고하다.
- 경제뿐만 아니라 과학이나 예술 등 다양한 분야의 기사가 담겨 있다.
- 세계의 중심이었던 영국의 세계관과 전통이 반영되어 한국과 미국 잡지에 서 자주 접하는 미국 중심 정치 경제뿐만 아니라, 중동과 아프리카 등 다

양한 세계 국가의 소식을 다루고 있다. 비교적 미국 사람들만 아는 고유명 사와 미 국내 뉴스가 많은 미국 잡지 대비 다양한 국가의 글로벌 독자를 염두에 두고 배경지식이 없다고 가정하고 글을 쓰기 때문에 상대적으로 이해하기 쉽다.

통역대 입시 준비생처럼 cover-to-cover로 읽으실 수 있으면 3달 안에 비약적인 영어 실력이 향상됨을 느끼실 수 있겠지만, 목표를 달성하기 힘들다고 생각하신다면 주간지에 가장 처음에 나오는 논설인 Leaders라는 칼럼을 일주일에 한 번은 꼭 읽고 넘어가면 좋습니다. 이 잡지는 논리를 촘촘하게 구조적으로 나열하는 글이 많기 때문에 특히 석사 과정 이상에서 논문을 쓰시거나 발표를 하실 일이 많은 분들이 가장 큰 도움을 받을 수 있습니다. 구체적인 리딩 테크닉은 다음 장에서 설명하겠습니다.

② Harvard Business Review

하버드 경영대학원에서 나오는 격월지로, 경제 경영의 최신 트렌드와 용어를 익히는 데 가장 적합합니다. 앞의 The Economist가 영어권에서 교육을 많이 받은 엘리트층을 타겟으로 지적인 티와 글 솜씨를 팍팍 내면서 일부러 멋을 부려 있어 보이게 힘을 줘 쓴 글이라면, HBR은 경영자와 직장인들을 '교육'하기 위한 목적을 가지고 쓰인 글입니다. 모르는 새로운 트렌드를 설명하기 위한 글이므로 이해하기 쉬운 단어와 복잡하지 않고 단순한 논리로 술술 읽히게 잘 쓰인 글입니다.

HBR은 경영 컨설턴트와 경영자의 말투며, 직장을 다니시는 분들이 자주 쓰는 영어 표현과 주제를 담고 있습니다. 공부할 시간이 없어 꼭 하나만 정해서 파고들겠다는 직장인에게 HBR을 추천 드립니다. HBR

은 두 달에 한 번 발행되므로 cover-to-cover를 목표로 하시고 정독하시면 영어 공부도 되면서 동시에 성취감을 느낄 수 있습니다.

③ 분야에 따라 골라 읽기

본인 업무에 필요한 글이나 자주 쓰이는 용어와 표현이 나올 것 같은 글들을 스스로 찾아서 읽는 것이 실용적입니다. 본인의 업계와 니즈에 맞는 미디어를 아래에서 골라 읽어보세요. 신문 기사를 읽을 때는 빠른 정보 전달이 목적인 일반 기사보다는 논설이나 칼럼이 고급 영어 공부에 도움이 됩니다. 온라인 기사에 달린 댓글에는 정제되지 않은 일상 표현과 감정 표현이 담겨 있어 사회적 이슈를 둔 미국 사회의 여론과 문화를 이해하는 데 도움이 됩니다. 관심 있는 기사에 나와 비슷한 의견이나 다른 의견을 개진한 댓글을 읽다 보면 더 집중도 잘 되고 외워서 쓸 만한 표현도 눈에 쏙쏙 들어옵니다.

미디어명	특징
New York Times 등 일간지	일반 기사보다 Opinion/Column/Review와 댓글 위주로 리딩
New Yorker와 Atlantis	영어권에서 작가들이 제일 등단하고 싶어하는 에세이 잡지. 교육 수준이 높은 미국인들이 좋아하는 잡지로 미국인의 생활, 문화와 정치에 대한 수준 높은 에세이, 리뷰 그리고 논평을 담은 잡지로 문학적 글 스타일을 배울 수 있음.
WSJ/CNBC/Bloomberg/Investor.com/Yahoo Finance	주식 시장, 경제 투자에 관한 용어와 표현

Vogue/Esquire/Cosmopolitan	의외로 패션 잡지의 Feature 글은 당대 실력 있는 작가가 스타일리쉬하게 잘 씀. 특히 유명인의 Obituary(부고 기사)에서 고인을 평가하는 글의 논리와 스타일이 품위가 있고 배울 만한 표현들이 많다.
Forbes/Inc/Medium	경영과 기업 트렌드를 다룬 온라인 미디어. 최신 경영 트렌드와 용어를 익히는 데 좋다.
Tech Crunch/MIT Technology Review/ZDNet	테크 업계 소식과 용어
Nature/Science/Cell/National Geographic/Discover/ Smithsonian Magazine	과학 연구 관련 소식과 용어
ESPN/SportsIllustrated/Golf Digest	스포츠 용어
Variety/RollingStone/Vanity Fair/People	영화나 연예계 소식과 용어

이 외에도 본인의 관심 분야나 취미에 따라 요리, 정원, 뜨개질, 스포츠, 교육과 자녀 양육, 살림 등에 관한 기사를 검색하면 관련 지식과 영어 표현을 배울 수 있습니다. 동시통역사도 모든 분야의 영어 표현을 다 알고 있지 않습니다. 본인의 말을 해야 할 필요(미팅, 프레젠테이션, 인터뷰)에 따라, 관련 있는 영어 텍스트나 기사를 찾아 골라 정독한 후, 해당 텍스트에서 내가 말로 쓸 수 있는 영어 표현을 수집하고 정리해서 단기 메모리를 활성화한 후 영어 커뮤니케이션에 임해보세요.

만약, 새 직장 인터뷰를 준비하시면 지원한 회사 경영진의 인터뷰와 신문 기사를 통해 그 회사의 전략적 방향과 계획을 훑어보세요. 인터뷰 시 나의 스킬과 경험의 회사의 전체적인 전략적 방향 혹은 연간 계획과 어떻게 연결될 수 있을 지 콘텐츠 아이디어를 얻어보세요. 동시에 해당 회사 경영진의 동영상 인터뷰와 신문 인터뷰를 찾아 보면서 자주 쓴 표현(특히 자주 쓰이는 동사 위주로 정리)을 수집해서 노트에 적고 외우세요. 기사에서 수집한 동사와 형용사로 내 경력을 묘사해보세요.

또한, 지원한 자리의 job description을 다시 꼼꼼히 읽으면서 거기에 쓰인 명사, 동사, 형용사를 수집해서 노트에 따로 정리해보세요. 내 과거 경력과 스킬을 job description에 쓰인 명사, 동사, 형용사를 활용해 다시 풀어서 설명해 스크립트로 만들고 외워야 합니다.

또한, 현 직장에서 나와 같은 일을 하는 팀 동료나, 지원한 회사에서 내가 지원한 업무를 이미 하고 있는 사람 혹은 인터뷰 볼 팀 사람들의 링크드인 프로파일을 읽으시면서 그들이 업무를 묘사한 프로파일의 동사와 형용사 그리고 명사를 노트에 정리하세요.

이렇게 남의 링크드인에 묘사된 영어 표현을 민감하게 읽고, 표현을 수집하고 손으로 써보고 입으로 말하는 과정을 통해 단기 메모리에 활성화 시켜 둬야 합니다. 민감하게 읽고, 표현을 수집하고 손으로 써보고 입으로 말하는 과정을 통해 단기 메모리에 활성화시켜 둬야 합니다. 그러면 인터뷰 시 현재 나의 업무를 어떻게 설명해야 할지 그리고 앞으로 내가 새로운 직장에서 해야 할 일을 묘사하는 데 도움이 됩니다. 그리고 인터뷰하는 사람도 본인이 쓴 자신의 링크드인이나 job description에 적힌 영어 표현(key words)을 직접적으로 쓰는 사람에게 더 연관성을 느낄 수 있습니다. 이렇게 리딩을 통해 필요한 영어 표현을 수집하고 연습을 통해 혀끝에 붙이면 단기간에 fluent하게 '영어를 잘하는 척'을 할 수 있습니다.

:: 일상 회화에 도움되는 읽기 자료

앞의 글들은 잘 쓰인 문어체 글이기 때문에 그것들로만 영어를 공부하면 영어가 딱딱하고 무거워집니다. 기사로 영어를 공부하면 업무나 공적인 관계에서 격에 어긋나지 않는 예의 바른 표현이나, 지적인 표현들이 많이 배울 수 있습니다. 하지만 casual하고 가볍고 유쾌한 small talk가 중요한 문화인 미국 사람과 관계에서 너무 문어체적 표현만 쓰면 재미없고 지루한 사람이 됩니다. 한국어로도 매번 9시 뉴스에 나올 법한 표현으로만 한국어를 하는 것과 예능 프로에 나오는 한국말로 표현을 하는 건 커뮤니케이션 톤이나 매너가 다르게 들립니다.

특히, 학부 이후 미국으로 석사 이상 과정을 공부하러 와서 자리를 잡으신 분들은 주로 전공 분야의 리딩을 많이 하면서 영어를 배우기 때문에 전공 교과서나 논문에 나오는 동사와 명사를 주로 영어에 사용하고, 형용사와 부사 같은 감정을 표현하는 말을 최소한으로 하는 경우가 있습니다. 또한 주재원으로 오셨거나 한국에서 바로 외국으로 취업을 하신 분들도 어릴 때 학부과정에나 어학연수 과정에서 친구들과 놀면서 자연스럽게 캐주얼한 표현을 배울 기회가 없었습니다. 이분들은 스몰 토크 문화도 불편하고, 영어에 자신이 없기 때문에 영어로 이야기할 때 최소한으로 말하고, 주로 정보를 전달하는 커뮤니케이션에 집중하게 됩니다. 감정을 드러내는 형용사나 부사를 넣지 않고 ice breaking이나 쿠션어 없이 주어 + 동사 + 목적어로만 말을 하면 의도치 않게 단도직입적이거나 더 나아가서 공격적이거나 남에게 관심 없는 사람처럼 느껴질 수도 있습니다.

영어에는 한국어로 번역하기 어려운 engagement라는 말이 있는데 팀으로 일하는 것에 대해서 참여도와 열정을 다 포함한 말입니다. 조직 내 인사평가에서 능력(competence)도 보지만 업무 태도 면에서 engagement level(warmth)도 평가합니다. 인간은 이성적으로 보이지만 결국 감정의 지배를 받습니다. 따라서 내 일을 잘하더라도 커뮤니케이션 태도나 말을 자신감 있고 정감가게 못하면, 미국에서도 실제로 내가 하고 있는 일에 비해서 박한 평가를 받을 수도 있습니다. 한국 사람이 영어를 쓸 때 톤을 부드럽게 하는 양념과 같은 쿠션어를 잘 쓰지 않고 단도직입적으로 정보만 말하고, 스몰 토크 없이 고립되어 업무만 하게 되면 효율적으로 일을 잘하려고 하는 나의 의도와 다르게 미국 사람 입장에서는 팀에 disengaging하는 사람처럼 보일 위험이 있기 때문입니다.

따라서 미국 문화가 지향하는 '친근하고, 유쾌하고 다가가기 쉬운 사람'으로 보이기 위해서는 의도적으로 캐주얼한 영어가 많이 나오는 콘텐츠도 골라서 읽어야 합니다. 교육받은 사람처럼 보이기 위해서 격이 있고 지적인 표현을 외우고 쓰는 연습을 해야 하지만, 동시에 듣는 사람에 따라서 캐주얼하고 친근한 사람이라는 걸 보여줘야 할 때는 같은 내용을 캐주얼한 일상 회화로 표현할 동의어 표현도 같이 세트로 가지고 있어야 합니다.

우리가 매일 외국인 친구와 말을 할 수 있다면 자연스럽게 일상 생활에서 배울 수 있는 기회가 있지만, 한국에 계시거나 외국인 친구가 없을 경우에 미국 현지인들처럼 최대한 자연스럽게 말을 하고 있는 텍스트를 찾아서 공부해야 합니다. 이런 맥락에서 Friends나 Modern Family와같은 미드를 통한 영어 표현 배우기도 도움이 됩니다. 동시에 아래와 같은 텍스트를 찾아 읽는 것도 도움이 됩니다.

① Dear Abby

Dear Abby는 미국인들이 일상에서 고민하는 문제를 상식적이면서 재치 있게 상담해주는 신문 컬럼으로 유명합니다. 평범한 가정 주부인 폴린 프리드먼 필립스(1918~2013)는 1956년 지역 신문인 샌프란시스코 크로니클에 전화를 걸어서 대뜸 자신이 컬럼을 쓸 수 없냐고 물었습니다. 그의 열성과 도전에 감동받은 편집장이 기회를 주면서 애비가일 반 뷰렌이라는 가명으로 2002년까지 46년간 매일 독자들의 가족 갈등, 실업, 마약, 가정 폭력, 경제적 문제, 차별 등 시시콜콜한 상담을 해줬습니다. '두려움을 없애고 희망을 가지고 분명히 말해라 그리고 진취적으로 살라'는 철학을 전파했던 Dear Abby는 2002년 필립스가 알츠하이머 진단을 받고 연재를 중단됐습니다. 하지만 지금은 그의 딸이 이어받아 여전히 전 세계 많은 신문에 연재되고 사랑받는 인기 컬럼입니다.

아래 Dear Abby의 제목만 봐도 미국인들이 일상 생활에서 자주 쓰는 영어 표현들을 접할 수 있습니다. 뿐만 아니라, 고민과 상담 대답에서 친하지 않고선 들을 수 없고, 외국인과 이민자로서는 알 수 없는 미국 가족과 친구 간에 치사하다고 느끼는 포인트, 타인간에 허용되는 적절한 거리감과 선, 인간 관계에서 권장되는 처세에 대해서 배울 수 있습니다.

☑ Dear Abby: Girlfriend's big dog <u>joins</u> us in bed, <u>sheds</u> everywhere
- a big dog joins us in bed: 강아지랑 침대에서 같이 잠. 한국 사람이 같은 표현을 영작할 때 sleep together라는 표현이 제일 먼저 떠오르는데 joins를 쓰면 간단하면서도 눈에 그리듯이 묘사하는 표현으로 쓸 수 있다.

- a big dog sheds everywhere: 강아지 털이 천지다. 털 빠짐이 심하다. 털이 수북하다는 말을 fur라는 표현을 전혀 쓰지 않고 자연스러운 회화로는 이렇게 쓸 수 있다.

☑ Dear Abby: Family relies on me, then <u>fails</u> me at time of need
- 가족이 나에게 의존하지만 내가 필요할 때 나를 도와주지 않는다는 표현을 한국 사람이 영작하고자 하면 help를 동사나 명사로 사용하려 할 텐데 fail이라는 동사를 쓰니 실망한 감정적 의미가 더 산다.

☑ Dear Abby: Arguments with grandma <u>fueled</u> by my anger issues
- 할머니와 말다툼을 하면 화를 돋운다는 표현을 fuel이라는 시각적 효과가 강한 역동적인 동사를 골라 쓸 수 있다는 걸 배울 수 있다.

☑ Dear Abby: Brother <u>cuts me off</u> in a dispute over mom's estate
- 가족과 싸우고 연락 단절하는 걸 cuts me off라고 쓰고 dispute는 about보다는 over와 함께 쓴다는 걸 세트로 기억해야 한다.

☑ Dear Abby: Daughters <u>shun</u> me after divorce, but still <u>cash my</u> checks
- 딸이 나를 피한다는 내용에서 shun이라는 동사를 쓴다는 걸 배우고, 여전히 내 돈을 받는다는 cash my checks라고 썼는데, 미국에서는 개인 체크를 주고받고 이를 현금화하기 때문에 이런 표현을 쓴다.

☑ Dear Abby: Mom is tempted to visit often to help them <u>keep it up.</u>
- keep it up이란 구동사를 정리정돈을 한다는 의미로 쓴다는 걸 배울 수 있다.

이 외에도 형제 자매를 siblings라고 표현하고, 부부간에 냉전을 하는 것을 give the silent treatment라고 한다든지, 게스트가 집에 너무 오래 머무르면 overstay our welcome이라고 하는 등, 읽으면서 미국인들이 일상에서 정말 자주 쓰는 자연스러운 표현들을 수집할 수 있습니다.

특히 이 칼럼들은 등장인물의 갈등을 다루기 때문에 신문 기사 안에서는 배우기 쉽지 않은 미국인의 일생 생활을 엿볼 수 있습니다. 한국 사람이 문화적으로 접할 수 없는 가족이나 친구들과 밀접한 일상을 묘사하고 있어 미국인들이 우리와 어떻게 다른지, 가족 친구와의 관계가 어떠하고, 적절한 선을 어디에서 긋는지 등 문화와 인간 관계 처세에 대한 지혜도 배울 수 있는 장점이 있습니다. Dear Abby는 짧고 무료로 공개되어 있고 하루에 하나씩 쉬는 시간에 5분 이내로 읽을 수 있는 장점이 있습니다.

Korea Times는 Dear Abby의 영어 원문과 번역본을 개제하고 있습니다. 추가 공부 팁을 드리면 Korea Times에 실린 한국어 번역본만 읽고, 먼저 영어로 번역을 적어보세요. 그후 영어 원문과 내 영문 번역본을 비교해보시면 내 영어의 문제점을 빠르게 발견해서 보강하는 데 도움이 됩니다.

신문 기사 제목만 읽어도 영어 공부가 된다

The Economist나, NYT나, HBR 같은 기사를 읽을 시간이 없다면 기사 제목만 읽는 것도 도움이 됩니다. 매일 잠시 짬이 있을 때 (다음과 네이버 뉴스 말고) 영어 뉴스 제목을 읽어보세요. Google News, Apple

News, NY Times, Wall Street Journal, Washington Post 같은 영문 일간지의 제목들만 눈으로 읽어보세요. 위의 Dear Abby에서 알려드린 영어 정독 방식으로 매일 꾸준히 하루에 10분 정도 최소 3개월 이상 제목만 분석하고 표현을 외우는 것만으로도 능동 영어 활성화에 도움이 됩니다. 이때 특히 동사가 어떻게 쓰였는지 유의해서 보시면 가시비가 가장 좋습니다.

② Moneyist(Market Watch의 칼럼명)

My partner is against marriage. I'm not on the deed to his home, but he set up a revocable trust in case he dies first. Is this risky?

"He is a loving and generous partner and I do trust him, but I know his arrangements are designed to protect himself while trying to look out for me at the same time."

I want my son to inherit my $1.2 million house. Should I leave it to my second husband in my will? He promised to pass it on.

I asked my elderly father to quitclaim his home so I can refinance it — and take out a $200,000 annuity for my sister and me. Is this a good idea?

Dear Abby가 '아침 마당'에서 들을 법한 아줌마들의 수다 토크 스타일이라면, 경제지인 Market Watch의 재테크 및 법률 상담 칼럼 Moneyist는 자산관리나, 투자, 상속, 세금, 양육비 등 돈 문제와 그로 인한 가족 및 지인 간의 갈등을 다룹니다. 따라서 상담 답변에 변호사, 회계사, 세무사, 심리학자의 구체적이고 전문적인 조언이 담겨 있습니다. 이 칼럼을 통해 캐주얼 토크용 영어 공부를 하는 여러 가지 장점이 있는데 다음 내용을 참조하여 리딩에서 무엇을 얻어 갈지 생각해보세요.

1) Moneyist는 페이스북에 올려진 상담 사연을 기자가 스토리를 각색해서 전문가의 의견을 듣고 답변해 완성한 칼럼입니다. 개인 사연자가 갈등 당사자이기 때문에 처음 페이스북에 올라온 사연은 내용이 길고 스토리가 중언부언 감정적인 확률이 높습니다. 지금 인터넷에 Moneyist를 검색해서 기사를 열어보세요. 작성한 기자가 처음 보는 사람이 이해할 수 있도록, 등장인물을 어떻게 묘사했는지 유의해서 보세요. 그리고 기자가 첫 문단에 다수의 등장인물을 간결하게 소개하고, 문제가 되는 갈등을 처음 듣는 독자가 한번에 이해할 수 있게 요약 정리해서 소개하는 메시지 구성의 테크닉을 유의해서 보세요.

외국인과 영어로 회의를 하거나 보고 시, 특히 팀이나 개인간 갈등이 첨예하고 민감한 상황에서 내가 경험한 업무상 문제점이 무엇인지 그 갈등의 당사자가 누구인지 설명하거나 보고해야 할 때가 있습니다. 영어도 영어지만 갈등이 벌어진 에피소드를 간결하고 효과적으로 짧게 요약 서술하는 것이 생각보다 어렵습니다. Moneyist 칼럼을 일주일에 한 번씩 읽으면서 갈등을 서술하는 방법 그리고 등장 인물을 소개하는 방법을 배울 수 있습니다.

2) Moneyist는 미국 생활에 필요한 법률과 세무 정보를 담고 있기 때문에 현지 생활과 투자 지식을 배우는 데 도움이 됩니다. 미국에 살지 않고서는 신탁을 세워서 가족의 상속을 처리하는 방법, 모기지나 주택 세금 납부에 문제가 생겼을 때 해결하는 방법, 가족에게 돈을 지원해줄 때 어떻게 해야 하는지 생활 지식을 자세하게 알기 어렵습니다.

미국에 살고 계시는 분들이면 경제와 투자에 대한 방법과 법적 지식을 배울 수 있습니다.

3) 동시에 이 칼럼에는 돈에 관해서 갈등에 대해서 묘사하는 표현이 많기 때문에 경제, 투자, 법률과 관련된 표현을 익히는 데 도움이 됩니다. 아래의 예시 문장을 같이 살펴 봅시다.

- My in-laws constantly hit us up for money. 돈을 달라 계속 연락(전화)하다
- My brother moves into my house and refuses to move out. 들어와 산 이후 나가길 거부하다
- My cousin left his estate to 3 relatives. 유산을 남기다
- My parents want to pay off my $120,000 mortgage. 갚다
- My brother drained half a million from my mother's savings. 돈을 써 버리다

우리가 이미 아는 기본 동사들이 많이 쓰이고 있지만 막상 한국말을 영어로 영작해야 할 때 이런 표현들을 머릿속에서 불러내서 영작하기는 어렵습니다. 이 칼럼을 읽을 때 동사가 어떻게 쓰이는지 민감하게 읽으시고 어떤 컨텍스트에서 쓰이는지 용례를 외워야 합니다. 이 칼럼은 한달에 3개까지 무료로 읽을 수 있고, 일주일에 $1에 구독하실 수 있습니다. 한국에서는 한국경제신문이 한국의 사정에 맞는 재테크 칼럼으로 같은 이름의 칼럼을 운영하고 있습니다.

:: 세련되게 비판하는 방법을 배울 수 있는 읽기 자료

미국 문화에서는 직장이나 공적인 자리에서는 직접적인 부정어는 잘 쓰지 않고, 긍정적인 좋은 이야기만 하는 편입니다. 외국에서 생활하거나, 외국인 친구와 지내거나 혹은 외국인과 일하면서 가끔 감정이 상하거나 불편할 때가 있습니다. 또한 조직에서 나의 입장을 방어를 하거나, 책임을 회피해야 하거나, 혹은 은근히 약 올리고 싶을 때가 있습니다. 친한 친구 사이가 아니고 공적인 관계에서는 감정을 직설적으로 솔직하게 말하는 사람이 면이 상하고 지는 듯한 느낌이 듭니다. 게다가 한국인은 영어를 비즈니스 언어로 쓰고 감정 교류는 대부분 한국인 가족이나 친구와 하기 때문에 감정을 섬세하게 묘사하거나 혹은 전략적으로 부정적인 감정을 표현할 때 정도 조절을 잘 못하는 느낌이 들어서 그냥 입을 다물 때도 있습니다.

이렇게 전략적으로 부정적인 감정을 간접적으로 세련되게 말하고 싶다는 고민이 들 때 심리 상담 칼럼을 찾아 읽어야 합니다. 특히 미국인들은 회사 같은 공적인 관계에서 부정적인 감정을 드러내지 않고 세련되게 포장(passive aggressive)하는 걸 교육받습니다. 부정적인 상황을 가장 세련되게 순화해서 말하는 정치인 혹은 부정적인 감정을 구체적으로 말로 정의 내리고 설명해주는 심리학자의 글을 읽으면서 어떻게 표현하는지 배우면 고급 영어를 쓰는 데 도움이 됩니다. 상대방을 웃는 낯으로 비판하거나, 어려운 이야기를 회피하거나, 부드럽지만 단호하게 말하는 커뮤니케이션 스킬은 연설문이나 혹은 심리학자들의 글에서 배워봅시다.

① Dear Therapist (Atlantis), The Ethicist (New York Times)과 Carolyn Hox (Washington Post)

이 칼럼들은 심리 상담사의 고민 상담과 미국인에게 중요한 도의적이고 윤리적인 양심의 문제를 풀어나갑니다. 이런 심리 상담 칼럼에 글로 묘사된 감정은 정제된 문어체로, 회사에서나 말로 하거나 공식적인 이메일로 써도 안전한 표현들입니다. 심리 상담 칼럼에 나온 다음의 표현들을 살펴봅시다.

- It was a poor choice of words. '말을 왜 그 따위로 하냐'를 우아하게 씀.
- I found these responses extremely unsettling. '그 말이 내 속을 뒤집었다'를 unsettling으로 쓰니 부드럽게 느껴지지만 사실 이 문장에 담긴 감정의 온도는 높다. 또한 the response was extremely unsettling이라고 표현하지 않고, 일부러 I found로 간접화법으로 만드니 비판하는 말이 덜 직접적으로 들린다. 한국 사람들은 위의 불만족스러운 감정을 영어로 전할 때 I am not happy/satisfied with these responses 라는 식으로 부정적인 감정을 직설적으로 표현하는데, 원어민은 공적인 관계나 이메일에서 감정을 직접적으로 I를 주어로 드러내는 것을 피한다. 착해서가 아니라 나중에 벌어질 책임을 피하기 위함이다.
- It's not healthy for me to be so stuck on this. '집착하는 건 나에게도 좋지 않아' 한국어에서도 '건강하지 않은 반응이야'처럼 건강하다(healthy)라는 형용사를 감정이나 상태를 묘사하는 데 예전보다 많이 쓰고 있다. 방송에 심리학자도 많이 나오고, 심리학 관련 책도 더 많이 팔리다 보니 심리학 용어인 '건강함'이 한국어에도 정신 건강을 가리키는 용어로 자주 등장한다. 영어에서 부정적인 감정을 가장 무난하고 격 있게 표현할 때 unhealthy를 많이 쓴다. 집착하는 걸 stuck on라고 표현.
- She doesn't seem interested in understanding what went wrong. 풀어서 번역하면 '뭐가 잘못됐는지 알아보려고 하지도 않아'가 된다.
- Now I'm feeling some impostor syndrome. 자신감이 없고 내가 부족

하다는 생각이 imposter syndrome인데 이런 심리 용어도 비즈니스 심리나 특히 리더십 코칭에서 자주 쓰인다. 요새 한국 사회 현상 중에 '자격 강박'이란 말이 자주 들리는데 impostor syndrome과 관련 있다.

- On the one hand, a <u>significant part of me</u> feels I should reveal this information. '모든 걸 확 다 말해 버리고 싶다'는 지르는 표현. '한국인이면 I want to reveal this information이라고 번역하지 않을까?'란 생각이 들지만 주어를 a significant part of me로 하니 화자의 '왔다 갔다 하는 마음'의 심정과 가능성으로 불확실하게 말하는 것처럼 보인다. 위에 번역하려던 첫 번째 문장과 뉘앙스 차이가 상당하다. 고급 영어 수준에서는 부정적인 감정을 전달할수록 강하지 않고 부드럽게 돌려 말하는 뉘앙스 조절이 필요하다.

이처럼 잘 쓰여진 심리 상담 칼럼을 읽으면서 일상에서 느낄 수 있는 고민과 감정을 묘사하는 다양한 동사와 형용사 표현을 익힐 수 있습니다. 뉘앙스를 조절하는 영어 스타일을 배우는 좋은 교재입니다.

② 미 국무부와 백악관 정례기자회견(Press Briefing)

미국에서 제일 말 잘하는 사람들이 누구일까요? 변호사, 언론사 앵커나 기자들도 말을 잘하겠지만 매일 창을 던지는 기자들을 방어해야 하는 미 백악관과 국무부 대변인이야말로 미국에서 말로 면피를 가장 잘하는 전문가들입니다. 백악관과 국무부는 매일 취재처 기자들과 함께 매일 1시간 이상 정례기자회견을 합니다. 사실 이들의 Daily Press Briefing은 편집된 TV 뉴스나 다른 유튜브 영상만큼 재미가 없기 때문에 집중해서 보기 어렵습니다.

다만 세계적으로 큰 사건이 터졌을 때, 예를 들어 2021년 아프가니스탄 카불에서 하룻밤 사이에 미군이 철수했을 때, 2023년 이스라엘

이 가자 지구를 침략해 팔레스타인 민간인 피해가 커졌을 때, 미 대통령이 한국을 방문하거나 북한 이슈가 생긴 날 등 전 세계적으로 큰 사건이 생겼을 때 백악관과 국무부 기자회견을 찾아보세요. 유튜브에 영어 자막이 있고, 구글 검색을 하시거나 백악관과 국무부 홈페이지에 들어가시면 매일 대본(transcript)이 올라옵니다. 이 대본을 읽다 보면 사건을 파헤치려고 날카롭게 질문하는 기자와, 이를 외교적이고 정치적 수사로 의뭉스럽게 회피하면서 구렁이 담 넘어가듯이 넘어가려는 대변인 사이에 우아한 말 싸움을 볼 수 있습니다. 다음은 백악관 기자회견 스크립트를 보고 제가 유용하게 쓸 것 같아서 수집하고, 노트에 정리해서 외운 표현들의 예시입니다.

- I just don't have an assessment to offer. It's too early, and we don't have any independent information that I can offer at this time. 질문에 답변을 하기에 곤란하거나 답하고 싶지 않을 때 눙치는 표현
- I will let my comments speak for themselves. 앞에 한 말로 이미 할 말을 다 했다, 더 이상 묻지 말라고 하는 말을 이토록 우아하게 쓴다
- The United States has made it clear that there must be consequences for those actions. Consequences는 공적인 코멘트에서 가장 강한 협박을 할 때 쓰는 표현. 비즈니스나 학교에서 이 말이 나오면 어떤 처벌이 임박했고, 상황이 엄청나게 심각한 것
- I don't have announcements to make. But we'll make further announcements on that later this afternoon. 지금은 이야기할 수 없고 나중에 말하고 싶을 때 이렇게 말함. 백악관의 정치적 수사로, 비즈니스에서는 announcement는 너무 공적인 표현으로 I do not have any information to share. But I may have some later this afternoon 정도로 톤을 낮춰서 사용.
- I'm not able to go into great detail about all the pieces. 구체적으로 말하기 곤란할 때 not able to go into great detail이라고 표현.

미 백악관, 국무부, 상하원 청문회(Congressional hearings)는 일상 생활에 잘 안 쓰이는 외교적이고 정치적인 수사가 많아서 이러한 자료를 읽어서 내가 고급 영어를 말하는 데 써먹을 수 있을 지 의문이 드실 수 있습니다. 또한, 내용이 방대하기 때문에 이런 글은 확실한 목적을 가지고 읽어야 합니다.

우선, 문장과 표현 디테일을 다 익히려고 하기보다는 눈으로 쓱 읽으면서(skimming) 대변인이 곤란한 상황에서 어떻게 방어와 변명을 하는지, 내가 업무나 일상에서 써보고 싶은 표현이 있는지 살펴보세요. 외교적 수사 속에서 내가 유용하게 쓸 수 있는 보석 같은 표현이 있는지 발견하겠다는 느낌으로 한두 개 정도만 문장을 찾겠다고 생각하고 읽으세요. 그렇다 보면 위에 문장 같은 표현을 찾을 수 있습니다.

그냥 눈으로 읽고 넘어가면 한 달 뒤에 '아, 그때 그 표현!'하고 쓰고 싶을 때 기억이 안 날 확률이 높습니다. 반드시 리딩하실 때 영어 표현 노트를 만들어서 적어 두거나, 구글 드라이브 스프레드 시트에 "변명하기 표현" 같은 파일을 따로 만들어 정리해 두세요. 그리고 차후에 이메일을 쓰실 때 곤란한 거절을 해야 하거나 답변이나 책임을 회피해야 할 때 파일을 열어 확인하고 끌어다 써보세요. 우리가 외국어로 영어를 학습하는 이상 모든 상황에서 예의 바르고 적합하고 섬세한 표현을 다 외우고 있기는 불가능하기 때문에, 평상시에 꾸준히 읽으면서 내가 '나중에 쓸 수 있겠다,' '유용하겠다'는 표현은 따로 구글 드라이브 파일이나 핸드폰 노트에 copy & paste 해 두고 필요할 때 불러다 쓸 수 있습니다.

소설을 쓰는 작가들도 감각적인 묘사를 위한 한국어 형용사가 필요할 때 딱 생각나는 게 아니기 때문에 평상시에 잘 안 쓰는 예쁜 국어 형용사 표현을 마주칠 때마다 노트에 따로 정리를 해두고 필요할 때 찾아본다고 합니다. 이렇듯 성인 뇌의 기억력은 한계가 있기 때문에 필요할 때 의존할 수 있는 '외부 하드'를 확보해 정리해 두는 것도 고급 영어 영작에 크게 도움이 됩니다.

:: 발표 및 진행에 참조하면 좋은 읽기 자료

공적인 컨퍼런스나 기업 회의 진행(meeting facilitation)

학회나 기업 이사회 같은 공식적인 자리에는 의사 진행을 위한 절차와 표현들이 있습니다. 본인이 속한 업계의 대부분 기업의 board meeting의 transcript를 온라인에서 찾을 수 있습니다. 특히 회의 앞 부분과 마지막 부분에 '의사 진행'과 관련된 절차적 표현들을 수집하시면 학교나 회사에서 미팅 진행 시 도움이 될 수 있습니다.

변호사와 마케팅, PR 전문가의 공적인 커뮤니케이션

대중을 상대로 공적을 말을 하거나 레터를 써야 할 때 법적인 책임을 피하면서 회사를 긍정적으로 표현하고 방어하는 표현들을 배우셔야 합니다. 사회적 이슈가 있을 때마다 미 상원과 하원의 청문회(hearing)에 기업 CEO가 불려 나오는 경우가 종종 있는데 가장 유명한 사건은 페이스북의 마크 저커버그(Mark Zuckerberg)와 틱톡 쇼우 추(Shou Chew) 청문회입니다.

사기업에 거의 간섭하지 않는 미국에서 의회 청문회에 경영자가 불려 나올 만한 사건이 생겼다는 것 자체가 회사의 명운을 가를 절체절명의 상황입니다. 따라서 이들 CEO들이 청문회를 시작할 때 의회에 말하는 모두 발언(opening remarks)은 업계 최고의 변호사, PR 전문가, public speaking 전문가, 저널리스트 등 슈퍼스타 팀이 붙어 회사의 가능한 모든 자원을 쏟아 부은 명문을 준비해 옵니다.

공적인 기업의 입장문에는 촘촘한 법적 & 전략적 방어 논리와 기업 홍보 콘텐츠가 담겨 있습니다. 영어 공부를 막 시작하신 분들은 가능하시면 이 글을 천천히 정독하면서 논리 전개 방법을 익히고, 입으로 읽어보고, 내가 쓸 수 있겠다고 생각되는 표현은 정리를 해서 공적인 자리에서 사용하시면 세련되고 고급스러운 느낌을 줄 수 있습니다.

스타트업 CEO나 프레젠테이션을 앞둔 경우

보통 영어가 자신 없을 때 프레젠테이션을 준비하시면 영어 스크립트를 미리 준비해서 외웁니다. 여기서 좀 더 영어에 자신이 있으시거나 프레젠테이션에 자신감이 붙으신 분들은 슬라이드 장마다 인덱스 카드를 마련하셔서 중요 포인트만 불렛 포인트로 정리해서 들어갑니다. 이런 방법도 좋은 준비 전략입니다. 여기에서 커뮤니케이션을 조금 더 세련되게 잘하면서 여유 있어 보이기 위한 팁을 드리자면, 본인이 일하는 업계에 프레젠테이션을 잘하기로 유명한 유명 연사나 CEO의 유튜브 동영상과 transcript를 찾아보세요. 영어도 영어지만 다음을 기준으로 메시지 전략을 분석하고 배워보세요. 우선 프레젠테이션용 노트를 만드세요.

1) 프레젠테이션을 어떻게 시작하는지, 관객의 주의를 집중하고 관객과 연결점을 찾아서 초반에 마음을 사는지(click 혹은 engaging하는지) 유의 깊게 보면서 ice breaking을 하는 전략을 찾아본다. TED Talk를 보면 프레젠테이션을 진행하는 장소나 지역을 본인의 사연과 엮어서 관객의 마음을 사는 사람도 있고, 그 장소의 관객과 관련 있는 유명인의 스토리나 말을 인용하면서 들어가기도 한다. 또한 관객 참여를 위해 퀴즈를 내면서 시작할 수도 있다.

2) 각 프레젠테이션에는 몇 개의 포인트, 중심 아이디어가 있다. 몇 개의 포인트를 말하고 어떤 순서로 말하는 등 각 포인트의 유기적인 연결성은 어떤지 분석한다.

3) 영어의 프레젠테이션은 유머를 적절히 섞어야 말을 잘한다고 느껴지는데, 연사가 농담을 어떤 식으로 하는지, 나도 따라할 수 있는 유머인지 생각한다.

4) 프레젠테이션을 마무리할 때 어떻게 하는지 주의 깊게 살펴본다. 연사가 key takeaways를 summary하고 넘어가는지 아니면 임팩트가 남는 한 문장을 인용하고 끝내는지 관객이 집에 돌아갈 때 생각나는 lingering effect를 어떻게 주면서 마무리하는지 분석한다.

5) 그리고 관객에게 질문을 받을 때 어떤 영어 표현을 쓰는지 적어본다. 연사가 Q&A 세션을 시작하는 문장처럼 내가 자주 쓸 수 있겠다고 생각하는 표현은 따로 정리해서 외운다.

6) 질문을 받을 때 모르거나 대답하기 곤란한 질문은 어떻게 처리하는지, 질문하는 관객을 격려하는 말은 어떻게 하는지(영미권에서는 "That's a great question"같이 질문자에게 긍정적인(encouraging, affirming) 호응을 해주는 문화가 있다), 질문이 이해가 안 갔을 때 어떻게 다시 물어보는지 집중해서 봐야 한다. Q&A 세션을 처리하는 스피커의 태도와 말을 분석하고 내 프레젠테이션에서 배울 점을 적어보자.

내가 업계에서 좋아하는 연사의 스피치 5개 정도를 위의 방법대로 유튜브와 대본을 정독하고 분석하고 시사점을 찾아 내 것으로 만들면 지금 내 영어 실력 안에서도 남들이 보기에 프레젠테이션 실력이 크게 늘었다는 인상을 줄 수 있습니다.

성인 영어 학습에 있어서 '내가 어느 환경에서 영어를 쓰는지' 그리고 '어떤 콘텐츠를 표현할 영어 단어가 필요한지'는 본인이 가장 잘 알고 있습니다. 따라서 수동적으로 주어지는 학원이나 온라인 수업보다는 본인이 필요한 분야에서 '표현 수집' 그리고 '영어 튜닝'을 위해서 스스로 영어 공부 텍스트를 골라서 꾸준히 읽는 것이 고급 영어 업그레이드에서 중요합니다.

여러분은 동시통역사 레벨의 영어 수준에 도달하기 위해서 공부하지 않습니다. 목표가 너무 광범위하고 높으면 공부를 지속하지 못하고 나가 떨어집니다. 성인 학습에서 가장 중요한 건 동기 유발을 유지하는 것이라고 말씀드렸습니다. 업무와 관련 있거나 내가 발표나 인터뷰에서 써야 할 표현이 많은 텍스트를 전략적으로 골라 읽어야 합니다. 그리고 그 글에 있는 동사, 형용사, 부사, 접속사를 수집하고(장기 메모리에 있는 수동 영어를 일깨우고), 이미 내가 알고 있는 동의어 표현에 붙여서(능동 영어로 활성화하고) 같이 정리해 두면 장기 메모리에 살아남을 확률이 큽니다. 필요한 걸 바로 찾아서 바로 쓸 수 있는 요령을 배우면 영어 공부의 범위가 줄어들고 빠른 성취감을 맛볼 수 있습니다.

바로 이런 과정이 동시통역사의 영어 튜닝 공부 방법입니다. 동시통역스킬을 유지하기 위해서는 위에 제시한 방법으로 매일 꾸준히 정독을 통해 능동 영어를 활성화 해둡니다. 이후 통역 스케줄이 잡히면 해당 전문가 집단이 쓰는 표현과 지식을 집중해서 빠르게 정리해 통역 준비를 합니다.

영어 프레젠테이션을 하루 만에 잘해 보이게 하는 "초단기 팁"

영어 인터뷰나 프레젠테이션이 코앞인데 하룻밤 사이에 내 영어를 바꿀 수도 없고 마음이 급하고 자신감이 떨어집니다. 영어를 바꿀 수 없다면 커뮤니케이션에서 중요한 남에게 보이는 언어 외적(non-verbal)인 요소의 도움을 받아야 합니다. 다음은 한국인들이 영어 프레젠테이션을 할 때 자주 보이는 나쁜 습관들입니다. 나도 모르는 나의 나쁜 습관을 알아채고 시급히 고치기만 해도 듣는 원어민 입장에서는 전달력이 좋다고 느낄 수 있습니다. 프레젠테이션을 준비할 때 본인이 준비한 스크립트를 외워서 연습을 하는 모습을 비디오로 촬영해 다음 사항에 해당하는지 체크해보세요.

내가 말하는 문장 사이에 filler words(虛辭 허사)를 찾아 없앤다. 나도 모르게 말할 때 아, 음, 으, 씁, 쩝 같은 음성이 혹은 well, so, like, you know, I mean, I think, kind of, sort of, actually, something like 등등의 filler words가 자주 나온다면 가장 먼저 이 습관을 고쳐야 합니다. Filler words는 우리가 생각을 하고 영작을 하면서 말할 때 뇌가 생각할 시간을 벌어 주려고 문장 사이 빈 공간을 채우려는 조급한 마음에 나도 모르게 입에서 나오는 소리입니다. 우리는 한국어로도 '어, 아, 씁, 쩝, 있잖아, 그러니까, 실제로' 등을 입버릇처럼 말합니다. 특히 대답할 내용이 생각이 안 나거나 영작을 해야 하는데 표현이 떠오르지 않을 때 filler words가 많아집니다. 하지만 프레젠테이션에서는 스스로 느끼는 좌절감이 있더라도 이를 감춰야 권위 있어 보이고 자신감 있어 보입니다. 따라서 본인의 초조함(insecurity)을 드러나게 하는 filler words만 덜 써도 커뮤니케이션 전달력이 드라마틱하게 높아집니다.

☑ 커뮤니케이션 프로 팁
① 비디오 녹화를 리뷰하면서 내가 자주 습관처럼 사용하는 filler words가 뭔지 파악한다.

② filler words가 나오는 순간 알아채고 침묵하거나, 말하던 문장을 완성해서 끊고, 바로 새로 문장을 시작한다.

③ Pauses(침묵)가 filler words보다 커뮤니케이션 전달력을 좋게 한다는 점을 잊지 말고 불안해하지 않고 pause를 활용한다. 불안해지면 말이 빨라지고 filler words를 더 자주 사용하게 된다.

④ 반복적인 비디오 리허설과 리뷰를 통해 filler words를 없앤다. 연습이라는 자발적 성실성을 통해 열심히 준비했다는 자기 설득이 되면, 말과 행동에 자신감과 여유가 생기기 마련이다. 남보다 자기를 설득하기가 더 어려운 법이다. 연습만이 스스로를 완전히 설득할 수 있다.

말의 속도와 크기를 점검해본다

한 명이 말하고 여러 명이 듣는 프레젠테이션 시 긴장을 하다 보면 나도 모르게 평상시보다 말을 빠르게 하거나 느리게 하는 등 전달력에 문제가 생길 수가 있습니다. 특히 사람들 앞에 서는 걸 두려워하는 분들은 빨리 끝내고 싶은 급한 마음에 달리기하듯이 말을 쏟아내는데 본인만 모르는 경우가 있습니다. 또 프레젠테이션 리허설을 통해 준비가 완벽하게 되지 않으신 분들은 기억을 쥐어짜면서 영어로 말을 하다 보니 말 속도가 느려질 수도 있습니다. 또한 말이 빠르거나 느린 것도 문제가 되지만 말이 너무 같은 속도로 일정해도 문제입니다. 듣는 사람 입장에서 지루하기 때문입니다. 전달하고 싶은 메시지에 따라 말의 속도를 리듬감 있게 바꿔 가면서 조절해야 커뮤니케이션 전달력이 좋아집니다.

또한 목소리의 크기도 중요합니다. 우선 편안하게 어깨 너비로 다리를 벌리고 서서 말린 어깨를 펴고 앞으로 소리가 나오도록 입을 크게 벌려서 소리를 내보세요. 생각보다 입을 크게 안 벌리고 어깨를 움츠리고 말하는 사람이 많습니다. 시원하게 입 밖으로 나가는 소리를 못 내는 사람이 많다는 겁니다. 원어민이 말할 때 한국인처럼 목에서 나는 소리가 아니라 흉통에서 소리가 나오는 듯이 울려서 크게 들립니다. 따라서 영어 프레젠테이션을 연습할 때 앉아서 연습하지 마시고, 연극하듯이 무대라고 생각하고 서서 움직이면서 바디랭귀지를 쓰면서 연습해보세요.

☑ 커뮤니케이션 프로 팁

① 비디오 리허설을 리뷰하면서 말이 너무 빠르거나 느린지, 목소리가 작

은지 큰지 적당한지 체크해본다.

② 프레젠테이션 시 관객이나 옆에 조력자가 같이 있으면 말이 너무 빠르거나 느릴 때, 목소리가 적을 때 수신호를 달라고 부탁해 둔다.

③ 숫자, 데이터 같은 관객이 집중해서 봐야 할 때, 관객에 질문할 때, 강조하고 싶은 포인트가 있을 때는 속도를 줄이면서 pause를 준다.

④ 관객의 참여를 유도하거나 활기차게 에너지를 끌어올려야 할 때는 말속도를 빠르게 한다.

바디 제스처를 점검한다

커뮤니케이션에서는 말이라는 음성 정보도 중요하지만 눈으로 보이는 태도, 바디랭귀지, 표정도 중요합니다. 프레젠테이션 준비 과정을 비디오로 녹화하고 리뷰할 때 내가 다음의 습관이 있는지 확인해서 고쳐야 합니다.

① 손이 주머니에 있으면 빼고 팔짱을 끼고 있다면 풀고 손을 자연스럽게 두기. 손을 자연스럽게 쓰고 있는지 확인해보기

② 연단이나 책상에 기대지 않기

③ 관객과 눈을 마주치고 웃거나 내용에 맞는 표정을 짓거나 정서적인 교감을 하고 있는지 확인하기. 표정이 너무 없지 않은지 확인해보기

④ 편안하게 서서 필요할 때마다 앞, 뒤, 옆으로 움직이면서 열정과 긍정적인 에너지가 드러나는지 확인하기. 몸을 제자리에서 산만하게 흔들거나 너무 한 장소에 오래 고정되어 있는지 확인하기

문어체를 구어체로 바꾼다

영어 프레젠테이션을 준비할 때 미리 스크립트를 영어로 적어서 외우는 것부터 시작합니다. 준비성이 있어서 좋긴 하지만, 우리가 글로 쓰는 걸 말로 하면 전달력이 떨어지고 어색합니다. 프레젠테이션 할 내용을 정리한 후에 가족이나 친구에게 말한다고 생각하고 편안하게 영어로 설명하면서 비디오로 녹화해보세요. 글로 쓴 것보다 훨씬 자연스러운 구어로 나옵니다. 요즘은 비디오에 스크립트를 제공하는 소프트웨어가 많습니다. 연습한 비디오의 스크립트를 다운받은 후 프로페셔널하게 보이게 영어를 고치시거나 ChatGPT을 이용해 수정해보시면 글로 써서 외우는 것보다 훨씬 자연스럽고, 생기가 있으며 전달력이 높아집니다. 나쁜 습관만 빨리 파악해서 해결해도 프레젠테이션을 보고 듣는 사람 입장에서는 전달력이 높고 편안함을 느껴 커뮤니케이션 효율성이 높아질 수 있습니다.

리딩을 통한
고급 영어 튜닝 학습법

Reader가 Leader가 된다는 말은 영어 공부에서도 통합니다. 듣고 이해하고 넘어가면 내가 쓸 수 있는 능동 영어로 전환되지 않습니다. 고급 영어 학습에서는 '머리로 표현을 안다 ≠ 말로 쓸 수 있다'의 연결 고리가 깨진 것을 연결하는 방식의 학습이 필요합니다. 안 쓰던 근육을 쓰면 근육이 증가하고 더 잘 쓸 수 있습니다. 영어 뇌의 신경가소성을 자극해 뉴런의 시냅스를 연결해 학습 능력을 향상시키듯이, 그동안 공부해서 외웠지만 실제로는 말로 못 쓰는 표현들을 빨리 연결해야 합니다.

앞서 말한 공부 방법을 종합하여 다음과 같은 하루 10분 영어 기사 정독 방법을 제시하겠습니다. 매일 영어 읽기의 목적은 수동 영어(전체 아는 단어 꾸러미)에서 기억을 되살려 빨리 말이 나오게 능동 영어로 활성화시키면서, 동시에 절대적인 단어 양(수동 영어 전체)을 늘리는 것입니다. 이러한 하루 10분 읽기를 통한 영어 공부 방법을 익히면 영어 공부하는 것을 지루하지 않고 내 시간에 맞춰 즐겁게 편리하게 할 수 있기 때문에 매일 꾸준히 지치지 않게 공부 동기를 지속적으로 유지할 수 있습니다.

많은 읽기 자료 중에 가장 고급 어휘를 사용하고 촘촘한 논리로 글을 쓴다는 주간지 The Economist의 Leaders 사설을 함께 읽어보면서 정독을 통한 고급 영어 공부 방법을 공유하겠습니다.

Leaders | Lead poisoning

How to stop turmeric from killing people
Developing countries—especially India—should learn from Bangladesh

Nov 2nd 2023

Turmeric, a flowering plant of the ginger family, has long been prized in Ayurvedic medicine for its anti-inflammatory properties and in Asian cuisines for its earthy flavor and vibrant hue. Haldi, the spice's Hindi name, is derived from the Sanskrit for "golden colored". But for the millions of South Asians who habitually consume it, turmeric's skin-staining yellowness can be deceptive and deadly.

To heighten their color, the rhizomes from which the spice is extracted are routinely dusted with lead chromate, a neurotoxin. The practice helps explain why South Asia has the highest rates of lead poisoning in the world. The heart and brain diseases it causes—to which children are especially susceptible—accounted for at least 1.4m deaths in the region in 2019. The economic cost is crippling; that year lead poisoning is estimated to have lowered South Asian productivity by the equivalent of 9% of GDP. Yet it turns out that with clever policies, enlightened leadership and astute messaging this blight can be greatly reduced. Bangladesh has shown how.

At the instigation of teams from Stanford University and the International Centre for Diarrhoeal Disease Research, Bangladesh, a research institute, the country launched a nationwide campaign against turmeric adulteration in 2019. Rules against adulteration were enforced and well-publicized stings carried out against wholesalers who persisted in it. The prime minister, Sheikh Hasina, discussed the problem on television. Bangladeshi bazaars were plastered with warnings against it. Local media also published it.

According to newly published data, the country thereby reduced the prevalence of turmeric adulteration in its spice markets to zero in just two years. That slashed lead levels in the blood of Bangladeshi turmeric-mill workers by about a third. Nationwide, it probably saved thousands of lives. Early analysis suggests that each extra year of healthy life cost a mere $1 to preserve. Achieving the same benefit through cash transfers is estimated to cost over $800.

Other countries where lead poisoning is rife should follow Bangladesh. Recent estimates suggest a staggering 815m children—one in three of the global total—have been poisoned by the metal. According to the Centre for Global Development, a think-tank in Washington, this disaster explains a fifth of the learning gap between children in rich and poor countries.

The poisoning has many causes. Weak or absent regulators permit lead-infused cooking utensils, cosmetics and other products. Yet adulterated turmeric looks like a major culprit almost everywhere, chiefly owing to poor practice in India, which produces 75% of the spice. India was the source of much of the poisonous pigment found in Bangladesh and is estimated to have the highest incidence of lead poisoning of any country. Bangladesh's response to the problem, if properly understood, could work in many countries. Its key elements included an openness to foreign expertise; effective NGOs; a willingness by the government to work with them; and the formation of an even broader coalition, also including journalists and private firms, to maximize the effort. This low-cost, coordinated and relentless approach to problem-solving, familiar to admirers of Bangladesh, has underpinned its outstanding development success over the past two decades. And Sheikh Hasina deserves credit for it—even though her commitment to such enlightened policymaking appears to be flagging.

Leaders and lead poisoning
With an election approaching, the world's longest-serving woman prime minister, Bangladesh's ruler for two decades, is growing more authoritarian and irascible. The importance of the turmeric campaign should help persuade her to reverse course. As it shows, the Bangladeshi model rests on organizing, collaboration, and consensus, not political fiat, and there is much more than her legacy riding on it.

India, whose leader, Narendra Modi, is in the process of driving out foreign donors and dismantling any NGO he considers unfriendly to him, has much to learn from Bangladesh's more open, pragmatic approach. The developing world has countless health and environmental problems that it might help solve. For these many reasons, it should be sustained and widely copied.

:: 1) 제목에서 저자 의도 파악하기

Leaders | Lead poisoning

How to stop turmeric from killing people

Developing countries—especially India—should learn from Bangladesh

한국 사람이 중, 고등, 대학교 시절 수많은 객관식 영어 시험과 듣기 평가 시험을 보면서 가장 자주 풀어본 문제가 제목/요지/주제/의도 찾기입니다. 한국인은 눈치라는 초능력도 있는 데다가, 교육 과정에서 하드 트레이닝을 받아서 글과 말의 의도 찾기 선수입니다. 제목에는 저자의 의도가 가장 잘 드러나 있습니다.

먼저, 제목에 있는 토픽은 명사에서 알 수 있습니다. Turmeric, people, developing countries, India, Bangladesh란 명사를 쑥 훑어보고 이미 우리가 가진 세상에 대한 지식을 활용해서 내용을 추측해봅니다. '인도와 방글라데시에서 강황(튜머릭)에 얽힌 스토리가 나오겠구나'라고 짐작할 수 있습니다.

그 다음은 동사를 봅니다. 동사는 명사(주제)가 어떻게 될 것이라는 동작과 행동을 나타냅니다. Stop, killing, learn 위의 주제와 합쳐서 추측해보면 '강황이 방글라데시에서 사람을 죽였고, 인도 같은 나라가 방글라데시의 사례를 배워야 한다는 주장을 하려고 이 글을 썼구나'라고 짧은 시간에 요지가 파악됩니다.

위 제목에는 형용사와 부사가 없지만, 형용사와 부사는 저자의 주제(명사)에 대해서 '부정적인 이야기를 하려는 건지 긍정적인 말을 하려는 건지' 글의 톤에 대해서 짐작할 수 있게 합니다. 논문을 빨리 읽어야 하는 대학원생, 업무상으로 영문 자료를 빨리 읽어야 하는 분들, TOEFL이나 GRE, LSAT 시험을 준비하시는 분들은 의도 파악하기에서 품사의 역할과 전략적 쓰임을 기억하면서 명사(주제), 동사(주제의 동작) 그리고 형용사와 부사(저자의 주제에 대한 태도)를 통해 빠른 시간에 '저자의 의도 파악 연습'을 해보세요.

그리고 같은 테크닉을 일상 생활이나 업무에서 직장 동료나 대화 상대에게, 이메일을 읽을 때도 활용해보세요. 화자가 어떤 동사, 형용사를 사용하는지를 조금 주의를 집중해서 들어보면 그 사람이 어떤 입장에서 어떤 의도를 가지고 이야기를 하는지 짐작할 수 있습니다. 또한, 이메일에 쓰인 형용사와 부사가 긍정적인지 아니면 일관성 있게 부정적이거나 유보적인지를 확인해보시면 빠른 시간에 글쓴이의 의도를 파악하는 데 도움이 됩니다.

∷ 2) 민감하게 읽으면서 동사/형용사/부사/접속사 수집하기

앞 장에서 말씀드렸듯이 수동 영어에서 능동 영어를 늘리기 위해서는 리딩을 하면서 뇌의 하드 디스크에 저장되어 있지만 쓰지 않았던 동사를 눈으로 읽고 입으로 말하면서, 컴퓨터의 '최근에 사용한 파일 폴더(단기 메모리)'처럼 불러오기 해야 합니다. 성인의 기억력은 한계가 있기 때문에 매일 조금씩 새로운 글을 읽어서 이미 알고 있지만 비활성화되어 있는 단어들을 활성화시켜야 합니다. 즉 능동 영어로 만드는 노력을 해서 입에 붙여야 내일 당장 입에서 그 표현이 나올 수 있습니다.

리딩을 통해 능동 영어를 활성화하는 우선순위는 다음과 같습니다.

① 동사: 영어를 말할 때 동사만 섬세하고 구체적이어도, 정확하고 간결한 문장 스타일로 분명한 의미를 전달할 수 있습니다. 영어가 자신 없을수록 가지고 있는 전체 어휘에서 동사의 수가 많아야 합니다. 앞에 언급했듯이 전문가 집단은 이미 충분한 명사(지식)를 가지고 있기 때문에 새로운 지식이 아닌 다음에야 업무 영역에서 새로 외울 명사는 적습니다. 영어는 동일한 어휘의 반복을 싫어하기 때문에 동사만 정확하고 다양하게 써도 영어가 갑자기 잘하게 보일 수 있습니다.

② 형용사: 저자의 의도와 톤은 형용사로 전달합니다. 영어에 자신이 없을 수록 주어+ 동사+ 목적어(혹은 보어)로 짧은 단문을 구사하는 경우가 많은데, 형용사를 구체적으로 쓸수록 저자의 생각이 분명히 드러나고 문장이나 스토리에 생기가 깃듭니다.

③ 부사: 원어민 작가들도 글을 잘 쓰는지 평가할 때 부사를 효적으로 잘 썼는지 점검합니다. 명사/동사/형용사와 달리 부사는 안 써도 말은 통하는 부가적인 용법이기 때문입니다. 따라서 저자의 생각을 미묘한 뉘앙스로 조절할 때 부사가 빛을 냅니다. 외국인의 입장에서는 사소한 뉘앙스를 살리는 부사까지 챙겨서 말로 하기가 어렵기 때문에 리딩을 통해서 보일 때마다 그 용법을 확인하고, 되새기면서 따로 적어서 기억해야 쓸 수 있습니다.

④ 접속사: 문법적으로 however, for example, and, while, whereas 같은 접속사도 있고, after all, as a result, on the contrary, on the other hand, nevertheless 같은 접속 부사도 있습니다. 리딩 시 접속사에 유의하라는 말은 앞문단과 뒷문단을 어떻게 연결했는지, 각 문단간 첫 문장과 마지막 문장이 어떻게 연결했는지 주의 깊게 살펴보라는 말입니다. 영어식 논리 전개가 어떻게 펼쳐지는지, 각 문장과 문단간 연

결을 정독으로 분석하며 글을 읽는 습관을 가지면 글을 쓰거나 프레젠테이션을 할 때 영어식으로 논리를 물 흐르듯이 유기적으로 쌓아 나가는 데 도움이 됩니다.

이 네 가지 순서로 리딩 시, ①동사, ②형용사, ③부사, ④접속사를 수집해야 합니다. 우선 노트를 준비하세요. 태블릿PC에 디지털 필기를 하거나 구글 스프레드시트나 엑셀을 활용하셔도 됩니다.

매일 그날 리딩 기사를 정해 글을 눈으로 후다닥 읽으면서(속독) 눈에 보이는 동사를 노트에 적습니다. 만약 기사를 프린트해서 읽으신다면 형광펜이나 빨간색 펜으로 동사에 밑줄을 긋거나 동그라미를 쳐보세요. 예전에 학기가 시작하면 노트와 알록달록 새 펜을 사서 필통을 채우고 새 친구와 교실에 가슴이 설레던 기억이 나는데, 다시 영어 공부의 동기 유발을 위해 이 책을 읽으신 분들도 새로운 시작을 위해 능동 영어 노트와 색깔 펜을 사 보시는 걸 추천 드립니다. MZ 세대들은 눈으로 읽고 디지털 노트를 하는 게 편하실 수 있지만, 저는 디지털로 보는 것보다 프린트해서 보고 손 글씨로 노트에 적는 게 더 눈에 잘 들어오고 외우는 데 도움이 됩니다.

첫 번째 문단부터 분석하며 정독해 보겠습니다.

Turmeric, a flowering plant of the ginger family, has long been prized in Ayurvedic medicine for its anti-inflammatory properties and in Asian cuisines for its earthy flavor and vibrant hue. Haldi, the spice's Hindi name, is derived from the Sanskrit for "golden colored". But for the millions of South Asians who habitually consume it, turmeric's skin-staining yellowness can be <u>deceptive and deadly.</u>

- 동사: be prized in/be derived from/consume
- 형용사: flowering-plant/anti-inflammatory/deceptive/earthy flavor/ vibrant hue/golden colored/skin-staining/deceptive/deadly
- 부사: habitually

동사 수집과 튜닝

리딩을 통한 능동영어 늘리기 연습은 새로운 단어를 외우는 것도 있지만, 이미 아는 단어를 다시 리마인드해 장기 메모리에 있던 표현을 단기 메모리로 활성화해 실제로 말할 때 반응 속도가 빠르게 나오게 하는 것을 목적으로 합니다.

이 문단에 나오는 prize, drive, consume 같은 단어를 알지만 자주 말하고 있나요? 사람마다 영어를 쓰는 상황과 영어 수준이 다르기 때문에 스스로에게 물어봐야 합니다. 1) 내 전문 분야나 일상에 대화에 자주 쓰이는 동사인가? 2) 내가 알긴 하지만, 자주 못 쓰고 있는 동사인가? 이 두 가지 질문에 대한 답이 'Yes'라면, 내가 이 단어를 앞으로 더 자주 쓰기 위해서 뇌에서 어떻게 다시 정리정돈을 해야 자연스럽고 빨리 번역되어 말로 나오게 할 수 있을 지 **'출력 전략'**을 생각해봅시다.

리딩을 하면서 수집한 동사 prize가 내 뇌의 단기 메모리에 짝 달라붙어서 떨어지지 않게 하려면, 기존 내 메모리 속에 가장 강력하게 자리 잡고 있는 동의어에 연결해서 붙여둬야 합니다. 앞서 바탕 화면에 저장하고 폴더 정리를 한 번도 안 한 수많은 파일이 지금까지 내가 외운 표현들이라고 했습니다. 부팅(번역) 속도를 높이려면 비슷한 동의끼리 폴더 정리를 해야 합니다.

오늘 리딩에서 읽은 prize란 동사를 일주일 혹은 한 달 뒤에도 기억나는 '액티브 동사'로 만들려면 다음 과정을 거쳐야 합니다.

✅ 동사 동의어 정리하기

① 내가 아는 동의어에 연결해야 합니다. 스스로에게 prize(높게 쳐주다, 칭찬하다)의 동의어로 가장 먼저 떠오르는 동사 혹은 관용 표현이 무엇인지 물어봐야 합니다. 그리고 노트에 prize 옆에 동사 동의어를 떠오르는 대로 적어 봅니다.

제 경우에는 appreciate가 제일 먼저 떠오릅니다. 그리고 value도 떠오릅니다. 사람마다 첫 번째로 떠오르는 표현은 다 다릅니다. 혹시 떠오르지 않아도 괜찮습니다. 저에게 제일 먼저 떠오르는 동사 appreciate가 머릿속 **멘탈 폴더** 이름이 됩니다. 이제 저는 뇌의 appreciate라는 멘탈 폴더에 prize를 집어넣습니다.

② 만약에, 동의어가 떠오르지 않는다면 thesaurus 사전에 prize를 동사로 검색해봅니다. (prize는 명사와 형용사도 있습니다.)

Appreciate, cherish, value, count, rate, enshrine, esteem, treasure 이란 동사 동의어가 있습니다. 자주 들어본 표현이고 이미 알고 있는 표현들입니다(어쩌면 새로 알게 된 단어도 있을 겁니다). 장기 메모리에 있는 이 동사들은 appreciate라는 멘탈 폴더에 prize와 함께 집어넣습니다. 사람마다 이 폴더 이름이 다를 수 있습니다. Value가 가장 먼저 생각나는 동의어라면 그분의 머릿속 폴더명은 value가 됩니다. 그럼 이제 멘탈 폴더 정리가 끝났습니다. 이 과정에서 내가 이미 알고 있지만 자주 못 쓰던 위의 9개 동사가 수동 영어에서 능동 영어로 활성화됐습니다. 뇌의 저 아래 장기 메모리에서 잠겨 있고 써먹지 않았던 동사를 최신 불러오기 표현으로 수면 위로 길어와 활성화시켰습니다. 컴퓨터 최신 불러오기 파일 폴더처럼 빠르게 불러올 수 있는 능동 영어로 튜닝했습니다.

③ 이제는 Google News로 가서 prize의 용례를 검색해봅니다. 구글 뉴스는 맞춤법이 완벽한 편집된 기사만 있기 때문에 영어 학습 시 일반 구글 검색보다 더 추천 드립니다. 구글 뉴스 외에 Apple News 나 New York Times 같은 뉴스 사이트에서 검색하셔도 됩니다. 하지만 prize는 사실 명사로 사용되는 빈도수가 많기 때문에 prize를 동사나 be prized로 과거 분사로 사용한 용례는 적었습니다. 그래서 저는 ChatGPT에 "can you give examples of prize used as a verb."라고 입력하니 다양한 용례를 얻었습니다.

④ 이 정도만 해도 웬만하면 잘 안 잊어버릴 것 같은데 그래도 더 확실히 외우고 싶다면, prize를 넣어서 스스로 다음과 같은 문장을 만들어봅니다. "Apple has been prized for its innovative products." 문장이 떠오르지 않는다면 ChatGPT를 활용하셔도 좋습니다.

⑤ 혹은 가능하다면 꼭 다음 날이나 2~3일 안에 배운 표현을 어떻게든 업무 이메일에서 적어보거나, 회화에서 말해보는 연습을 합니다.

복잡해 보이지만, 영문 기사를 눈으로 뉴스를 귀로 듣고 이해하고 스쳐 넘어가면 성인의 뇌에 표현이 오랫동안 살아남지 못합니다. 그래서 앞서 동작으로 만들어서 외워야 한다고 말씀드렸습니다. 이렇게 ①

읽고 ⇨ ② 적고 ⇨ ③ 내가 아는 동의어를 생각해보고 ⇨ ④ 다른 동의어를 검색해 멘탈 폴더 정리를 하고 ⇨ ⑤ 용례를 확인하고 ⇨ ⑥ 활용한 영작까지 6단계를 거쳐서 활성화된 표현과 동의어는 뇌의 장기 메모리에 오랫동안 살아남습니다. 업무나 일상에서 자주 보는 동사를 위의 과정을 통해 한 번만 활성화해 놓으면 입에서 빨리 출력할 수 있습니다.

✅ 자동사와 같이 나오는 전치사는 꼭 같이 세트로 외우기

두 번째로 나온 동사 be derived from에서 관용적으로 쓰이는 전치사 from은 꼭 동사와 같이 외우세요. 자동사는 목적어를 바로 취할 수 없고 전치사와 같이 쓴다는 점을 중학교 영어 교과서에서 배웠습니다. 따라서 전치사와 같이 쓰이는 자동사를 볼 때마다 전치사와 같이 외워야 합니다. 저는 derive(유래하다)의 동의어로 come from과 originated from이 떠올랐습니다. 그리고 derive를 origin이란 멘탈 폴더에 집어넣어서 동의어 그룹으로 기억하면서 derive를 능동 영어로 활성화시켜 둡니다.

✅ 동의어 정리를 통해 이미지로 그려지는 중심 의미 확인하기

Consume을 가장 많이 쓰이는 의미인 '소비하다'라고만 외우면, 위 맥락처럼 '먹다'라는 상황에서는 쓰지 못합니다. 위 기사의 문맥에서는 consume = use = eat입니다. Consume을 이렇게 기억하면 말하고 작문할 때 eat만 떠오르는 것이 아니라 consume이란 동의어로도 쓸 수 있어 표현이 풍부하게 느껴집니다. Consume을 리딩에서 발견하고, 이 동사가 내 일상 업무나 생활에 자주 쓰일 것 같다면 동의어 사전을 찾아봅니다. Exhaust, drain, use up, deplete (다 써버리는, 소모하다), preoccupy(집착하다)란 동의어로도 쓰이는 빈도수가 높은 동사입니다. 위에 설명한 대로 예문과 용례를 찾아 구글 뉴스에 검색해보고 능동 영어로 활성화시켜 두면 시간이 지나도 consume을 다양한 용례로 말하고 쓸 수 있습니다.

형용사 수집과 튜닝

Flowering-plant, anti-inflammatory, skin-staining는 제약이나 식물 관련된 분야가 전공이면 자주 쓰겠지만, 일상에서는 자주 쓰지 않는 표현입니다. 이럴 경우 외울 다른 형용사도 많기 때문에 적지 않고 넘어가도 괜찮습니다.

Earthy flavor, vibrant hue, golden colored는 맛과 색깔을 표현할 때 쓰면 생동감도 느껴지고 멋스럽습니다. 이런 표현도 요식업계나 예술 쪽에 일하시는 분이 아닌 이상 일상에 쓰는 빈도가 떨어지니 역시 눈으로 읽히고 이런 식으로 쓰는구나 느끼고 넘어갑니다.

한편 deceptive, deadly는 정말 자주 쓰이는 형용사입니다. deadly는 부사로도 자주 쓰입니다. 이 둘을 어떻게 정리정돈을 해두고 활성화를 해야 한 달이 지나도 기억이 나고 장단기 메모리에서 살아남을 수 있을까요?

Deceptive(현혹하다, 기만하다, 겉과 다르다)를 들었을 때 제 머릿속에 제일 먼저 떠오르는 동의어는 misleading였습니다. 노트에 deceptive 옆에

misleading을 동의어로 적습니다. 그리고 제 머릿속 misleading이라는 이름 (라벨)이 붙은 멘탈 폴더에 집어넣어서 각각 장기 메모리에 따라 저장되어 있던 두 형용사를 연결합니다. 그 후 동의어 사전을 찾아봅니다.

동의어 사전에서 deceptive의 동의어는 fraudulent, misleading, false, unreliable, sneaky, slick라고 합니다. 감자 줄기를 캐면 감자가 줄줄이 따라오듯, deceptive에 같이 연결해 다시 리마인드하고 노트에 적습니다.

Deadly는 harmful, lethal, poisonous, toxic, violent, virulent가 떠오릅니다. 저는 동시통역사로 훈련하고 매일 영어 기사를 이런 식으로 민감하게 정독해서 분석하는 연습을 오랜 시간 해 왔기 때문에 동의어 찾기 버튼을 누르면 빨리 출력할 수 있습니다. Deadly를 보고 내가 자주 쓰겠다 싶지만 동의어가 떠오르지 않을 때 동의어 사전에서 검색해 보세요. 이렇게 나의 일상과 업무에서 빈도수가 높은 자주 쓰는 동사와 형용사를 매일 10분 리딩으로 수집하고, 꾸준히 동의어끼리 묶음으로 연결해서 활성화(튜닝) 시켜둬야 머릿속 번역 과정이 빨라져 동시통역이 되거나 순간에 뉘앙스를 골라서 고급 영어를 말할 수 있습니다.

부사 수집과 튜닝

"The millions of South Asians who habitually consume it"이란 문장에서, 부사인 habitually를 빼도 의미는 전달이 됩니다. 하지만 '습관적으로'라는 부사를 추가함으로써 의미가 더 구체적이 됐습니다.

두번째 문단의 "The spice is extracted are routinely dusted with lead chromate, a neurotoxin에서 routinely"이란 부사가 생략되어도 정

보 전달은 가능하지만, 부사는 의미를 생동감 있고 구체적으로 묘사하는 기능을 합니다.

전체 기사의 다섯 번째 문단의 "It probably saved thousands of lives"에서도 부사인 probably가 추가되어 단정적인 표현이 아니라 확률을 나타내는 뉘앙스를 더했습니다.

이토록 부사는 원어민이 아닌 ESL 학습자가 가장 놓치기 쉽습니다. 원어민들도 핵심 정보를 전달하는 문장을 먼저 적고, 퇴고 과정에서 의미를 구체적으로 표현하기 위해서 부사를 덧붙이는 경우가 잦습니다. 부사는 동의어보다는 따로 '부사 노트'나, 엑셀 파일을 만들어 보이는 대로 수집해서 적어 주세요. 특히 부정적/긍정적인 뉘앙스를 나타내는 부사를 분리해서 정리해보세요. 그 이후에 시간이 나시는 대로 주기적으로 한 번씩 다시 읽으면서 리마인드하고 작문 시 쓰시면 도움이 됩니다.

∷ 3) 영어식 논리 쌓기와 스타일 분석하기

Turmeric, a flowering plant of the ginger family, has long been prized in Ayurvedic medicine for its anti-inflammatory properties and in Asian cuisines for its earthy flavor and vibrant hue. Haldi, the spice's Hindi name, is derived from the Sanskrit for "golden colored". But for the millions of South Asians who habitually consume it, turmeric's skin-staining yellowness can be deceptive and deadly.

① 동격

수능 영어에서 공부했듯이 동격은 콤마(,) 사이에 표기합니다. 한국어에는 띄어쓰기를 잘 해야 교육 수준이 높아 보이듯이, 영작에서는 마침표(.), 콤마(,), 세미콜론(;), 콜론(:), 대쉬(-)를 제대로 써야 합니다. 요즘은 이메일이나 영작에 Grammarly 같은 AI 기반의 문법과 스타일(문체) 교정 툴을 활용할 수 있어서 외국인으로서 영작하는 데 예전보다 스트레스는 덜 받습니다. 문법 책에서 설명을 읽는 것보다 이런 용례가 나올 때마다 유의해서 보시면, 스스로 작문 시에도 유용하게 쓸 수 있습니다.

Turmeric(강황) 뒤에 콤마가 나오면서 구체적인 설명을 '동격'으로 설명했습니다. 이 글은 기사이기 때문에 처음 나오는 정보에 대해서는 꼭 부가 설명을 해주는 저널리즘 스타일을 따르고 있습니다. 지리산, 한강, 세종대왕, 박정희, 신라, 잡채, 호떡 이런 외국 사람들이 처음 듣는 정보(주로 고유명사나 이름)를 말로 하거나 글로 쓸 때는 반드시 뒤에 동격으로 부가 설명을 해줘야 합니다. 처음 듣는 외국인 입장에서는 그 고유명사가 자연 지물인지, 사람 이름인지, 지명인지 알 수 없기 때문입니다. 예를 들어 "Mount Jiri, the second highest mountain in South Korea", "The Han Gang, the river cutting through the capital city of Korea, Seoul"과 같이 화자가 처음 나오는 정보는 모를 것이라고 가정하고 설명해줘야 합니다.

② 동어 반복 피하기

잘 쓰여진 글일수록 동어 반복을 싫어합니다. 이 글의 주제인 turmeric은 동사보다 동의어가 적은 명사 이름이지만, 역시 The Economist의 기사는 동어 반복을 피하는 잘 쓴 글의 전형을 보여줍니다.

Turmeric =〉Haldi(강황의 힌디어) =〉The spice

To heighten their color, the rhizomes from which **the spice** is extracted are routinely dusted with lead chromate, a neurotoxin. **The practice** helps explain why South Asia has the highest rates of lead poisoning in the world. The heart and brain diseases it causes—to which children are especially susceptible—accounted for at least 1.4m deaths in the region in 2019. The economic cost is crippling; that year lead poisoning is estimated to have lowered South Asian productivity by the equivalent of 9% of Gdp. Yet it turns out that with clever policies, enlightened leadership and astute messaging this blight can be greatly reduced. Bangladesh has shown how.

③ 문장 간 유기적 연결성

글을 잘 쓰고 말을 잘 하는 분들의 논리를 전개하는 방식을 보면 앞 문장과 뒷문장을 유기적으로 연결합니다. The practice는 바로 앞문장 전체(강황의 색깔을 진하게 만들려고 화학물을 섞는 행위)를 받습니다. 이런 식으로 앞에 설명한 내용 자체를 상위 레벨에서 정리하면서 이름을 붙이고(labeling) 구조화하면서 앞문장과 뒷문장을 연결하면 글과 말의 논리가 물 흐르듯이 이어진다는 느낌을 받습니다.

④ 단정적인 표현을 피하고 확률로 말하기

Be estimated to : 미국은 해고가 자유롭고, 징벌적 손해배상 제도가 있으며 실제로 소송이 빈번하기 때문에, 업무나 일상에서 책임질 말은 극도로 피하려는 경향이 있습니다. 따라서 글로 써서 나중에 자신에게 불리하게 적용될 수 있는 단정적인 표현과 부정적인 표현을 잘 하지 않습니다. 기사든 비즈니스 이메일을 읽어보시면 원어민은 확정적이고 단정적으로 정보를 주는 것을 피합니다. be estimated to, be expected to, 혹은 be highly likely to 등 확률적인 동사를 쓰는 것을 유의해 읽어보세요.

(1)At the instigation of teams from Stanford University and the International Centre for Diarrhoeal Disease Research, Bangladesh, a research institute, the country launched **a nationwide campaign** against turmeric adulteration in 2019. (2) Rules against adulteration were enforced and well-publicized stings carried out against wholesalers who persisted in it. (3) The prime minister, Sheikh Hasina, discussed **the problem** on television. (4)Bangladeshi bazaars were plastered with warnings against it. (5)Local media also published it.

⑤ 논리의 전개

(1)방글라데시에서 연구가 시작됐고 ⇨ (2)강황 불순물 금지를 위한 국가 캠페인을 시작 ⇨ (3)방글라데시 총리도 티비에서 문제점을 계몽하고 ⇨ (4)시장에서도 계도하고 ⇨ (5)미디어도 알리고.

논리가 큰 그림에서 구체적인 항목으로 내려갑니다. 벽돌을 쌓듯이 촘촘히 논리를 점증적으로 쌓아 나갑니다. 강황 불순물 섞기를 금지하는 "The nationwide campaign"을 뒷문장에서는 the problem과 it으로 받으면서 일부러 짧은 문장을 사용해서 리듬감을 부여했습니다. 이처럼 잘 쓴 글은 논리가 유기적으로 연결되어 있고, 문장 호흡이 간결하고 짧다는 것을 알 수 있습니다.

<u>**According to**</u> newly published data, the country **thereby** reduced the **prevalence of turmeric adulteration** in its spice markets to zero in just two years. That slashed lead levels in the blood of Bangladeshi turmeric—mill workers by about a third. Nationwide, it probably saved thousands of lives. Early analysis suggests that each extra year of healthy life cost a mere $1 to preserve. Achieving the same benefit through cash transfers is estimated to cost over $800.

⑥ 접속사와 접속 구문을 이용한 문장(단)의 연결

문장과 문장을 유기적으로 연결하는 접속사나 접속 구문을 유의해서 살펴보시고 참조할 수 있는 건 따로 외워두세요. 새로운 데이터를 제시하면서 문장을 시작할 때, according to이나 based on을 사용합니다.

또한 thereby 같은 접속부사의 쓰임도 눈여겨보세요. 문장 안에 thereby를 집어넣음으로써 앞에 문단과 유기적으로 인과 관계를 연결했습니다. 사실 한국 사람이 작문 시 thereby를 이렇게 자연스럽게 추가하는 게 힘듭니다. 하지만 thereby를 쓰니까 문장의 논리가 더 촘촘해졌죠. 이런 문장을 보고 민감하게 읽고 분석해서 다음에 써봐야지 생각을 하면, 실제 다음에 글을 쓸 때 사용할 수 있습니다.

이 기사의 토픽인 강황에 불순물을 섞는 상황을 The prevalence of turmeric adulteration이라고 명명(labeling)했습니다. 저도 만약 한국어 정보를 영어로 번역해야 한다면 prevalence를 넣어 쓸 생각을 못했을 것 같습니다. Prevalence 없이 turmeric adulteration이라고만 번역해도 의미가 크게 달라지지 않지만, 썼을 때 더 의미가 구체적이고 고급 영어처럼 느껴집니다.

Other countries where lead poisoning is rife should follow Bangladesh. Recent estimates suggest **a staggering** 815m children—**one in three of the global total**—have been poisoned by the metal. According to the Centre for Global Development, **a think-tank in Washington,** this disaster explains a fifth of the learning gap between children in rich and poor countries.

⑦ 형용사로 의미를 풍부하고 생동감 있게

고급 영어 수준에서는 뉘앙스를 조절할 수 있습니다. 8억 1천 5백만 명이란 숫자 앞에 staggering(휘청이는, 깜짝 놀랄만한)이란 형용사를 붙여서 제시한 815m이란 숫자에 생동감 있는 시각적 효과를 줬습니다. 숫자 앞에는 관사를 안 쓰지만, staggering이라는 형용사가 붙으니까 staggering이라는 특성을 가진 숫자 중 하나라는 의미로 a라는 관사가 앞에 붙어있는 걸 눈여겨봐 주세요.

또한, 대쉬(–) 안에 one in three of the global total이라는 815m이란 숫자의 구체적인 정보를 보강해 독자에게 저 815가 도대체 무슨 의미인지 한 번 더 구체적으로 설명했습니다. (문장 기호의 사용)

고유명사인 The Centre for Global Development 이름을 쓰고, 첫 번째 나오는 정보이기 때문에 동격 콤마(,) 안에 a think-tank in Washington이라는 부가 정보를 줬습니다. (동격으로 처음 보는 정보에 대한 설명)

Bangladesh's response to the problem, if properly understood, could work in many countries. **Its key elements** included an openness to (1)foreign expertise; **(2)effective NGOs; (3) a willingness by the government to work with them;** (4)and the formation of an even broader coalition, also including journalists and private firms, to maximize the effort. **This low-cost, coordinated and relentless approach** to problem-solving, familiar to admirers of Bangladesh, has underpinned its outstanding development success over the past two decades. And Sheikh Hasina deserves credit for it—even though her commitment to such enlightened policymaking appears to be flagging.

⑧ 저자의 가치 판단이 들어간 구체적인 표현

세미 콜론(:)는 key elements를 구성하는 정보 나열에 쓰였습니다. (1)외국의 전문가, (2)NGO, (3)정부, (4)언론과 기업 연대의 나열되는 정보를 and를 써서 연결할 수 있겠지만 나열된 정보 각각이 비슷한 가치를 가지는 동급일때 세미 콜론(:)을 사용해 연결하면 더 깔끔합니다. (문장 부호의 사용)

This low-cost, coordinated and relentless approach에 쓰인 형용사에서 저자의 가치 평가가 드러납니다. 앞에 언급된 방글라데시 납불순물 강황 퇴치를 위해 기업이 노력한 모든 행위에 대한 이 글을 쓴 저자의 평가(비용이 적게 들고 협력을 잘해서 지속적 정책 실행)를 드러내는 형용사를 일부러 골라 쓴 것입니다. 별것 아닌 것 같지만 글의 주제에 대해서 저자의 생각과 의견이 반영된 표현(동사, 형용사, 부사)을 골라 쓰면 그냥 팩트만 전달하는 것보다 독자의 기억에 남고 커뮤니케이션 효과가 강화됩니다. 정보 전달에만 급급하면 이렇게 메시지를 점진적으로 쌓아 나가면서 강조하는 영어의 커뮤니케이션 효과를 놓칠 수 있습니다.

With an election approaching, <u>the world's longest-serving woman prime minister, Bangladesh's ruler for two decades,</u> is growing more authoritarian and irascible. The importance of the turmeric campaign should help persuade her to reverse course. As it shows, <u>the Bangladeshi model</u> rests on organizing, collaboration and consensus, not political fiat, and there is much more than her legacy riding on it.

앞서 영어는 동어 반복을 좋아하지 않는다고 말씀드렸습니다. 앞문 단에서 방글라데시 총리 Sheikh Hasina의 이름이 나왔는데 뒷문장에 서는 the world's longest-serving woman prime minister, Bangladesh' s ruler for two decades로 다르게 받았습니다. (동어 반복 피하기)

앞 문단 전체를 The Bangladeshi Model이라고 상위 개념으로 구조 화해 라벨을 붙이고 동시에 바로 앞 문단을 Bangladesh's response to the problem(=The Bangladeshi Model)이 라는 동의어 표현으로 시작하는 테크닉을 썼습니다. (Labeling을 통한 구조화)

India, whose leader, Narendra Modi, is in the process of driving out foreign donors and dismantling any NGO he considers unfriendly to him, has much to learn from Bangladesh's more <u>open, pragmatic approach.</u> The developing world has countless health and environmental problems that it might help solve. <u>For these many reasons, it should be sustained and widely copied.</u>

방글라데시 정부의 강황 납불순물 제거 노력을 수식하는 형용사를 open and pragmatic를 골랐는데 저자의 가치판단이 들어간 형용사로

(긍정적인 톤) 저자의 의도를 드러내기 위해 골라 썼습니다. 맨 마지막 문장은 이 논설의 주제 문장으로, 간결한 문장이지만 울림이 있게 저자의 중심 생각을 잘 드러냈습니다.

고급 영어로 업그레이드를 위해서 하루 10분 한 문단이라도 저자의 논리와 의견이 담긴 잘 쓰여진 주간지와 월간지의 칼럼이나, 에세이 사설을 위와 같이 민감하게 분석하면서 읽어보세요. 동사와 형용사 부사를 수집해서 단기 메모리로 활성화하고, 글의 논리와 작문 스타일을 파악하는 노력을 매일 꾸준히 하시면 3~6개월 사이에 내 영어가 획기적으로 화학적 변화를 겪었구나! 하고 느끼는 '유레카'의 시기가 반드시 옵니다. 영어 공부에는 특별한 방도가 있기보다는 동시통역사의 영어 튜닝 공부법으로 묵묵하게 꾸준히 어느 정도 정독 양을 쌓아 나가는 노력이 필요합니다.

고급 영어 작문에서
자주 쓰이는 테크닉

정독을 하면서 영어를 튜닝할 때 다음과 같은 고급 영어의 특징을 눈여겨보며 학습한 후 작문이나 말할 때 따라해보려고 노력하세요. 또한 고급 영어로 작문을 하고 싶을 때 영작을 한 후 프로페셔널한 비즈니스 톤으로 수정하고 싶을 때 다음을 기준으로 영작 내용을 수정 보완할 수 있는지 확인합니다.

:: 1) 동어 표현을 피하기

영미권 학교에서 영어 작문을 배울 때 가장 많이 지적 받는 피드백은 동어 반복을 피하라는 것입니다. 잘 쓴 영어 글은 똑같은 표현을 반복적으로 쓰지 않습니다. 한국인이 영어로 말하거나 쓸 때 아는 표현 (능동 영어) 안에서 머릿속 번역 과정을 거쳐서 말하기 때문에 한 가지 표현을 계속 사용하는 동어 반복을 자주 합니다. 이런 이유로 앞서 영어 공부 방법에서 동의어끼리 묶어서 기억하는 습관을 들이라고 말씀드렸습니다.

예를 들어 The Economist 지에서 퇴임하는 인도네시아 대통령인 Jokowi에 대한 기사를 읽었는데 처음 언급은 그의 풀 네임으로 해주고, 이후엔 다음과 같은 표현으로 바꿔 썼습니다.

- Indonesia's president
- the outgoing president (퇴임하는 기사 작성 시기의 상황 반영)
- the former furniture salesman (과거 출신)
- one of the best-liked leaders in the world (정치인으로써 평가)

영어에서는 보통 he라는 대명사로 받기도 하지만 조코위라는 인물을 다채롭게 설명하는 표현으로 받으면서 인물에 대한 부가적인 정보를 독자에게 주는 효과도 있습니다. 한국어는 문장에서 주어를 자주 생략하는 특징이 있기 때문에 앞에 언급된 주어를 대명사나 관사(the)로 뒤에서 받는 영어에서 보이는 이런 고급 영작 스타일을 놓치기 쉽습니다.

또한, 기업의 '지속적인 성장'에 대한 HBR을 읽는데, 성장이라는 글의 주제(keywords)에 대해서 다음과 같은 동의어 표현들을 다양하게 바꿔가며 글을 전개했습니다.

- delivering sustained growth
- propelling consistent growth
- grow consistently
- show steady upward trajectories in revenues
- achieve growth consistency
- develop a clear growth system

- the ongoing search for growth
- fuel innovation and drive sales
- growth champions

또한, 한국의 의회에 대한 영문 기사에서 주어를 Korea's National Assembly라고 공식 명칭을 쓴 다음에 나오는 문장은 Korean parliament, Korean lawmakers, Korean legislators, Korean political leaders로 동의 표현으로 바꿔서 글을 전개하는 걸 볼 수 있습니다.

이렇듯 영작을 한 후 퇴고 시에 명사, 동사, 형용사를 동의 표현으로 바꿔 쓸 수 있는지 고민해보고 수정하면 표현이 풍부하고 다양해집니다. 프레젠테이션을 준비하실 때도 관련 기사를 5개 정도 프린트하셔서 내가 전달하려고 하는 주제를 다양하게 바꿔 쓸 수 있는 동의어 표현 10개 정도를 수집하고 입으로 발음해보고 활성화하면 말이 단조롭지 않고 풍부해지는 동시에 트렌드를 반영한 최신 표현을 익힐 수 있습니다.

:: 2) 간결하고 구체적인 문장

잘 쓰여진 글은 구체적입니다. 직역을 하면 의미는 전달되지만, 뉘앙스나 톤을 놓칠 수 있습니다. 작문을 하고 퇴고를 할 때 글의 논리가 듬성듬성 빠진 부분이 없는지, 표현이 간결하지 않고 문장이나 리듬이 늘어진 느낌이 드는지, 헐렁해 보이는 부분에 구체적이고 촘촘한 표현을 채울 필요가 있는지 다음의 질문을 하면서 점검해봐야 합니다.

① 부사를 보강할 필요가 있는가?

- Climate change <u>disproportionately</u> affected socially vulnerable populations (종속절로 길게 쓸 정보를 깔끔하게 부사로 처리해서 한 문장으로)
- The consequences are <u>increasingly</u> far-reaching (강조)
- It's <u>amazingly</u> simple and lucrative. (강조 및 저자의 평가)
- The candidates are <u>exceptionally</u> well-known (강조 및 저자의 평가)
- Inflation is never <u>truly</u> defeated (강조)
- <u>Unsurprisingly</u>, men were more likely to agree than women (저자의 가치 판단)

위의 문장에서 부사는 빠져도 핵심 정보는 전달되지만 추가적으로 채워주면 내용이 풍부해집니다. 부사를 잘 쓰면 저자의 가치 판단을 은근하게 전달하거나, 내용을 강조하거나, 두 문장으로 표현할 정보를 한 문장에 압축해서 집어넣을 수 있어서 깔끔하고 효과적인 커뮤니케이션이 가능합니다.

② 형용사를 보강하거나 형용사로 처리하는 게 효율적인 문장이 있는가?

- TikTok is facing a <u>possible</u> ban in the United States (확정적인 상황이 아닌 뉘앙스 보강)
- <u>Environmentally-conscious</u> people prefer to shop secondhand (관계절을 형용사로 축약)
- The policy helps remove <u>planet-killing</u> greenhouse gasses from the atmosphere. (관계절을 형용사로 축약)

- The <u>stark</u> rise in unemployment rates has prompted <u>urgent</u> calls for economic reform. (강조)
- He answered <u>hard-hitting</u> questions about the company's finances (상황 설명 및 강조)
- Prices have recovered to <u>pre-pandemic</u> levels (부사구를 형용사로 축약)

③ 논리 전개상 연결이 빠진 곳이 없는가?

- <u>More often</u>, they are useful items you can reliably enjoy without worrying about prices. <u>In that vein</u>, we've pulled the best of our recommendations.
- <u>Such</u> falsehoods are clearly unacceptable.
- <u>But</u> one commonly accepted threshold for being a "high-net-worth individual" is possession of net assets of $1m or more. <u>By that definition</u>, India had around 850,000 millionaires in 2022.
- What, <u>then</u>, would it look like if things were to take an upturn?

머릿속에서 생각하면서 영작하듯 작문을 하고 다시 읽으면 글의 연결과 흐름에 빈틈이 보입니다. 앞문장과 뒷문장 혹은 앞문단과 뒷문단의 연결성이 유기적으로 꼼꼼하게 연결됐는지 다시 확인해보세요. 위의 예문에서 글의 흐름을 연결해주는 밑줄 친 부사, 부사구가 없어도 정보 전달은 됩니다. 하지만 접속사와 접속 구문을 사용해 연결성을 추가해주니 논리가 물 흐르듯 탄탄해집니다.

일반적으로 한국인은 문단을 시작할 때 접속사인 but, however, for example, when, if, as를 주로 많이 사용합니다. 퇴고를 하면서 since, moreover, furthermore, what's more, nonetheless, nevertheless, still, yet, despite, given that, in short, indeed, all in all, in a nutshell, meanwhile, on the contrary, nor, neither, in other words, put another way, in the case of, even so, in this sense, granted, to its credit, no wonder, once, of course, according to 등 다양한 접속 표현으로 문단을 시작하면서 앞문단과 유기적으로 연결할 수 있는지 점검해보세요. 리딩을 하실 때마다 유용해 보이는 접속 표현을 따로 적어 두고, 말로 하거나 글로 쓰려고 노력하면 능동 영어로 활성화되어 자연스럽게 사용할 수 있습니다. 또한, 두괄식으로 핵심 아이디어를 먼저 이야기하고 the first, another, third, final 등 불렛 포인트로 나열하듯이 문단을 시작하는 것도 전달 효과가 높아집니다.

④ 정도와 수를 나타내는 구체적 표현들 보강하기

- They have their own set of complaints.
- Parents are feeling elevated levels of anxiety.
- ChatGPT has brought in a wave of innovation and disruption
- In much of the developed world, the attitudes of young men and women are polarizing.
- By using a mix of massive subsidies, low borrowing costs, and forced technology transfer, China makes electric vehicles much cheaper
- The government proposed a package of radical reform aimed at overhauling the education system.
- A series of shortages threaten the company's supply chains
- The unexpected ceasefire announcement is providing a glimmer of hope that peace negotiations may finally progress in the war-torn region.

리뷰를 하면서 구체적인 양과 정도를 묘사하는 표현을 보강할 수 있는지 살펴봅니다. 한국인이 가장 놓치기 쉬운 디테일이 지만 퇴고 시 보강을 하면 글의 뉘앙스가 정교하고 풍부해집니다.

⑤ 구두점을 활용해 의미를 간결하고 명확하게 하기

- Leadership, <u>hindered by a lack of diversity</u>, has steered away from embracing innovative perspectives and inclusive decision-making processes. (종속절을 형용사구로 삽입)
- Critics of the global 10% tariff allege that, <u>if implemented</u>, it will stoke inflation. (종속절을 줄여서 삽입)
- That such reports repeatedly come from those in the know — <u>much more so recently than in October</u> — helps to lift, <u>to an extent</u>, the fog of uncertainty. (추가 정보를 삽입)
- The company's strategy was <u>clear</u>: <u>expand</u> into emerging markets, diversify product offerings, and leverage digital platforms to enhance customer engagement. (부가 설명에 쓰이는 콜론)
- There are several essential skills for effective <u>communication;</u> active listening, clear articulation, and empathetic <u>understanding;</u> each plays a crucial role in fostering meaningful connections in personal and professional relationships. (나열에 쓰이는 세미콜론)

영작을 퇴고 시 종속절이나 여러 문장으로 나열된 정보를 구두점을 써서 줄이거나(concise) 내용을 분명하게(clear) 교정할 수 있는지 확인합니다. 문법책에서 원리는 이해했지만 한국인이 영작을 할 때 구두점을 잘 활용하지 못합니다. 따라서 매일 리딩을 할 때 잘 쓰여진 칼럼이나 기사에서 어떻게 쓰는지 나올 때마다 확인해서 익히는 습관을 가집니다.

:: 3) 부정적인 정보는 간접적으로 전달하기

비즈니스 영어에서는 부정적인 정보를 직접적으로 전달하지 않습니다. 미국은 해고가 자유롭고, 소송도 빈번하며 징벌적 손해 배상 등 규칙을 지키지 않았을 때 불이익이 상당하기에 미국인 개인과 기업은 규칙과 규범을 지키려 합니다. 또한 커뮤니케이션 시 향후 책임(liability) 범위를 줄이기 위해 신경 써서 관리하는 느낌이 듭니다. 따라서 영어 공부를 위해 읽는 신문 기사나, 비즈니스 이메일이나 각종 문서를 작성하고 공적인 자리에서 말할 때 단정적이고 확정적인 표현을 피하고, 부정적인 정보는 쿠션어 같은 완곡 화법이나 확률적으로 말해 책임 범위를 한정하려는 경향이 있습니다.

고급 영어를 말하고 글로 쓰고 싶은 목적이 있으신 분들은 특히 부정적인 정보를 비즈니스에서 다룰 때 말이 세게 나가지 않는지 톤에 유의하셔야 합니다. 또한 약속을 하거나, 미래 사건을 이야기할 때 혹은 타인에 대한 이야기를 할 때 너무 확실하고 단정적으로 말해서 차후에 내가 책임을 질 수 있는 영어 표현을 쓰고 있지 않는지 점검해봐야 합니다.

① 주어를 I로 쓰지 않는다

책임을 피해야 하는 부정적인 정보를 전달할 때 I think/guess/believe같이 1인칭 '나' 혹은 사람 이름을 직접적인 주어로 문장을 시작하지 않는 것이 좋습니다. 다음 예시처럼 3인칭과 수동태를 사용하세요.

- <u>No part of the world</u> is safe
- There is <u>no evidence</u> that suggests a link between vaccination and autism.
- <u>No one</u> can say exactly what he is thinking
- <u>A mistake was made</u> in business operations, leading to delays in product delivery
- <u>Concerns about</u> public safety <u>were raised</u> during the city council meeting,

② Not을 직접적으로 쓰지 않는다

Will not, should not, must not은 매우 강한 확언과 명령 표현이기에 법적 책임이 있는 상황이거나, 말하는 사람과 듣는 사람 사이에 위아래 권력의 차이가 있거나 매우 확정적인 상황이 아닌 이상 비즈니스나 공적인 관계에서는 잘 사용하지 않으려고 합니다. 이메일에서 is not going to는 자주 사용하지만, 다음의 방법처럼 부정적인 정보를 대체할 수 있는 형용사/명사/부사를 골라 톤을 조절할 수 있는지 생각해보세요.

- He <u>showed a total disregard for</u> the safety protocols, putting everyone at risk.
- They can't pass the costs on to parents who already <u>can barely</u> afford tuition.
- This is <u>hardly</u> surprising.
- <u>Their failure to meet</u> it raises questions <u>no one</u> had wanted to answer.
- <u>There are some doubts</u> about the accuracy of the data presented in the report.

③ 단정적이지 않고 확률로 말한다

확정적으로 약속하거나 단정하면 추후에 책임을 져야 하는 상황이 생길 수 있기 때문에 비즈니스 영어나 공적인 관계에서는 애매모호하게 확률로 말하는 것이 안전합니다.

- <u>Whether or not that</u> argument has legal merit is unclear.
- <u>It is particularly unlikely</u> that the team will secure the contract without offering competitive pricing.
- The total cost of the renovation <u>is estimated to</u> be around $50,000, but this figure <u>may vary</u> depending on the final materials chosen and any unexpected expenses.
- <u>The chances are high</u> that we are able to finish the project within the given deadline.
- The new product launch <u>is expected to</u> boost sales by at least 20% in the upcoming quarter.
- He <u>seems/deems/tends</u> to be the most qualified candidate for the leadership position.
- Increasing the marketing budget <u>would/could/is likely to</u> lead to higher brand visibility

④ 비교급과 완곡어법(euphemism)

최근 미국에서 인종, 성적지향, 종교, 문화적 다양성을 표현하는 데 정치적인 올바름(PC: politically correct)을 강조하는 사회적 트렌드가 강화되고 있습니다. 리딩을 하면서 완곡어법이 사용되는 용례를 볼때마다 익혀서 비즈니스 커뮤니케이션에서 유의해서 사용해야 합니다.

예를 들어 요즘 한국어 뉴스에도 '가난한 사람들'이라는 표현 대신

'저소득계층,' '사회적 약자'로 일컫듯이 영어로 말할 때도 poor people 이라고 쓰지 않습니다. 대신 the poor, the less privileged, the less fortunate라고 상대적인 비교급을 쓰거나, 혹은 완곡 어법으로 the economically disadvantaged, low income families, unprivileged background, economically depressed neighborhood로 표현합니다.

비즈니스에서 자주 쓰이는 완곡어법은 다음과 같습니다.

old people	seniors/pensioners/retirees
used goods	pre-owned/pre-loved
problem	issues/challenges/headwinds
get fired	let go/leave the company/choose to resign/pivot career
cheap	affordable/accessible/economical
difficult	challenging/experiencing some hurdles/requiring more efforts
upset/angry/bad	disturbing/unsettling/disruptive/annoying/disheartening/ unpleasant/questionable
opinion/feedback	perspective/areas for improvement/development areas/ feedforward /constructive feedback
performance review	performance management and connect session

부정적인 뉴스를 비교급으로 전달하여 톤을 낮추는 표현의 예시는 다음과 같습니다.

- Developing countries <u>need more resilient</u> health systems.
- We <u>have less understanding</u> of how effectively security systems are

protecting personal data

:: 4) 품사 바꾸기

BBC에 따르면 영어 총 어휘 수는 단어 기본형(lemmas/word family)으로 15,000~20,000개 정도라 합니다. 영어의 lemma는 word family라고 불리는 어근(語根)으로 동사 원형이나 명사의 단수형 같은 단어 기본형을 가리킵니다. 한국어 외래어로도 편입된 dilemma(딜레마)의 어원은 둘(two)을 뜻하는 di-와 전제(前提), 받은 것, 논쟁, 당연하게 여겨지는 것 등의 뜻인 그리스어 lemma가 합쳐져서 만들어진 단어입니다. 영어는 lemma를 원형으로 명사 형용사 부사로 품사 활용이 됩니다. 예를 들어서 '선택하다'라는 말을 쓰기 위해 choose/decide라는 동사로만 문장을 만들 수도 있지만 make a choice/decision 명사형으로 받을 수 있습니다. 이 경우에는 make a prudent/irrational decision같이 형용사를 앞에 붙일 수 있어 문장에 담긴 정보를 더 풍부하게 할 수 있는 장점이 있습니다. 또한 명사를 동사로, 동사를 형용사나 부사로도 품사를 전환하면 표현이 풍부해집니다.

동사	I try to balance budgets	형용사	Balancing efforts are needed in budget planning
		동사	We need to strike a balance in budgeting
명사	His behaviors raise questions about his intentions	형용사	He engaged in questionable behaviors
		동사	We are questioning his intentions

동사	The company marked a significant sales growth	부사	Sales increase markedly
		명사	The innovative marketing campaign left a mark in sales
명사	Please give me some reasons to accept the compromise	동사	His reasoning behind the decision was solid She reasoned with her colleagues to find a compromise
명사	The homeless shelter provides temporary residential support	동사	Investors often seek to shelter their assets in the bond market
동사	She decided to double-check her work to ensure accuracy The shop doubled its inventory of popular items	명사	The recipe called for a double of chocolate chips The magician performed a stunning double of his assistant
명사	We have to order an outsize for the event	동사	She managed to outsize his expectations
		형용사	The company experienced outsized sales growth
동사	The new training initiative really impacted our sales numbers	형용사	The new training initiative make impactful change to sales numbers
		명사	The impact of the new training initiative leads to a noticeable boost in sales

:: 5) 시각적 청각적 효과

잘 쓰인 글은 정보 전달이 잘 될 뿐만 아니라 독자가 눈에 그리는 듯한 시각적 효과와 귀에 들리는 듯한 청각적 효과 같은 정서적 반응이 일어나고 글의 리듬도 느낄 수 있습니다. 아래의 예시를 통해 영작을 리뷰 할 때 보강하여 수정할 동의어 표현에 대한 아이디어를 생각해봅시다.

한국어 의미	정보 전달 위주 번역	시각적/청각적/정서적 효과를 주는 동의어 표현
세일즈 증가	increase/grow/improve/ enhance/advance sales	drive up/accelerate/boost /bolster/upturn/ramp up/ build up/jack up/pump up/ upsurge/escalate sales
지원을 해주다	provide/increase support for	sparked an outpouring of support
정책 실패로 경제 디플레이션이 발생하다	The economy experiences/faces deflation caused by policy failures	Policy failures drag the economy into deflation Policy shortcomings spur economic deflation
프로젝트를 방해하다	negatively impact/ hinder/deter/delay/stall/ thwart disrupt the project	deal a blow to project/ struck a setback to hit a road block in/cast a shadow over project Tie the project's hands.
시위를 하다	wage/stage/organize protest against/rally against	Riot broke out Protesters took to the street
혁신을 이끌다	start/lead/create/boost innovation	jumpstart/kickstart/ energize/ galvanize/ revitalize innovation

반대 목소리를 무시하다/ 묵살하다	disregard/neglect/ overlook opposing opinions silence/mute/suppress contrary views	turn out/brush off/brush aside opposing opinions squash/crush/muzzle/ smother
신상품을 출시하다	introduce/launch a new product	roll out a new product
전환점을 맞이하다	face a new change experience a transitional period	undergo a period of change/ transition heralded it as a watershed moment celebrated it as a turning point

:: 6) 구조화하여 상위 컨셉을 정리 정돈(labeling) 해서 말하기

긴 설명을 하나의 단어로 요약해서 정의 내리고 이름 붙이는 '구조화'를 잘하면 듣는 사람은 이해가 쉽고 커뮤니케이션 능력이 좋은 사람처럼 느껴집니다. 예를 들어 한참을 뽑을 사람이 없다는 이야기를 하고 나서 그 문제를 '인력 부족(talent shortage 혹은 lack of skilled workers)'이라는 한 단어로 정의 내리면서 다음 문장을 시작한다든지, 정부 정책이 이러저러한 문제가 있다고 이야기한 이후 '정책 실패(policy failure 혹은 policy ineffectiveness)'라고 받을 수 있습니다. 친구와 수다를 떨면서 배우자와 정서적 갈등을 겪은 이야기를 한참하고 나서 친구의 서운한 감정을 emotionally unavailable, feel distant, feel disconnected, lack of emotional intimacy, lack of emotional support 등으로 요약하면서 다음 대화를 이어 나갈 수 있습니다.

이처럼 상황에 대한 화자의 가치 판단이 들어간 이름을 붙여 요약하고 다음 문단에서 앞문단을 받으며 시작하는 걸 **아이디어의 구조화**라고 합니다. 특히 학계나 연구자들이 패널 토론이나 대화를 할 때, 비즈니스에서 미팅을 할 때 유용합니다. 상대방이 하는 말은 이해해서 정의를 내려주는 표현을 사용해 상대의 말을 요약하고 받습니다. 이렇게 나의 논리를 이어 나가면 커뮤니케이션을 효율적으로 잘하고, 정서적으로 공감 받고 있는 느낌이 듭니다.

작문을 끝내고 퇴고할 때 문단과 문단을 연결하면서 앞문단의 아이디어를 요약 정리해 다음 문단으로 논리를 전개하는 표현을 찾아 고민해볼 수 있습니다. 그 예시는 다음과 같습니다.

- Many other companies are undertaking <u>successful initiatives.</u> (앞문단에 사례 나열을 successful initiatives로 정의 내리면서 받음)
- <u>Unexpected breakthroughs</u> in AI technologies have led to exciting new opportunities for innovation. (앞문단에 나열된 기술 혁신 예시를 unexpected breakthroughs로 받음)
- The two pharmaceutical giants are printing money now with their innovative obesity drugs. Investors' insatiable hunger for <u>the duopoly's</u> shares has remained unquenchable. (앞의 두 회사를 duopoly로 받음)
- <u>These embarrassments</u> are not an existential threat to the tech giant. (앞에 나온 신상품의 실패를 these embarrassments로 받음)
- The North Korean regime is reinforcing <u>its verbal aggression</u> by persistently testing and enhancing its weaponry. (앞에 나온 북한의 호전적인 수사를 verbal aggression으로 받음)
- There is <u>some fledgling resistance</u> within the organization (앞에 기업 내부에 불만의 목소리가 높아지는 상황을 설명하고 이를 some fledgling resistance라고 상황을 정의 내려서 받음)

:: 7) 관용적 표현(Idiomatic English) 익히기

모국어의 경우 자라면서 교육을 받고 쌓인 문자와 음성 정보 데이터가 충분해 상황에 맞는 관용적인 표현들이 망설임없이 자연스럽게 나옵니다. 예를 들어서는 어디 초대받은 자리에서 스피치를 하자면 "이 자리에 초대받게 되어서 영광입니다. 이 자리를 마련해주신 주최자께 감사 말씀을 드립니다."가 초두에 버튼을 누르듯이 자연스럽게 나옵니다. 또한 처음 보는 분을 소개받았을 때 "말씀 많이 들었습니다. xx라고 합니다. 이렇게 만나 뵙게 되어서 영광입니다."라는 생각하지 않아도 저절로 나옵니다. 혹은 고객에게 사과해야 할 상황에 닥치면 한국 사람은 "고객님 저희 부주의로 불편을 끼쳐드려서 죄송합니다."라고 노력하지 않아도 즉각적으로 입에서 튀어나옵니다. 이렇듯 모국어의 경우 머릿속에 자주 들어 누적된 관용 표현이 나옵니다. 외국인이 한국어를 외국어로서 배운다고 하면 사과를 할 때 '부주의'나 '불편을 끼쳐드려'가 수많은 사과 표현 중에 후다닥 골라서 나올 수 있을까요?

영어 사전을 통째로 외우고 문법을 배워도 영어가 어법에 맞게 나오지 않습니다. 영어도 중급에서 고급 영어로 업그레이드하기 위해서는 이러한 관용적인 표현을 익혀야 합니다. 살면서 자연스럽게 경험으로 쌓이는 모국어에 대비해, 외국어의 경우는 학습을 통해 사회적 상황에 맞는 관용적으로 표현을 마주칠 때마다 외워야 합니다. 리딩이나 리스닝을 하면서 업계, 회사, 친구 그룹에서 자주 쓰는 요즘 유행어나 업계 표현들을 들을 때마다 따로 적어 두고 작문이나 말할 때 써보려고 노력해야 활성화된 능동 영어가 됩니다. 말은 시대에 따라 사회적 상황에

변하기 때문에 업데이트된 비즈니스 표현이나 일상 용어가 있어야 자연스럽고 프로페셔널하게 들립니다.

또한 비즈니스 미팅, 네트워크 이벤트, 패널 인터뷰, 프레젠테이션, 학회 발표 등등 사회적 이벤트를 준비해야 할 때 외국인인 나는 그러한 상황에서 무슨 말을 해야 할지 몰라서 불안한 경우가 생깁니다.

그럴 때 유튜브 자료나 스크립트를 찾아 원어민이 그 상황에서 어떤 행사 진행이나 절차적인 코멘트를 하는지 조사해봐야 합니다. 그리고 해당 상황이나 업계에 쓰이는 관용적인 표현은 뭐가 있는지 레퍼런스가 될 만한 텍스트를 찾아서 표현을 정리하고 외워서 전략적으로 준비해야 합니다.

다음은 비즈니스에서 자주 쓰이는 관용어들입니다. 아래와 같은 내가 속한 업계에서 자주 쓰는 관용적 표현은 업계 소식을 담은 기사를 주기적으로 읽으면서 익히고 단기 메모리에 활성화시켜 둬야 합니다.

관용어	의미	예시
Silver bullet	만능	There's no silver bullet solution to increasing productivity
Trim the fat	불필요한 비용을 줄이다	We need to trim the fat from our budget
Resonate	동감하다	I can resonate with the emotions you're experiencing
Touch base	연락하다	I'll touch base with you next week to discuss the progress of the project.
Back burner	우선순위에서 밀리다	We've decided put the expansion plans on the back burner until we have more clarity on market conditions.

Circle back to	다시 논의하다	We will <u>circle back to</u> discuss this further and provide updates once we've had the opportunity to gather more information
An 'aha' moment	깨달음의 순간/ 이해를 한	Last night, I had <u>an 'aha' moment</u> and came up with a solution for our development problem.
Game changer for	혁신적인	Extractive AI is the real <u>game-changer for</u> teachers and students
Key takeaways	주요 포인트	Today's <u>key takeaways</u> can be boiled down to this.
Low-hanging fruit	가장 빨리 할 수 있는 방법	You're picking <u>low-hanging fruit</u>. Maybe we should broaden our perspective for a better result.
Give 110%	최선을 다하다	We should <u>give 110% to</u> the new product launching.
Take at face value.	액면 그대로 받아들이는	We may not <u>take the matter at face value.</u>
Streamline	효율화하다	The new software system helped <u>streamline</u> our inventory management process.
Doomsday scenario	최악의 상황	The sudden collapse of the housing market could create <u>a doomsday scenario</u> for homeowners.
Visibility	가시성	Enhancing <u>visibility</u> in customer interactions can lead to better understanding of their needs
Ballpark figure	대략적인 숫자	What is <u>a ballpark figure for</u> marketing costs?

Epilogue

이 책은 중급 수준의 영어 학습자가 느끼는 '영어 공부 정체기 문제를 해소할 수 없을까?'란 질문에서 시작됐습니다. 국내파 한영 동시통역사로 고급 영어 공부 노하우에 대한 질문을 자주 받았습니다. 한국인의 영어 실력이 전반적으로 향상되면서 고급 영어에 대한 니즈는 점점 커지고 있는데, 정작 고급 영어로 업그레이드를 위한 구체적인 공부법에 대한 책이나 강의가 많지 않다는 문제 의식이 들었습니다.

1:1 영어 커뮤니케이션 코칭을 통해 성공한 한국인 리더들이 글로벌 조직에서 한 경험과 고민을 직접 들으면서 외국인과 영어로 일할 때 언어 문제로 뭉뚱그려 포장된 한국인만의 커뮤니케이션과 리더십 이슈를 확인했습니다. 고급 영어가 말해지는 상황에서는 정보 전달 이상이 필요합니다. 문화, 심리, 갈등, 설득, 정치, 리더십 등 조직 내 사람 간 다이나믹을 현명하게 다루는 비언어적 커뮤니케이션 전략과 태도도 중요하기 때문입니다. 컬럼비아 대학원에서 배운 조직 심리와 리더십 코칭 분석 툴이 한국인이 영어로 커뮤니케이션을 할 때 공통적으로 보이는 리더십 이슈의 진단과 해결책 제시에 도움이 됐습니다.

이 책을 통해 고급 영어 학습법을 배우고, 영어로 사람을 대하고, 설득해 마음을 사고, 영향력을 행사하는 영어 리더십과 커뮤니케이션 전략을 생각해 봤으면 계기가 됐으면 합니다.

마지막으로 영어 커뮤니케이션 능력 업그레이드를 위해 이 책을 다 읽으신 분들께 생각을 전환해 보시라고 말씀드리고 싶습니다. 이 책에서 관점을 전환해 보는 기회와 영어 공부를 위한 노하우를 가르쳐 드렸지만 결국 영어 공부는 장기적인 꾸준한 노력이 필요합니다. 성인에게 영어 공부는 다이어트와 같다고 생각합니다. 항상 뺀다 다짐하고 살을 빼면 입을 수 있는 예쁜 옷과 이상적인 몸매를 꿈꾸지만 결국 살 빼기는 다짐에 그칩니다. 영어도 마찬가지입니다. 오늘부터 영어 공부해서 해외 유학, 취업, 이직을 하겠어 혹은 승진을 하겠다고 다짐하는 이 책을 읽으시는 모든 분들을 응원합니다. 코칭에서도 말씀드렸지만 영어는 다이어트 몸무게처럼 결승점이 명확한 것도 아닙니다. 비록 지금 부족하지만 무거운 엉덩이를 떼고 외국 사람을 만나고 용기를 내고 창피함을 무릅쓰고 실수도 해보고 부딪쳐 봐야 늘지 책상에 앉아서 공부만 한다고 늘지 않습니다.

　　그리고 영어 공부를 매일 한들 어느 정도 자신감이 있을 뿐 영원히 외국인으로서 영어일 뿐입니다. 영어 공부에 대한 기를 꺾으려는 게 아니라. 지금 충분치 않아서 실수할 것 같아서 말을 안 하느니 지금 당장이라도 영어로 말을 하고 사람을 만나는 과정 속에서 본인만의 커뮤니케이션을 잘하는 노하우를 익히는 것이 완벽한 영어가 준비될 때까지 기다리는 것보다 나에게 유리하다는 말씀드리고 싶었습니다.

이 책을 끝까지 읽으신 여러분은 다른 사람보다 성장 지향적인 더 나은 미래를 꿈꾸는 분들이십니다. 성장 지향적인 분들이 남보다 조금 더 노력하고 절차탁마할 수 있는 에너지원은 '나는 부족해'란 불안함입니다. 코칭 시에 글로벌 조직과 학계에서 이미 열심히 자신의 업에서 노력해 오신 똑똑한 한국분들이 영어 때문에 자신의 능력을 완전히 펼치지 못하고 심리적으로 위축되고 자신감이 없는 게 안타까워 전략과 용기(empowerment)를 드리기 위해 고급 영어 커뮤니케이션 코칭 프로그램을 정리하여 이 책을 만들었습니다. 한국 인재들이 전 세계 리더로 쭉쭉 뻗어 나가길 응원합니다.

마지막으로 이 책이 나올 수 있도록 도와주신 분들이 많습니다. 저에게 코칭을 받으신 모든 분들, 책의 내용을 감수해 준 로욜라 메리마운트 대학 경영학과 박정훈 교수님, 연세대학교 교육학과 박사과정/중등 영어 교사이신 정혜연 선생님, 구글의 김서율 팀장님, Waltern Kwon님, 그리고 영어 감수를 해주신 한영 번역가 Anna Toombs님께 감사드립니다. 아울러 이 책이 나오기까지 노력해 주신 출판사 지식공감 김재홍 대표님, 김혜린 에디터님과 박효은 디자이너께 감사드립니다.

Reference

Daneman, M., & Merikle, P. M. (1996). Working memory and language comprehension: A meta–analysis. Psychonomic Bulletin & Review, 3(4), 422–433.

Kroll, J. F. & Stewart, E. (1994). Category interference in translation and picture naming: Evidence for asymmetric connections between bilingual memory representations. Journal of Memory & Language

Brysbaert, M., Stevens, M., Mandera, P., & Keuleers, E. (2016). How many words do we know? Practical estimates of vocabulary size dependent on word definition, the degree of language input and the participant's age. Frontiers in Psychology, 7, 1116. https://doi.org/10.3389/fpsyg.2016.01116

Laufer, B. (1998). The development of passive and active vocabulary in a second language: Same or different? Applied Linguistics, 19(2), 255–271.

Gass, S. & Selinker, L. (1992:) Language transfer in language learning. Philadelphia, PA: John Benjamins.

Stubbs, M. (1996). Text and Corpus Analysis: Computer–Assisted Studies of Language and Culture. Oxford: Blackwell

Deci, E. L., & Ryan, R. M. (1985). Intrinsic motivation and self–determination in human behavior, New York, NY: Plenum.

Deci, E. L., & Ryan, R. M. (2000). The "what" and "why" of goal pursuits: Human needs and the self–determination of behavior, Psychological Inquiry, 11, 227–268.

· Ryan, R. M., & Deci, E. L. (2000). Self−determination theory and the facilitation of intrinsic motivation, social development, and well−being, American Psychologist, 55, 68−78.

· Beth Sagar−Fenton & Lizzy McNeill (24 June, 2018), How many words do you need to speak a language?, BBC, https://www.bbc.com/news/world−44569277

· George J. M. Lamont (2005), The Historical Rise of the English Phrasal Verb, https://cpercy.artsci.utoronto.ca/courses/6361lamont.html

· Stefanie K. Johnson & Thomas Sy (19 December, 2016), Why Aren't There More Asian Americans in Leadership Positions?, Havard Business Review, https://hbr.org/2016/12/why−arent−there−more−asian−americans−in−leadership−positions

· Leaders (2 November, 2023), How to stop turmeric from killing people, The Economist, https://www.economist.com/leaders/2023/11/02/how−to−stop−turmeric−from−killing−people

· https://www.thehrdigest.com/how−to−use−mirroring−when−communicating/

· https://www.science.org/doi/10.1126/science.abl4476

· Rajkumar K., Saint−Jacques G., Bojinov I., Brynjolfsson E., Aral S.(2022), A causal test of the strength of weak ties. Science 377, 1304−1310

· 현대 국어 사용 빈도 조사 2, 2005, 국립국어원

영어 튜닝
성공한 글로벌 리더의
고급 영어 솔루션

초판 1쇄 2024년 10월 10일

지은이 권혜미
발행인 김재홍
교정/교열 김혜린
디자인 박효은
마케팅 이연실

발행처 도서출판지식공감
등록번호 제2019-000164호
주소 서울특별시 영등포구 경인로82길 3-4 센터플러스 1117호(문래동1가)
전화 02-3141-2700
팩스 02-322-3089
홈페이지 www.bookdaum.com
이메일 jisikwon@naver.com

가격 20,000원
ISBN 979-11-5622-867-7 13740